명리 진학정보론 II

국립중앙도서관 출판시도서목록(CIP)

(명문대 학생들을 모델로 한) 명리 진학정보론 : 교육대 재학생을 대상
으로 통계분석!. 2 / 지은이: 안성재. -- 서울 : 상원문화사, 2014
    p. ;   cm

ISBN 979-11-85179-05-6 03180 : ₩27000

명리학[命理學]
진학 지도[進學指導]

188.5-KDC5
133.3-DDC21   CIP2014016900

교육대 학생들을 모델로 한

명리 진학정보론 Ⅱ

안성재

著

祥元文化社

이번 저서는 교육대생을 대상으로 설문조사를 실시하고 설문응답에 의하여 교육계열의 학과에 대해 분석을 하는 것으로 하였다.

출판된 저서 중에서 서울대 재학생을 기준하여 계열을 분석한 결과 일반대학에는 학과가 400여 개 학과가 4년제 대학과 전문대학에 있었다. 일반대학 진학자의 경우 계열변동이 30% 이상이 되었고 학과변동은 너무나도 많아 통계분석을 내는 데 한계가 있어서 계열변동 관계만 분석하는 데 제한을 두었다.

이번 출간에서는 학과에 중점을 두고 집중 분석을 하는 것으로 하였다. 특히 교육계열에는 어떤 학과들이 있는지 상담자들이 알고 진학상담을 해야 한다는 데 초점을 맞추었다.

일간의 작용력 외에 일간과 세운이 합을 할 때 나타나는 현상과 월간과 세운이 합을 할 때 어떤 변화가 있는가를 집중 분석해 보았다.

명리학은 인간의 길흉화복을 예지해 주는데 광범위하고 포괄적이라고 역학자들이 말한다. 그렇기 때문에 평생을 공부해도 인간의 운명을 예측한다는 것이 여간 어려운 게 아닌가 생각하게 된다.

이제는 명리학도 세분화하여 ❶성격심리분석 ❷진로분석 ❸직업분석 및 직업상담 분석 ❹애정분석 ❺자영업자 분석 ❻명예를 가진 직업분석 ❼질병분석 등과 같이 세분화하여 분석하는 시대에 도래되었다고 판단하였다. 어느 한 분야에서 전문성을 갖고 정확도가 가장 높을 때 고객은 전문가를 찾아가게 될 것이다.

본 서적은 진로에 관한 이론서로서 진학생들이나 중, 고등학생들이 진학을 할 때 자신에게 가장 적합한 계열과 학과를 선택하기 위함이며 그 상담은 곧 역학인의 몫이기 때문에 진학상담에 도움이 되었으면 하는 마음에서 연구한 자료를 책으로 출간하게 되었다.

특히 교육대로 진학하는 학생들의 구조를 통하여 학과에 대해 통계 분석된 결과를 나열하여 정보를 알려주기 위함이다. 일간과 학과관계, 격국과 학과관계, 월간과 학과관계를 나열하여 공통점이 무엇인가를 분석하는 것으로 하였다. 본 서적은 전문서적으로 일반인이 독서하기에는 어려움이 있지만 전국의 30만 명의 역학인들에게는 필요할 수 있다고 판단하였다.

진학이론은 고전이나 어떤 문헌에서도 등장하지 않았기 때문에 역학인들이 더욱 연구하고 분석하는 계기가 필요하다고 생각되어 본 서적을 출간하니 독자제현께서는 이해하시기 바란다.

甲午年 學習進路相談學會 研究室에서

統建 **안성재**

|目次|

PART 01

연구의 구성

맹크 진화정보론 II

1
연구의 목적

그간 필자가 명문대(S대) 재학생을 대상으로 설문조사를 실시하였고 통계 분석한 내용을 책으로 출간하였다. 새롭게 알게 된 내용이 학생들이 대학보다 학과를 더 중요시한다는 결과가 세 개 학교에서 나온 공통점이다. 그만큼 학생들의 인식이 바뀌고 있다는 것을 학생과 학부모 그리고 진학상담 교사가 알아야 할 필요성이 있다.

모든 학생들이 좋은 점수를 받고 명문대에 입학하면 금상첨화이겠지만 그럴 수는 없다는 것이다.

대학을 진학하는 데에도 과거에는 정시로 입학을 한 경우가 대세였지만 지금은 입학사정관제로 대학을 진학한 경우가 20%에 이르렀고 수시 1차, 2차로 입학한 경우도 35%에 해당하는 것으로 나타났다. 그만큼 조기에 대학을 진학한 학생들을 보면 계열변동이 적고 자신이 희망한 학과로 입학을 하고 있다는 것은 매우 반가운 일이다.

상대적으로 정시로 진학한 경우에는 계열변동이 많고 자신이 희망한 학과를 가지 못하고 성적에 맞추어 진학한 추세가 강하다는 것을 알 수 있었다.

앞으로 미래를 짊어질 유년기, 청소년기에 해당하는 학생들에게 진로에 대해 명리학적으로 정확히 예측해 줄 수 있는 시대에 접어들었다고 판단하였다. 타고난 선천적성을 기준하여 계열과 학과를 선택해 줄 수 있다고 확신한다.

2
연구 방법

    교육대생을 대상으로 설문조사를 실시하여 통계 분석한 자료를 나타
내고자 하였다.

1 학과를 세부적으로 세분화한다.

구 분	학 과	비 고
교육계열	초등교육	15개 학과로 구성
	국어	
	수학	
	영어	
	과학	
	컴퓨터	
	유아	
	사회	
	미술	
	음악	
	체육	
	윤리	
	특수	
	중국어교육	
	상담심리	

2 격국을 기준하여 학과와의 관계를 분석하기로 한다.

격국   학과   분석 결과

3 일간과 학과와의 관계에 대해서도 살펴보기로 하였다.

일간   학과   분석 결과

4 월지와 학과와의 관계에 대해서도 분석한다.

월지   학과   분석 결과

5 재학생이 설문응답한 항목에 대해 각 항목별 분석하는 것으로 한다.

교대 재학생   설문응답   분석 결과

3
연구의 제한

　교육대생들을 대상으로 설문조사를 실시하였기에 일반대학 재학생의 설문은 제한하였다.

　교육대도 한 대학을 통하여 설문조사를 실시하는 것으로 하였다. 설문조사를 350명으로 제한하였고 타 대학에서 설문에 응한 경우는 제외시켰고, 무응답자에 대해서도 제외하는 것으로 하였다.

4
미래지향

   교육학과를 선택하는 학생들의 구조를 통하여 통계 분석을 실시한 자료를 기준하여, 앞으로 교육계열로 진학을 하려는 학생들에게 많은 도움이 될 수 있다고 볼 수 있다.

   명리학을 기준하여 학생들에게 진로에 대해 통계 분석된 자료를 기준하여 정확도를 높이고 자신의 흥미, 적성을 찾아줄 수 있으며, 입학사정관제나 수시로 진학할 경우와 자신과 인연이 되는 대학명[1] 까지도 예측해 줄 수 있는 계기가 시작되었다.

---

1) 안성재, 『진로와 전공』, 2013. 〈한솜미디어〉

PART02
교육상담 이론서

멘델 진화학 정보론 II

1
교육학의 진학론

　현재 학교에서는 담임선생님이 진학에 대한 상담을 제시하기도 하고, 진로상담 선생님이 학생들의 진학상담을 주도하는 것으로 알고 있다. 그런데도 많은 학생들이 과연 담임과 미래를 위한 진로상담이 얼마나 이루어지고 있는지, 또한 진로상담 교사와 고민을 하면서 진로에 대해 제대로 상담이 이루어지고 있는지 구체적으로 제시하기가 어렵다고 보았다.

　즉, 담임교사나 진학상담 교사는 학생들에게 점수에 맞는 학과와 학교에 대해 제시해 주는 '제시형'에 해당한다고 보면 된다.

　갈수록 각 대학들은 신입생을 선발하는데 다양한 방법을 통하여 인재를 발굴하려고 한다. 그렇게 되니 학생들은 학과를 선택하는데 많은 어려움이 생기게 된다.

본 서적을 출간하기에 앞서 교육학에서의 진로상담과 심리학에서의 상담방법에 대해 알고자 교육현장[2]에서 교육을 담당하는 교사들을 만나 얻어낸 결론이 가장 성적이 좋은 과목을 기준하여 진로에 대한 상담이 이루어지고 있다는 것을 알았다.

사회는 빠르게 변화하고 전문화된 지식과 기술을 가진 인재들만을 요구하는 시대로 변화되었다. 학창 시절 때부터 현명하게 자신의 진로를 선택하고 결정지을 수 있도록 도와주는 역할과 기능이 절실히 필요하다고 생각한다. 진로지도 교육이 중요함에도 불구하고 오늘날 한국의 청소년들은 자기 자신에 대한 이해가 부족하고, 장래에 할 수 있는 직업들이 어떠한 것들이 있는지, 그것이 지닌 가치관이 어떠한 것인지에 대한 탐색의 기회를 거의 가지지 못하고 있는 것이 현실이다.

학생들이 자기가 가질 직업을 현명하게 선택하는데 있어 학교에서는 직업을 탐색할 수 있는 기회를 충분히 주어야 하나, 현재 우리나라 학교 현장은 적성을 고려하지 않고 성적만을 중시하는 입시 위주의 교육으로 인해 자녀 진로에 대한 학부모의 인식 부족, 교사들의 진로지도 능력 부족, 진로지도 프로그램의 미비 등으로 진로지도 교육에 많은 문제점이 대두되고 있는 것이 사실이다.

그러다 보니 대학을 들어가고 나서 진로에 대한 고민이 전공을 선택하고 나서 자신의 적성과의 관계를 고민하게 된다. 자신의 전공에 만

---

2) 한국진로교육학회, www.careeredu.net, 『교육과학기술부』, 학생 발달 단계에 따른 「학교 진로교육 목표와 성취기준」을 마련하여 발표하였다. 2012. 05. 01. 국가, 교육청, 학교에서 도달해야 하는 학교 진로교육의 목표를 설정하고, 초·중·고 학교 급별로 달성해야 할 세부 성취기준 및 지표를 마련하여 학교 진로교육의 기본 틀과 방향을 제시하고자 하였다.

족하지 못한 학생들은 대학입시를 다시 고민한다든지 전과를 하게 된다. 그렇지 못한 학생들의 경우에는 진로에 대한 갈등이 더욱 심해지면서 스스로에 대해 좌절을 겪는 일이 너무나도 많이 일어나고 있다.

■ 진로교육의 실태

고등학교의 진로교육[3]에 대한 연구결과에 따르면 기존의 진로교육은 지속적, 연속적인 과정으로서의 교육이 아닌 일회성인 검사에 그치거나, 검사결과와 진로를 단선적으로 연결시킴으로써 학생의 진로선택, 의사결정을 돕는 역할을 수행하기에는 문제점이 많다고 한다. 더구나 업데이트 되지 않는 검사도구와, 검사도구의 사용에 있어서 교사 집단의 전문성 부족, 검사 도구의 선정과정에도 많은 문제가 있다고 한다.

가. 진로교육이 중시된 배경

(1) 개인적 측면

① 자아특성의 발견과 계발
② 다양한 일과 직업세계의 이해
③ 적극적 가치관, 태도육성
④ 진로선택의 유연성, 다양성 제고
⑤ 능동적 진로개척 능력, 태도육성

---

3) http://www.edunet4u.net/teacher/etc/directory, 고등학교 진로교육 지도자료.

(2) 사회적 측면

① 인력개발

② 재수생 문제 완화

③ 청소년 비행 문제 예방

④ 건전한 직업윤리관 확립

⑤ 국민 전체의 직업생산성 제고

나. 진로교육의 의의

● 행복한 개인, 생산적 사회인으로서 사회에 봉사, 자아실현을 위해서

---

4) 가. 초등학교 진로적성검사 1 - 다중지능검사.
　　다중지능검사는 재능과 잠재력을 탐색하여 알아보는 진로 직업 방향 검사도구이다. 아이의 지적인 발달능력이 어떤 지능발달 유형을 알아보는 것으로서 하워드 가드너 박사의 다중이론을 근거로 8가지 지능발달 유형을 측정, 평가하는 검사도구이다. 기존의 IQ 검사는 학습능력을 알아보는 (지능발달 지수) 것이지만, MIQ 검사는 어떤 지능이 많이 발달했는지를 통해 마음과 행동, 지적인 발달 영역이 어떤 재능과 잠재력으로 잘 발현되고 있는지(지능발달 유형, 즉 강점지능)를 알아보는 것이다.
　　나. 초등학교 진로적성검사 2 - 스트롱 진로발달 검사
　　스트롱 진로발달 검사는 자신에 대한 진로인식을 어떻게 생각하고 있는지 알 수 있으며, 자신의 성향과 직업에서 요구하는 직업적 성향, 특성을 상호 관련성이 어느 정도 적합한지를 알아봄으로써 자신의 직업유형을 탐색하는 검사이다. 직업심리학자 홀랜드 박사의 〈직업적 성격 유형 이론〉을 근거로 6가지 직업유형 중에서 자신의 유형을 알아보는 검사도구이다. 다소 변화된 한국인 특성과 한국 사회 변화를 적용하여 최근 개발된 심리검사 진단도구이다.
　　다. 초등학교 인성검사 - MMTIC 검사.
　　심리학자 융의 〈심리 유형 이론〉을 근거로 마이어스-브릭스가 MBTI 검사 유형을 개발하였으며, 20년 전 한국에 도입되면서 한국인의 특성에 맞게 개발된 성격유형 검사도구이다. 일반적으로 MBTI(Form M 과 Form Q 두 가지 도구)로 불리며, 어린이 청소년용은 MMTIC라 한다. MBTI는 자신이 심리 행동적으로 잘 선호하고 사용하는 4가지 주요 기능을 8가지 유형으로(4극 8가지 선호지표) 분류하며, 이를 각자의 특성에 맞게 16가지 성격유형으로 나타낸다. 자신의 성격유형뿐만 아니라, 자신의 학습유형, 진로와 직업유형 등등을 탐색하고 자신을 이해하는데 도움이 되는 검사도구이다. 검사대상은 초등학교 3~6학년용이며, 자기 보고 평정식이다. 검사내용과 측정영역은 아래의 그림과 같다(참고 : 아래 그림의 내용은 MBTI Form M으로 나타나 있지만, MMTIC의 결과도 같은 내용이다).
〈출처〉
　　초등학교 진로교육 활용 진로적성검사 진로발달검사 단체심리검사도구 소개(행복한 진로상담 멘톡 /에니어그램, 다중지능, 적성검사, 직업상담)

적성에 맞는 직업선택, 능력 신장시키는 일 등의 직업적인 문제와 인생 모든 문제를 폭넓게 슬기롭게 대처하는 능력과 소양이 필요하다.

- 1970년대 초 : 학문지도와 직업지도의 통합
- 초등학교 진로적성검사[1]의 필요성으로는 3, 4학년(자신의 진로에 관심) → 6학년(잠정적 자신 진로선택)

Ginzberg : 각각의 진로 결정

① 사전경험에 기초
② 미래의 결정에 영향
③ 노출된 활동 및 경험

2
다중지능 이론

가드너의 다중지능 이론에 의하면 인간의 능력에는 8가지 종류가 있다. 개인은 이 중에서, 한 가지 혹은 몇 가지 분야에서 강점 또는 약점을 가질 것이다.

이 이론은 다음과 같이 8가지 유형으로 분류하여 진로에 대한 자료를 제공하고 있다.

지능	귀결 상항	핵심 구성 요소
논리-수학적	식물학자, 수렵가	_논리적, 수학적 패턴에 대한 민감성과 식별력 _긴 추리 사설을 다루는 능력
언어적	시인, 언론인	_단어의 소리, 리듬, 의미에 대한 민감성 _언어의 다른 기능들에 대한 민감성
음악적	작곡가, 연주가	_음의 리듬, 음 높이, 음색을 만들고 감상하는 능력 _음악 표현의 형태를 감상
공간적	항해사, 조각가	_시·공간 세계를 정확하게 지각하는 능력과 그들의 최초의 지각에 전환을 실시한다
신체-운동적	무용가, 운동선수	_자신의 신체운동을 통제하고 목표를 기술적으로 다루는 능력
대인관계적	심리치료사, 영업	_다른 사람의 기분, 기질, 동기, 욕구를 식별하고 적절하게 반응하는 능력
개인 내적	장점 단점	_자신만의 감정에 쉽게 접근하여 그것을 구분하고 행동의 지침으로 삼을 수 있는 능력, 즉 자신의 강점, 약점, 욕구, 지능에 대한 지식
자연주의적	식물학자, 수렵가	_자연에서 동·식물을 구별하고 분류할 수 있는 능력, 자연계의 질서를 이해하고 범주에 대한 정의를 내릴 수 있는 능력

3
MBTI 이론

외향형 E	내향형 I
폭넓은 대인관계 유지. 사교적·정열적·활동적	깊이 있는 대인관계. 신중
• 자기 외부에 주의 집중	• 자기 내부에 주의 집중
• 적극성과 외부활동	• 조용하고 신중
• 정열적, 활동적	• 내부활동과 집중력
• 말로 표현	• 글로 표현
• 경험한 다음에 이해	• 이해한 다음 행동
• 쉽게 알려짐	• 서서히 알려짐

감각형 S	직관형 N
오감에 의존. 실제 경험을 중시	육감, 영감에 의존. 미래지향형
• 지금 현재에 초점	• 가능성과 의미를 추구
• 정확, 철저한 일처리	• 신속, 비약적 일처리
• 사실적 사건 묘사	• 아이디어
• 나무를 보려는 성향	• 비유적, 암시적 묘사
• 가꾸고 추수함	• 숲을 보려는 경향
	• 씨 뿌림

사고형 T	감정형 F
진실과 사실에 관심. 논리적·분석적	사람과 관계에 주관심. 상황적, 정상 참작
• 원리원칙	• 의미와 영향
• 맞다, 틀리다	• 포괄적
• 규범, 기준 중시	• 좋다, 나쁘다
• 지적 논평	• 나에게 주는 의미 중시
	• 우호적 협조

판단형 J	인식형 P
분명한 목적과 방향. 기한을 엄수	목적과 방향은 변화 가능. 일정이 달라짐
• 정리정돈과 계획	• 상황에 맞추는 개방성
• 의지적 추진	• 이해로 수용
• 신속한 결론	• 유유자적한 과정
• 통제와 조정	• 융통과 적응
• 뚜렷한 기준과 자기의사	• 재량에 따른 처리
	• 쉽게 알려짐

4

에니어그램 이론

에니어그램은 2천년 이상의 역사를 지닌 대단히 유래 깊은 인간학이다. 이 에니어그램의 중심명제는 인간은 아홉 가지 심리유형 중 하나를 자기 것으로 세상을 살아간다는 것이다. 에니어그램이란 단어는 그리스어로 9를 의미하는 에니어(ennea)와 그림이라는 뜻의 그램(gram)의 합성어로 아홉 개의 점이 있는 그림을 나타낸다.

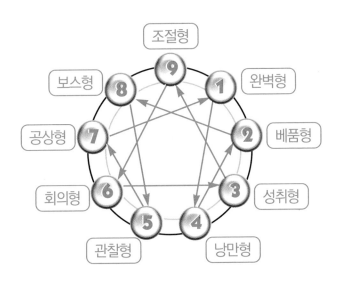

우선 인간의 아홉 가지 성격 중에서 자신이 어느 타입에 속하는지 알아보겠다. 각 타입마다 10개의 질문이 준비되어 있다. 각 질문에 '그렇다' 와 '그렇지 않다' 로 대답하여 '그렇다' 가 가장 많은 타입을 자기의 후보 타입으로 상정해 두고 자기 찾기를 시작해 본다.

각 항목마다 점수를 부과하여 가장 점수가 높은 유형을 찾아 진로에 반영하는 방법이다.

지금까지 외국문헌의 이론을 근거하여 진로에 대한 정보를 제공해 주었다. 또한 교육학이나 심리학은 한국형 주도적 학습을 개발하여 진로나 학습방법을 학생들에게 알려주고 있다. 그만큼 교육열이 높은 나라이기도 하지만 자녀들의 성공을 위해서 부모들은 다양한 방법을 통하여 진로를 찾아주려고 한다. 즉, 진로는 훗날 직업과 연관성을 갖고 있기 때문이다.

5
고등학교 진학상담

1 담임교사의 진학상담

(1) 1, 2학년 담임교사의 진학상담

1, 2학년 담임교사의 진학상담은 학기초와 학기말에 이루어지고 있다. 그리고 전국 학력모의고사 결과가 나온 시점에서 상담이 이루어지고 있다. 그 외 필요하다고 느낄 때 이루어지는 것이 보통이다. 주로 성적 결과에 따른 진학상담이며, 참고하는 분야로는 "홀랜드직업"이나 "성격검사지"에 의하여 나온 결과를 보고 그 내용을 설명하는 게 일반적이다. 이 중에서도 가장 상담이 많이 이루어지는 시기는 첫 번째 모의고사 결과가 나온 후에 학부모 면담과 함께 실시하게 된다.

(2) 3학년 담임교사의 진학상담

주기적으로 이루어지고 있다. 매 학기초와 모의고사 결과지를 받은 후 이루어지는데 보통 성적에 의한 상담이 주를 이룬다.

3학년은 의무적으로 3회 정도를 상담하게 되고 교육과정 평가원의 시험이 6월과 9월 실시 후 결과가 나온 시점과 학기초 학부모 면담이 동시에 이루어질 때 진학상담도 함께 진행된다.

② 진학상담 부서에서의 진학상담

전학년을 대상으로 실시하고 있으며 3학년인 경우 주기별, 시기별로 필요한 내용과 자신이 계획하는 것을 상담하여 진학에 대한 상담과 제시를 하게 된다.

첫째 모의고사를 실시하고 난 이후 그 결과를 분석하여 성적의 추이를 알아가게 하며, 졸업 후의 입학성적과 대학합격 여부를 연도별로 통계를 내어 제시하고 있다. 또한 상위권 학생에 대해서는 별도로 진학지도를 추진하게 된다. 즉 그 상황에 맞는 정보를 제공하고 준비할 수 있도록 도와주고 있다.

전국 학력 평가시험 결과가 나오면 입시전문 상담교사와 학부모가 함께 상담을 받게 된다.

6
고등학교 교과 과정

◈ **국어**〔정인〕☞ 국어, 문학1, 문학2, 독서와 문법1, 독서와 문법2, 화법과 작문1, 화법과 작문2

◈ **수학**〔편재〕☞ 수학, 수학1, 미적분과 통계 기본, 수학의 활용, 수학2, 적분과 통계, 기하와 벡터

◈ **영어**〔상관〕☞ 영어, 영어1, 영어2, 영어 독해와작문, 심화영어 독해와 작문, 실용영어회화, 심화영어회화

◈ **탐구**〔편인〕☞ 사회(역사/도덕 포함), 과학

◈ **사회**(역사/도덕 포함)〔정관〕☞ 도덕, 사회, 한국사, 세계사, 세계지리, 경제, 법과 정치, 윤리와 사상, 한국지리, 동아시아사, 생활과 윤리, 사회문화

◈ **과학**〔식신〕☞ 과학, 물리1, 화학1, 생명과학1, 지구과학1, 물리2, 화학2, 생명과학2, 지구과학2

◈ **체육**【편재】 ☞ 체육, 운동과 건강생활, 스포츠과학, 스포츠문화

◈ **음악**【상관】 ☞ 음악, 음악의 이해, 음악과 사회, 음악실기

◈ **미술**【식신】 ☞ 미술, 미술과 삶, 미술 감상, 미술 창작

◈ **생활 / 교양**【정관】 ☞ 기술가정, 제2외국어/한문, 교양

◈ **기술**【비, 겁】 ☞ 기술가정, 정보, 가정과학, 공학기술, 창업과 경영,
　　농생명과학, 해양과학

◈ **제2외국어 / 한문** ☞ 일본어1, 일본어2, 중국어1, 중국어2, 독일어1,
　　【편관】 독일어2, 프랑스어1, 프랑스어2, 스페인어1, 스페인어2,
　　러시아어1, 러시아어2, 아랍어1, 아랍어2, 한문1, 한문2

◈ **교양**【정인】 ☞ 생활과 논리, 생활과 심리, 생활과 철학, 생활과 교육,
　　보건, 녹색 성장과 환경, 생활경제, 진로와 직업

※ 교과과정에 대해서 역학인도 참고할 필요성이 있어 나열하였다.

PART 03

명리학 이론

멍키 진화정보론 Ⅱ

① 천간론

■ 천간의 의미

천간은 생각, 정신과 관계성을 지니고 있다. 생각을 긍정적으로 판단하기도 하고 부정적으로 판단하게 되는 것이 천간의 심리이다. 또한 표면적인 성격과 내재되어 있는 성격을 표현하는 것이 천간의 심리이다.

표면화된 성격을 판단하는 방법으로는 다음과 같다.

❖ 일간을 기준하여 판단한다.
❖ 원국에서 주도적인 역할을 하는 오행을 기준하여 판단한다.
❖ 많은 것을 제압해 주는 오행의 성격을 지니고 있다.

이렇듯 표면화된 성격은 일간을 대상으로 나타나는 성향이 강하기 때문에 천간론에 대한 이해가 필요하다.

② 십간의 작용

천간을 십천간이라도 부르며 다음과 같다.

천 간	오 행	음 양	내 용
甲	木	陽	仁. 어짐, 근면, 성실, 정직
乙	木	陰	
丙	火	陽	禮. 예의, 예절, 명랑, 열정
丁	火	陰	
戊	土	陽	信. 믿음, 진실성
己	土	陰	
庚	金	陽	義. 의리, 개혁, 보스
辛	金	陰	
壬	水	陽	智. 지혜, 슬기, 총명
癸	水	陰	

(1) 갑목_甲木

⊷— 의미

甲(木)은 씨의 껍질, 떡잎날 갑(甲)자이다. 만물의 열매가 처음으로 껍질을 쓰고 탄생되는 상태처럼 생각을 하여 맨 앞을 상징한다.

⊷— 특성

• 나무는 하늘을 향해 곧고 바르게 치솟으며 약진과 성장을 하려 하니 인간에게는 스케일이 크고 활동적이며 앞장서려는 기질이 강하다.

- 지혜와 총명함이 겸비되고 인자하고 성실한 리더의 기상이 있으며 이해타산이 분명하다.
- 사주에 木이 많으면 때론 고집이 세고 자존심이 강하여 인정이 있는 듯해도 모든 것을 독차지하려 하니, 뜻대로 되지 않을 때는 허탈하고 고독한 속마음을 가지고 있다.

⊷ 특징

甲은 미래지향적으로 추진하는 희망과 발전을 나타내기도 한다.

(2) 을목_乙木

⊷ 의미

乙(木)은 굽을 을(乙)자이다. 초목에 싹이 트기 시작하나 아직 펴지 못하고 구부러져 있는 것과 같은 상태로 껍질을 벗고 나와 꾸불꾸불 자라고 있는 것과 같다.

⊷ 특성

- 乙은 풀잎 화초에 비유하니 바람 앞에서도 유연하게 대처하는 부드러움과 아름다움을 지니고 있다.
- 인간에게는 아름답고 깔끔하며 치장을 좋아하고 화려함 속에 돌아다니기를 좋아하며 대화하기를 좋아한다.
- 인정이 있고 인자하며 쾌활한 성품으로 어디를 가나 환영을 받는다.
- 乙이 많으면 사치스럽거나 의타심이 많아 배우자나 부모에게 의지하려는 기질이 있으며 고집이 세어 남의 말을 잘 듣지 않고 심사가 뒤틀리면 잘 삐치며 여성스런 성격으로 변덕이 심하다.

현실적인 안목이 탁월하고 실리에 밝은 마음을 지니고 있으며 현실에 충실한 면을 가지고 있다.

(3) 병화_丙火

🔖— 의미

丙은 만물이 생기어 밝고 양기가 위로 올라가고 음기가 문안으로 들어오는 현상이다. 즉, 아침에 태양이 떠오르면서 어둠이 걷히는 것이 눈으로 확인되듯 陽이 솟아오르면 陰은 물러가는 형상과 같다고 말할 수 있다.

🔖— 특성

- 화기(火氣)는 밝고 세상을 비쳐주므로 인간에게는 화려함과 명랑함 그리고 솔직함과 담백함이 내포되어 있다.
- 수단이 좋으며 예의가 바르다. 또한 탁월한 화술(話術)가이기도 하다.
- 火가 많으면 화기(火氣)가 위로 솟아오르니 조급한 성격과 허풍 그리고 과장됨을 다른 사람보다 많이 가지고 있다.
- 일방적으로 행동을 하거나 고집이 세고 감정변화가 급속도로 심하여 실언을 하게 되고 마음을 종잡을 수 없는 경우가 많다. 그러면서도 밖으로 보여지는 대외적인 명분을 매우 중요시한다.

🔖— 특징

단순하고 명확하며 화끈함을 가지고 있으며 성격이 대부분 활발하고 현실적응에 뛰어나다.

(4) 정화_丁火

의미

丁(火)은 성할 정(丁)자이다. 태우는 불을 의미하며 불은 위로 올라가니 인간에게는 씩씩한 모습으로 나타내기도 한다. 겉은 여리나 속은 강한 기상을 지니고 있으며 예의를 의미한다.

특성

- 조용한 불빛으로 온화하고 다정하며 예의가 바르고 현실적이며 선견지명이 뛰어나 앞장서는 기질과 욕심이 많다.
- 바람 앞에 등불이라 인간에게는 자기 주관을 못 지키며 명랑한 이면에 수심과 근심이 많고 외면은 순수해 보이나 丁이 많으면 승부욕이 많아서 저돌적이고 이기적이다.

특징

남의 입장을 먼저 배려하고 상대의 입장에서 생각을 많이 하는 특징을 가지고 있고 미래에 대한 생각이 많다.

(5) 무토_戊土

의미

戊(土)는 무성할 무(戊)자이다. 모든 초목이 무성하게 성장하도록 만들고 더욱 성숙하고 무성하게 뿌리를 내리게 해주는 원동력이다.

특성

- 태산과 같이 웅장하고 무게가 있고 만물을 포용하니 인간에게는 인품이 중후하여 신용과 충정을 지키며, 포용력과 관대함을 지니고 있으며 중재 역할에 탁월한 능력이 있다.

- 土가 많으면 남의 일에 잘 끼어들거나 우유부단하여 줏대가 없을 수 있고 고집이 세며 본인 속마음을 잘 털어놓지 못한다.
- 과거사에 집착하거나 얽매이는 경향이 있고 꽁하는 심성이 내포되어 있다.

📌 특징

중립을 지키려는 기질과 중화 또는 중재 화합의 역할이 뛰어나 소개나 컨설팅 등에서 탁월한 능력을 인정받는다.

(6) 기토_己土

📌 의미

己(土)는 다스릴 기(己)자이다. 기(紀)에서 나온 것으로 자기의 몸과 같다는 것으로 모두 정해진 형상으로 되며 분별할 수 있는 상태를 표시한다. 양기를 음기로 전달하는 중간 역할을 하며 자신이 양기와 음기를 몸소 다스리는 형상이다.

📌 특성

- 윤택한 토지로서 木을 포용하여 성장시키니 인간에게는 사교성이 좋고 적을 만들지 않으며 실속 있고 예감이 빠르다.
- 사람들 속에 중매나 화합, 역할, 소개를 잘하고 글쓰기를 좋아하고 기록을 잘하는 장점을 가지고 있다.
- 土가 많으면 말이 많아 핀잔을 듣거나 소심하여 큰일을 그르치는 경우가 종종 있다.

📌 특징

포용성과 사회 적응성이 뛰어나 사교술과 인간관계가 뛰어나다.

(7) 경금_庚金

━ 의미

庚(金)은 나이 경(庚)자이다. 고칠 갱(更)과 같이 물건을 단단히 뭉친
다는 의미를 가졌고 분열 발전하던 기운이 통일하는 기운으로 바
뀌는 것을 의미한다. 계절이 가을로 향하고 냉기로 변화하는 상태
를 표시한다.

━ 특성

- 강철 같은 견고함과 차가움을 지니고 있으며 다듬어지지 않은
  원석이니 인간에게는 결단력과 개혁에 앞장서는 기질이 강하다.
- 의리를 중시하며 시작한 일은 신속하게 처리하는 것을 좋아하며
  끊고 맺음이 분명한 것을 좋아한다.
- 金이 많으면 자기 주관이 강해지고 의리를 내세워 강압적이며,
  폭력의 기질과 끝장을 보려는 기질이 강하다.

━ 특징

의리를 주관하며 남을 위하여 배려하는 마음이 강하고 미래지향적
인 사고보다는 과거나 과정을 중요하게 생각하는 경우가 많다.

(8) 신금_辛金

━ 의미

辛(金)은 살상(殺傷)할 신(辛)자이다. 새로운 신(新)과 같아서 모든
물건이 처음으로 새롭게 된다는 의미이며, 그 속이 차고 성숙해서
완성된 것을 표시한다. 辛金은 완성된 제품에 비유한다.

- 잘 다듬어진 보석으로 깨끗하고 지혜롭고 현명하며 외모가 준수하거나 아름답다.
- 때론 까다롭고 냉정한 성격으로 이기적이며 고집스럽고 자만심이 강하여 대인관계나 인간관계에서 문제가 따를 수 있고, 사람을 잘 믿지 못하는 성향이 강하여 친구가 적다.
- 辛金은 火를 아주 싫어하고 水를 좋아함을 알 수 있다.

특징

냉정함이나 엄격함이 내포되어 있으며 화려하게 자신을 드러내고 싶어 하며 남 앞에 나서려고 한다.

(9) 임수_壬水

의미

壬(水)는 짊어질 임(壬)자이다. 맡길 임(任)과 같으므로 짊어지고 기른다는 뜻으로 양기가 작동하여 만물을 임양(任養)한다는 뜻으로 의미를 두고 있다. 물은 유동을 나타내고 모든 종자 씨를 탄생시킨다.

특성

- 바다와 큰 강물과 같이 흐르는 물처럼 넓은 곳으로 진출하니 인간에게는 기상과 총명함과 책임감 그리고 희생정신이 강하다.
- 壬이 많으면 유동성이 강하고 한곳에 정착을 못하고, 법과 도덕을 무시하여 저돌적인 성향으로 과욕을 부리고 무모한 도전을 한다.

● 바람기가 많으며 한번 뒤돌아서면 재고를 않는다.

━ 특징

새로움을 항상 추구하려 하며 심사숙고하는 점과 유동적인 면이 강하다.

(10) 계수_癸水

━ 의미

癸(水)는 헤아릴 계(癸)자이다. 헤아릴 규(揆)와 같으므로 기운을 내부에 잉태하고 봄이 되면 자신이 싹을 틔우고 나가려는 모습이다. 자연의 법을 헤아릴 정도가 되었다고 하며 만물을 규탁(規度)할 수 있는 것을 의미한다.

━ 특성

● 샘물과 같아서 온화하고 다정하며 마음이 여리다. 누구나 일단 마음을 주면 확실하게 잘해준다.

● 총명하고 지식이 많지만 자신과 가족을 위해서는 수단과 방법을 가리지 않고 목적을 향해 도전한다.

● 癸水가 많으면 자존심이 강하여 모든 일을 자기 주관대로 진행하고 때로는 냉정하고 잔인함을 내포하고 있어 주위로부터 욕을 먹기도 한다.

━ 특징

법칙을 준수하고 결속력을 다져주려고 노력하며 양면성을 대표하는 기질이 癸水이다.

③ 십간 요약

甲 성실성, 근면성, 부지런한 기질을 지니고 있다.

乙 화려함, 순수성, 상황 판단력이 좋고 순리를 거스리지 않으려 한다.

丙 열정, 에너지창출, 두뇌활용, 표현력이 뛰어나고 친화적 성향이 강하다. 예의를 선호한다.

丁 희생, 봉사심이 많고 예의가 바르다. 여러 재능보다 한 분야에서 전문성을 가지려는 기질이 강하다.

戊 신뢰성과 진실성을 바탕으로 상호유대와 논쟁을 꺼리는 유형으로 합리적인 사고를 지니고 있다.

己 순발력과 부지런함을 지니고 있으며, 인간관계에서 가교 역할을 잘하는 재능이 있다. 신앙심이나 신뢰성이 뛰어나다.

庚 의리를 중시하고 결단성과 과감성이 내재되어 있다. 안정을 추구하는 기질이 강하고 책임감이 강하다.

辛 결단력과 판단력이 빠르고 책임감도 강하다. 보수적 성향이 강하고 현실을 중요시한다.

壬 지혜와 총명함이 내재되어 있고 슬기롭게 대처하는 성향이 강하다. 속이 깊다.

癸 다소 소극적이고 관망하지만 전문성을 갖추거나 자신감을 갖추면 지혜가 무한대로 증가하게 되고 적극적으로 변하는 양면성을 갖고 있다.

2
지지론

지지 중 가장 강력한 힘을 가진 곳이 월지이다. 월지는 계절을 관장하고 있기 때문에 월지를 기준하여 일주를 낳고, 대운을 생산하게 된다. 그렇기 때문에 월지를 기준하여 격국을 정하는 이유도 바로 이러한 이치이다.

성격심리를 분석하는 방법으로는 격국을 기준하여 나타나는 성격심리와 오행을 기준하여 나타나는 성격심리를 분석해야 한다.

▮ 지지의 구성

구분	계절	음양	오행	월	천간	절기
子	겨울	陽	水	11	癸	대설~소한 전
丑	겨울	陰	土	12	己	소한~입춘 전
寅	봄	陽	木	1	甲	입춘~경칩 전
卯	봄	陰	木	2	乙	경칩~청명 전
辰	봄	陽	土	3	戊	청명~입하 전
巳	여름	陰	火	4	丙	입하~망종 전
午	여름	陽	火	5	丁	망종~소서 전
未	여름	陰	土	6	己	소서~입추 전
申	가을	陽	金	7	庚	입추~백로 전
酉	가을	陰	金	8	辛	백로~한로 전
戌	가을	陽	土	9	戊	한로~입동 전
亥	겨울	陰	水	10	壬	입동~대설 전

▮ 지지 해설

(1) 子 해설

子는 가장 어둠 속에 어둠이 존재하고 있다. 그러면서도 陽이 잉태하기도 한다. 시간으로는 밤 11시 반부터 새벽 01시 29분까지 나타내며 계절은 겨울이 깊어가는 시기이다. 子를 두고 천문학과 명리학에서 바라보는 견해 차이가 분명 존재하게 된다. 그런데 자연을 바라보면

一陽이 태어났다고 어떤 사물을 분별할 수 있는 시간대인가 고민해 봐야 한다. 어떤 사물을 판단하기 시작하는 시간은 寅시가 되어야 사물을 분별할 수 있다. 역학적으로 동지가 될 때 논, 밭을 갈거나 봄이라고 하는 농민은 없다. 입춘이 되어야 비로소 논밭에 불을 지펴 태우고 거름을 주기 시작한다. 왜 그럴까이다.

동지는 준비하고 계획하며 정신적인 세계가 관장하고 있어 이 시기부터 생각이 긍정적이고 계획을 세우는 사람은 한해를 슬기롭게 보낼 것이며 준비나 계획이 없이 한해를 맞이한다면 금년이나 내년이나 별반 다를 것이 없게 된다. 그래서 동지는 정신적인 면이 먼저 나타나게 된다는 것을 알 수 있었다. 子의 응축된 에너지를 간직하고 봄을 맞이하게 된다.

(2) 丑 해설

凍土라 한다. 얼어 있는 땅은 잘 활용하면 되는데 스케이트장이나 스키장 또는 비닐하우스를 쳐서 내부에서 야채를 심어 얻을 수 있는 것 외에 쓸모면에서는 제한적일 수밖에 없다. 겨울의 土는 어쩔 수 없이 봄을 준비해야 하니 지장간에 응축된 水는 봄을 기다리게 된다.

얼어 있는 土를 활용하기 위해서는 火가 존재하거나 木에 의존하며 살아가게 된다.

(3) 寅 해설

봄이 들어오기 시작을 하였고 어느덧 산 위로 어스름하게 어둠이 걷히며 밝음을 확인하기 시작하게 된다. 낮이 길어지기 시작하여 사람들이 잠에서 깨어나고 역할을 하기 시작한다. 이 시기부터 부지런해야 농부나 새벽장사를 하는 사람에게는 이익이 많게 된다. 그만큼 계획하고 준비한 것을 행동으로 실천을 하는 시기이다. **寅**월은 입춘과 우수가 준비되어 있는 달이다.

(4) 卯 해설

봄의 제왕이다. 봄이 가장 왕성하게 활동하는 시기이고 태양이 대지를 환하게 비추니 농부는 논밭으로 향하고 직장인, 학생, 사업자는 분주해지기 시작한다. 이 시기에 잠이 많거나 게으르고 나태하면 지각이나 기회를 자주 잃게 되고 장사하는 경우에 준비가 철저하지 못하면 고객은 오지 않게 된다.

나무나 풀잎은 태양을 의지하여 꽃을 피우기 위해 부지런히 성장을 하게 된다. 경칩과 춘분이 있는 달로서 실천하고 노력하는 만큼 결과가 따른다.

(5) 辰 해설

봄의 끝자락이며 여름에게 자리를 물려주게 된다. 기름진 **土**는 **木**의 잎에 영양을 공급하며 꽃을 피우도록 도와준다. 용은 신비의 동물이며 정신적인 세계와 연결이 된다. **辰**은 오전 7시 반에서 9시 반에 해당하니 태양이 점점 밝아지고 바빠지게 되는 시기이다. 즉, 일을 하러 나가거나 출근을 하거나 자신의 일터에서 본격적으로 일을 하는 시간이다. 부지런하게 땅을 가꾸고 씨앗을 뿌리며 노력의 대가가 따르게 되니 부지런하게 실천하는 시기이다.

(6) 巳 해설

계절이 여름으로 진입하고 태양은 가장 빛나는 시기이다. 동물은 뱀
에 해당하며 시간이 9시 30분에서 11시 30분에 해당한다. 태양이 중천
으로 향해가면서 가장 에너지가 활발하게 작용을 하게 된다. 나무는
푸르름이 더해가고 꽃은 온 산에 만발하며 춥지도 덥지도 않은 계절이
시작된다. 인간에게는 가장 희망이 솟고 활력이 넘치게 되며 활동량이
가장 많은 시기이다. 소가 가장 분주하게 바쁜 시기이고 농부들은 논,
밭에 나가 가장 바쁘게 지내는 시간이기도 하다. 봄의 햇살은 새싹을
돌아 성장을 하게 되니 巳의 지장간에 庚金이 있어 뿌리를 튼튼하게
내리게 되니 모든 곡식이나 채소를 심으면 뿌리를 내리고 성장을 한
다. 태양이 중천을 향해 가고 있으니 봉사업, 의사, 간호, 침술. 복지
사, 요양사 등이 많게 된다.

(7) 午 해설

계절은 가장 무더운 여름이고 열기와 에너지가 모두 위로 솟아오르
며 태양은 가장 지구와 근접해 있는 시기이다. 이 시기는 또 하나의 음
이 생겨나게 되니 가장 무덥지만 계속해서 무더워지지 않고 점차 서늘
함으로 전환이 되기도 한다. 모든 식물은 성장을 하여 무성함이 가득
하게 되고 수기가 필요한 시기이다.

지장간의 己土는 너무나 더운 열기를 조절하는 土로 역할을 하여 온
대지의 땅은 열기가 가득하게 되고 인간은 산과 계곡을 찾아 휴식이
필요한 시기이기도 하다. 제왕성으로 표현하기도 한다.

말은 앞으로 달리는데 익숙한 동물이고 달릴 때 채찍으로 용기를 북

돋아준다. 항상 서 있다 보니 말굽을 해주어야 오래도록 서 있게 되니 주로 직업을 선택할 때 구두, 신발, 발과 관계된 분야에 종사자가 많은 것도 눈여겨 볼 필요가 있다.

(8) 未 해설

여름에 土이고 열기를 품고 있다. 그렇기 때문에 땅이 건조해지기 시작하고 뿌리나 줄기로 영양을 공급하던 것을 서서히 멈추고 열매를 맺도록 한다. 열매를 맺지 못하는 초목은 잎이나 꽃에 공급을 하게 된다. 양은 그래서 6월에 방목을 하고 온갖 풀을 찾아다니게 하고 자손을 번영하는 시기도 6월이다. 농부는 이 시기가 되면 왕성한 풀을 말려서 건초를 만들게 되고 농작물 중 보리나 밀을 수확하는 시기도 이 시기이며 밭에서는 온갖 채소가 양산되기도 하는 시기이다. 여름의 火를 조절하고 풀의 성장을 점차 활기를 주는 대서(大暑)가 있는 달이다.

(9) 申 해설

申은 가을에 해당하고 金旺之節금왕지절에 해당하여 木은 성장을 멈추게 되고 자기 관리에 들어간다. 푸르던 잎으로는 영양공급이 되지 않고 뿌리에 신경을 쓰게 되니 잎은 변색이 되기 시작을 하고 열려 있는 열매도 점차 색이 변하게 된다. 초목 역시 성장을 멈추게 된다. 그래서 음력 7월 말이 되면 벌초가 이루어지는 것도 이러한 이치이고 가을의 비는 크게 반갑지가 않아 많이 오는 것을 두려워하는 것이다. 역마에 해당하니 논밭을 돌봐야 하고 건초를 말려 집안에 쌓아두는 시기이니 소나 말 그리고 농부는 분주해지기 시작한다.

(10) 酉 해설

가을이 절정에 이르는 시기이다. 金旺之節금왕지절이고 낫이나 칼이 필요한 시기이다. 木은 열매가 무르익어 수확을 해야 하고 논밭에 곡식은 풍성해지기 시작하고 가을이 절정에 이르기 시작한다. 밭작물이나 열매가 생산되기 시작하는 시기이다.

(11) 戌 해설

깊어가는 가을에 해당하며 아직 땅에는 열기가 있어 모든 작물이 막바지에 이르고 수확을 준비하게 된다. 戌 중 丁火의 에너지가 땅을 건조하게 만들고 땅 위의 곡식은 수확을 해야 하는 시기이다.

모든 자연은 서서히 휴식기에 접어들고 木은 자생력을 갖기 위하여 나뭇잎마저 떨어뜨리기 시작한다. 사람들은 동절기를 준비하며 곡식이나 열매, 채소를 건조하거나 수확을 하여 겨울을 준비한다.

(12) 亥 해설

겨울이 들어서는 관문이며 모든 자연은 휴면 상태로 들어가기 시작한다. 木은 응축되어 뿌리에 자생력을 두고 火가 필요한 계절이다. 모든 농작물을 곳간에 쌓아두고 동물은 우리에서 양육이 되는 시기이다. 亥의 지장간에 戊土의 역할이 과연 존재하는 것인가를 살펴보면 戊土의 작용은 실질적으로 크게 작용하지 않는다. 이미 큰 산들은 변화가 되고 단풍마저도 떨어지니 土의 작용은 거의 없는 것으로 봐야 한다. 亥 중 甲木이 지배하니 木의 뿌리를 양육하는 것으로 만족해야 하며 봄을 준비하기 위한 휴식의 시간이라고 볼 수 있다.

춘하추동(계절론)

1 봄

- 寅卯辰 ☞ 희망적이고 발전적이며 진취적 성향이 강하다. 부지런하고 인정이 많다. 근면, 성실하며 인간관계를 충실하게 맺어 가려고 한다. 논, 밭을 갈기 위한 작업과 거름을 뿌리는 시기.

2 여름

- 巳午未 ☞ 열정과 실천력을 바탕으로 인간관계를 잘 구축하고 자신이 계획하는 일을 부지런하게 추진하는 성향이 강하다. 씨앗을 뿌리거나 이종을 하는 시기.

3 가을

- 申酉戌 ☞ 결단과 행동, 실천력이 왕성한 시기이다. 마무리를 잘

하거나 인내력, 끈기력을 갖고 일을 마치려는 에너지가 강하다.
열매나 곡식을 수확하는 시기.

3 겨울

- **亥子丑** ☞ 미래 구상, 계획, 준비를 하며 휴식기에 접어든 시기이
  다. 가축은 마구간에서 휴식을 해야 하고 인간은 봄을 구상하고
  준비하며 휴식을 취하는 시기.

4
천간의 변화

1 천간 합

　천간은 정신세계와 생각, 마음을 주관하는 곳이고 일의 진행을 담당하게 된다. 하늘은 빠르고 속전속결이며, 신속한 판단을 주관한다. 그럼에도 불구하고 합(合)이 되면 본연의 십성 역할을 하지 못하고 변한 오행의 작용이 역할을 하게 된다.

　천간은 정재가 합(合)을 하거나, 정관이 合을 하게 된다. 길성이 合을 하면 좋은 역할을 할 것인가, 아니면 흉한 역할을 할 것인가를 판단해야 한다.

천간 합	작 용	비 고
甲己 (戊)	작용 정지	정재가 편재로 전환
乙庚 (庚)	대세 따름	정관이 정관으로 강화
丙辛 (壬)	새로운 도약	정재가 편관으로 전환
丁壬 (甲)	방향 모색	정관이 정인으로 전환
戊癸 (丙)	이동과 변화	정재가 편인으로 전환
己甲 (戊)	경쟁력 강화	정관이 겁재로 전환
庚乙 (庚)	세력 강화	정재가 비견으로 전환
辛丙 (壬)	이동과 전환	정관이 상관으로 전환
壬丁 (甲)	연구와 준비	정재가 식신으로 전환
癸戊 (丙)	목표지향	정관이 정재로 전환

■ 천간의 합에는 다음과 같다.

1 사주원국에 있을 때의 합의 작용

2 일간과 대운과의 합 관계

3 일간과 세운 천간의 합 관계

4 월간과 대운 천간과의 합 관계

5 월간과 세운 천간과의 합 관계를 판단하게 된다.

가. 甲 일간이 己와 슴이 되면 戊土

▷ 정재가 합이 되어 편재가 된다.

己 일간이 甲과 슴이 되면 戊土가 된다.

▷ 정관이 합이 되어 겁재가 된다.

◉ 이 경우 사주원국에 있을 때는 20년을 관장하게 되고, 대운에 있을 경우는 10년의 작용이 나타나게 되고, 세운에 있을 경우는 1년이 작

용하게 된다. 합이 되어 변한 오행이 이 기간에 역할을 하게 된다.

◉ 합의 작용은 결과를 나타나게 되고 50%의 작용을 갖게 하고 십성에
따라 역할도 달라진다.

❖ 재물과 관계되는 십성은 식신, 상관, 편재, 정재이므로 합이 되어 변한 오
행이 여기에 해당하면 재물의 혜택이 있게 된다.

ㄴ. 乙 일간이 庚金 合이 되면 庚金이 된다.

▷ 정관이 정관이 된다.

　庚 일간이 乙을 만나면 합이 되어 庚金이 된다.

▷ 정재가 비견이 된다.

◉ 乙 일간 입장에서는 정관으로 더 입지가 강화되니 책임감과 안정을
추구하려는 성향이 강하게 작용한다.

◉ 庚 일간에서는 자기 세력으로 강하게 작용하므로 인간관계나 자아
의 욕구가 강하게 지배하게 된다.

❖ 즉, 변한 오행이 정관이면 책임감과 사명감 그리고 윤리의식이 분명하지
만 변한 오행이 비견이 되면 자기주관성을 갖고 살아가려는 성향이 강하
게 나타난다.

１ 원국에 합이 있는 경우

가. 년과 월, 월과 일이 합이 되는 경우

주로 유년기와 청소년기 과정을 살펴보게 된다. 오행이 일간에게 필

요한 경우이면 유년기에 부모의 사랑이나 혜택을 받게 되고, 일간에게 도움이 되지 않는 오행이 타고 있다면 부모의 사랑이나 혜택이 다른 형제, 자매보다 적게 받게 된다. 또는 부모보다는 조부, 조모의 슬하에서 성장하는 경우가 많다.

(1) 비견, 겁재가 타고 일간에게 도움이 되면 다른 형제, 자매보다 사랑을 많이 받게 된다.

◉ 비견, 겁재가 타고 있지만 일간에게 도움이 되지 못하면 혜택이나 사랑을 받기가 어렵다.

◉ 비견, 겁재가 타고 있고 일간에게 도움이 되지만 冲, 刑이 되면 기복이 많은 유년기를 보내게 된다.

◉ 비견, 겁재가 타고 있으면서 일간에게 도움이 되지 못하고 冲, 刑이 되면 부모와 인연이 적거나 조부, 조모, 고모나 이모 또는 양자로 가는 경우가 많다.

(2) 변한 오행이 식, 상이 되고 일간에게 도움이 되면 부모의 혜택이나 사랑을 받게 된다.

◉ 변한 오행이 식, 상이 되고 일간에게 기신이 되면 혜택이 적기도 하고, 자신이 추구하는 일에서 시행착오를 하게 된다.
이동이나 변동이 많은 시기를 보내게 된다. 몸이 자주 아프거나 자주 이사를 다니는 경우도 있다.

◉ 변한 오행이 재성이 되고 일간에게 길신의 작용이 되면 자신이 목표한 분야로 진출하게 되고 이과분야에서 성적이 향상된다.

◉ 졸업 후 곧바로 직업을 갖게 되고 목적실현이 순조롭게 진행된다.

(3) 변한 오행이 재성이 되고 일간에게 기신 역할을 하게 되면 금전적인 문제로 어려움을 겪게 되고 자신이 일찍 사회활동에 참여하게 된다.

- 공부보다는 경제적인 문제로 더 고뇌하게 되고 중도에 학업의 변화가 생기거나 원하는 방향으로 나아가기가 어렵다.
- 자영업을 하는 경우나 신규사업을 하기도 하고 물건을 매입하거나 매도하는 시기이기도 하다. 다만 일간에게 길신의 역할이 되면 일이 순조롭게 풀리고 이익이 실현되나. 흉신의 역할을 하게 되면 지출이 증가하게 되고 지체되거나 어렵게 유지해 가게 된다.
- 길신에 해당하면 금전적인 문제에서 유익함이 나타나게 되고, 흉신이면 재물이 지출하거나 남성은 이성문제가 생기기도 한다.

(4) 변한 오행이 관성이고 길성에 해당하면 문서, 매매, 계약에서 이익이 실현된다.

- 변한 오행인 관성이 일간에게 흉신이 되면 손해나 관재구설 또는 질병으로 인하여 손실이 발생하게 된다.
- 문서 거래가 원활하지 못하게 되고 목적실현이 지체되거나 손실이 따르는 일이 많게 된다.
- 길성이 되면 부모, 형제의 혜택이 있고 자신이 추구하는 분야로 진출하지만 흉성이 되면 질병이나 책임감만 많아지고 노력의 결과는 미약하게 된다.
- 사업시 살얼음판을 걷는 형국과 같아 항상 안절부절 못하는 경우가 많다.

(5) 변한 오행이 인성이면

- 인성이 일간에게 도움이 된다면 문서, 행정, 시험과 같은 분야에서는 좋게 작용을 한다.
- 사업자에게 인성이 길신 작용을 하면 거래활발, 계약체결 수월, 교육사업과 같이 행정분야는 좋다. 그러나 직접적인 투자나 사업은 신중을 기해야 한다.
- 변한 인성이 흉성에 해당하면 학문에 착오가 생기고, 자신이 추구하는 방향으로 나아가기 힘들고, 학생은 원하는 분야로 진학이 어렵다. 직장인은 변동을 주거나 사직시 오랫동안 올바른 직업이 생기기 어렵다. 사업을 하는 경우에는 금전문제로 많이 힘들어지게 된다.
- 특히 일간에게 도움이 되지 못하고 沖이나 刑이 되면 사회활동이나 가정사에서 장해가 많이 생기고 인덕이 약하게 작용한다.

◈ 년과 월이 합을 하여 변한 오행이 일간에게 도움이 되면 유년기에 혜택이 많게 되고 목적실현이 잘 이루어진다.

◈ 년과 월이 합을 하여도 변한 오행이 일간에게 도움이 되지 못하면 굴곡이 많은 유년기와 청소년기를 보내게 되고 목적실현에 착오가 생기게 된다.

◈ 월과 일이 합을 하여 일간에게 도움을 주면 청소년기와 장년기에 목적실현이 잘 되고 결과를 창출하게 된다.

◈ 월과 일이 합을 하여 일간에게 도움이 되지 못하는 경우는 지체, 노고, 시련, 좌절이 많게 된다.

5

천간 冲

■ 천간의 충은 7번째 만나는 오행이 충이 된다.

☞ 甲 - 庚 (金이 木을 일방적으로 冲)

☞ 乙 - 辛 (金이 일방적으로 木을 冲)

☞ 丙 - 壬 (水가 일방적으로 火를 冲)

☞ 丁 - 癸 (水가 火를 冲)로 분류한다.

◉ **충(冲)의 작용**은 옆에 붙어 있을 때만 작용이 강하고 떨어져 있으면 冲의 관계가 성립되지 않고 剋관계로 성립된다. 따라서 冲이 되면 해당하는 오행이나 육친에게 불리하게 작용한다. 또한 나의 입장에서 십성이 약하게 작용하게 되고 뜻을 이루는데 그 역할이 약하게 작용한다.

◉ **일간 월지**

丁   癸라면 청소년기에 해당하는 시기에 시련이 찾아오게 된다. 즉 청소년기와 장년기에 관성이 나를 冲하니 부모의 혜택이 적거나 내가 사회생활을 해나가는 데 노고가 많거나 지체되기 쉽다.

◉ **시간 일간**

癸   丁이라면 노후에 많은 어려움이나 시련이 닥치게 된다. 또는 내가 목표하고 계획하는 일 또는 자식과의 관계에서 함께 의지하고 살아가는데 장애나 난관이 찾아오게 된다. 水가 火를 일방적으로 冲하게 되니 노후의 삶이 계획대로 되지 않게 된다.

- 水가 용신에 해당하더라도 안정이 되지 않고 남자는 자식과 관계가 소원해지거나 한집에서 살아가는데 많은 시련이 따르게 된다.
- 水가 기신에 해당한다면 자식으로 인한 근심걱정이 생기게 되고 여성은 남편과 정신적 갈등과 번민이 연속되니 많은 어려움을 지니게 된다.

이와 같이 冲이 있을 경우 水를 제압하는 土가 옆에 있으면 기질이 약해지게 되고 土가 없다면 木으로 설기를 하게 되면 冲의 작용이 감소하게 된다. 또는 슴이 옆에 있다면 먼저 합이 우선이기 때문에 대운이 합이 되면 그 작용이 소멸되고 관계가 원만해지나 합이 해공(解空)되면 관계가 나빠지게 된다. 그다음 차선책으로는 공망에 해당하는 게 차리리 낫다. 공망에 해당하면 각자의 역할에 충실하며 서로 도움은 되지 못한다 하더라도 서로 원수와 같은 관계로 지내지 않게 된다.

그만큼 천간의 충은 생각, 정신의 세계이기 때문에 沖이 되면 긍정적인 판단보다 부정적인 견해가 더 지배적이게 된다. 沖은 사주원국에서 작용하는 것은 나와 상대성을 보거나 근묘화실에 의하여 적용하게 되지만, 일간과 대운이나 세운이 충이 되면 직접적으로 그 영향을 내가 받게 된다.

沖은 공허하고 깨트리고 파괴하는 습성을 가져 두 개의 물질이 부딪혀 발생하는 열기이니 충이 있으면 신경이 예민하거나 조급해지고 안절부절 못하게 되며 전투태세를 가지게 된다.

가. 천간 충이 있을 때는

▷ 먼저 자신의 생각을 조급하게 판단하거나 경거망동해서는 안 된다.

▷ 항상 수양하는 마음과 인내심을 갖도록 해야 한다.

▷ 충을 해오는 상대를 내가 보듬어야 한다.

▷ 육친관계가 되든 직업이 되든 이를 잘 극복하도록 자신이 헤쳐 나가야 한다.

▷ 천간은 빠르고 속전속결로 진행이 되므로 참고 인내하면 결과가 좋아지게 된다.

- 대운이 沖이 되면 정신적으로 갈등하고 어떤 일을 결정하는 데 혼동이 오거나 맑은 정신으로 결정하는데 어려움이 따른다.

- 세운이 沖이 되면 자신이 결정하거나 현재 진행 중인 일에 고민과 번민 그리고 갈등이 오기 시작한다. 또한 마음만 조급해지고 서두르게 되어 일을 그르치거나 손해를 보는 경우가 많게 된다.

(1) 冲과 육친관계

천간 충을 보면 金이 木을 충하게 되고 水가 火를 충하는 관계이다. 冲을 당하는 木이나 火가 육친상 누구인가를 살펴야 한다. 또한 나에게 기신에 해당하는지 용신에 해당하는지 살펴 판단을 해야 한다.

◉ 용신이 충을 하면 본연의 역할을 하기가 어렵다.
◉ 기신을 충하면 그 작용이 더 강하게 나타날 수 있다.
◉ 기신이 충이 되는데 공망에 해당하면 충의 역할이 감소한다.
◉ 기신이 충을 하는데 합이 되면 강한 기질이 약해진다.
◉ 용신이 충을 하는데 합이 되면 충의 영향을 받지 않는다.

용신은 생조를 좋아하고 기신은 충이 될 때 空亡이나 合이 되면 작용이 감소하게 되고 기신은 상황에 따라 충이 되면 나에게 미치는 영향이 때로는 전화위복이 될 수 있다. 즉, 기신이 나를 괴롭히는데 충이 되어 나를 괴롭히지 못하게 된다. 따라서 충도 신강구조이면 작용이 덜 받게 되고 신약구조에서 충이 오면 작용이 강하게 나타나는 것도 이러한 이치에서 비롯된다.

충은 다 나쁜 것만은 아니라고 하는 이유는 상황전개가 어떻게 이루어지고 있는지를 살펴야 하며 충이 되면 육친관계에서 혜택은 적게 된다. 그러나 나 자신이 하는 일에는 좋을 수도 있고 나쁠 수도 있게 된다.

6
지지 合

지지합을 기준하여 판단하는 방법으로는 다음과 같다.

원국에 삼합이 되는 경우가 있는가 하면, 월지와 대운이 합이 되는 경우와 일지와 대운이 합이 되는 경우를 집중적으로 분석하게 된다. 또한 일의 당면성을 판단하기 위해서는 월지와 세운의 관계를 집중적으로 분석을 하게 된다. 월지는 사회성과 연관되기 때문이다.

일지는 가정사와 관련성이 크고 나의 주체를 가지고 일어나는 상황이 크게 나타난다.

1 월지와 대운 지지가 합을 하여 일간에게 미치는 영향이 어느 것인가를 분석하게 된다.

2 일지와 세운 지지와의 관계에서 합이 되어 일간에게 미치는 내용이 무엇인가를 살펴봐야 한다.

- 지지 중 월지가 합을 하는 경우에 대해 살펴보면 원국에서 이합이 되면 작용이 일어나는가에 대해서는 난해하다.

- 이합으로는 子-丑合, 寅-亥合, 卯-戌合, 辰-酉合, 巳-申合, 午-未合이 있다.

- 그간 여러 자료를 가지고 임상한 결과 대운에서는 어떤 영향이 나타나는지 분석하기가 어려워 검증을 하지 못했지만 지지합도 세운에서는 나타난다는 것을 알 수 있었다.

- 월지와 세운 지지가 합이 되어 변한 오행이 비, 겁이면 몸이 분주하고 활동이 많은 해가 되고, 변한 오행이 식, 상이 되면 연구, 손재주, 자격취득, 아이와 관련된 분야, 봉사, 배려, 재물과 관련된 일에서 이익이 실현되는 것을 알게 되었다.

- 일지와 세운 지지가 합이 되어 변한 오행이 비, 겁이면 여행, 외출, 정보분석, 인간관계, 배우자와 융합 등 나의 문제와 배우자가 활동을 하는 경우가 많다는 것을 알았다. 합을 하여 변한 오행이 식, 상이면 의식주 분야나 사업상 이익이 실현되는 해이고, 직업이 없이 가정주부인 경우는 이사를 하는 해이기도 하고 문서를 취득하기도 하고, 매매를 하여 차익을 남기기도 한다. 변한 오행이 재성이면 목돈이 들어오거나 노력한 결과가 생기는 해이거나, 배우자가 하는 일이 호전된다. 또는 배우자가 신규사업을 하기도 하는 해이다. 변한 오행이 인성이면 문서, 이사, 매매, 행정과 관계된 일로 인하여 이익이 실현된다. 그러나 이러한 조건도 일간(日干)에게 도움이 되는 경우에 해당하고 도움이 되지 못할 경우는 손실이 발생하게 된다.

❖ 이와 같이 사주원국에서 합이 되는 경우와 대운과 합이 되는 경우 그리고 세운과 합이 되는 경우에 대해서 분석할 필요성을 느꼈고, 합도 월주와 합이 되는가! 일주와 합이 되는가를 잘 살펴야 할 것이다. 십성의 작용과 합이 되어 변한 십성은 어떤 작용을 하고 있었는가를 살펴 판단을 해야만 한다고 보았다. 그 외에도 십성이 지닌 작용과 직업에 대해서도 더 많은 연구가 진행되어야 한다고 보았다.

7
지지 冲

■ 충은 어느 한쪽이 일방적으로 공격하는 상태이다. 주로 **水**와 **火**의 관계이거나 **木**과 **金**의 관계이다.

■ 지지 충이 월지에 해당할 때는 사회적인 요소나 나 자신의 직업과 관계된 일에서 작용이 온다. 즉, 외부의 환경으로 인하여 발생되는 일이고 일지에 해당할 때는 나 자신과 직접적인 일 또는 가정사와 관련되거나 배우자와 연관성을 갖게 된다.

◉ 子 – 午. 巳 – 亥. 寅 – 申. 卯 – 酉. 辰 – 戌. 丑 – 未

◉ 水가 火를 극하고 있다.

◉ 金이 木을 극하고 있다.

➤ 먼저 공격하는 경우보다 공격을 당하는 입장에서 피해가 크게

된다.

☞ 이를 육친 간으로 판단을 할 수 있고 직업을 가진 경우도 판단이 가능하다.

☞ 사주원국 중 어디에 구성되어 있는가를 판단하게 된다.

☞ 대운에서 올 때 직업이나 해당 육친에 상황이 발생한다.

☞ 세운에서 올 때 당해 연도에 영향력을 미치게 된다.

❶ 수가 재물이라면 재물에 관하여 변동이 생기거나 손해 또는 손재를 볼 수 있게 된다. 또는 부득이한 상황에 놓여 매매나 돈이 필요하게 된다.

❷ 수가 직장인이라면 직장변동이나 승진이 어렵거나 지체되게 된다. 또는 직장생활에 권태나 동료간 불협화음이 생기게 되어 고통이 많이 따른다.

❸ 수가 문서에 해당한다면 문서상 하자가 생기거나 계획에 차질이 생기게 된다.

❹ 수가 비겁이라면 동료간, 형제간 불협화음이나 뜻이 잘 안 맞게 되고 활동하는데 장애가 생긴다.

❺ 수가 식상에 해당하면 구설이나 이동, 변화를 주거나 자신이 추진하려는 일이 착오가 생기거나 지체, 손해가 생기게 된다.

● 다른 오행도 공격을 당하는 것이 십성 중 어느 것이냐에 따라 영향을 받게 된다.

❻ 午가 비겁이면 형제, 동료, 동업 등에서 마찰이나 의견이 안 맞게 되고 이해타산을 따지게 된다. 대운은 10년간 작용을 하게 되고 세운은 1년간 작용이 유지된다.

❼ 午가 식상이면 남자는 직업문제에서 노고가 따르고 여성은 자식으로 인하여 번민과 걱정이 자주 일어나게 된다.

❽ 午가 재성이면 남자는 배우자로 인하여 어려움이 생기거나 여자 문제 또는 금전적인 문제가 생기게 된다. 여성은 금전 문제가 발생할 수 있다.

❾ 午가 관성이면 여성은 이성이나 남편 문제로 인한 문제가 발생하게 되고 남성은 자식 문제나 직업 문제에 해당하는 일이 발생한다. 또한 건강이 악화된 경우는 회복이 어렵거나 지체되고 갑작스럽게 질병이 찾아오게 된다.

❿ 午가 인성이면 노인 문제, 문서 문제가 발생하게 된다.

◉ 이와 같이 공격을 받는 입장이 육친관계나 사회활동 문제로 비교하여 정보를 전달해 줄 수 있게 된다.

◉ 午뿐만 아니라 巳가 여기에 해당되어도 마찬가지이고 寅, 卯도 여기에 해당할 때 작용이 발생하게 된다.

◉ 卯-酉 冲을 보면 金이 木을 일방적으로 공격하게 된다. 제왕성의 충은 서로의 공간 영역을 침범하는 것을 싫어하기 때문에 발생되는 분리현상인데 일방적으로 木이 제압을 당하기 때문에 金이 옆에 있으면 항상 신경이 쓰이고 어떤 일을 마음대로 진행하기가 어렵다.

● 木이 해당 육친관계에서 누구에 해당하고 어떤 십성에 해당하느냐에 따라 그 역할이 감소하게 된다. 또한 나 자신이 근묘화실 중 어디에 해당하느냐에 따라 그 시기에 어려움이 발생하게 된다. 충은 세운에서 올 때 작용이 강하게 오고 대운은 지지 나이에 해당할 때 작용이 강하게 온다.

⇨ 신강구조일 때는 작용이 적게 작용하나 신약구조인 경우는 작용력이 강하게 나타난다.

⇨ 공격을 당하는 오행이 용신(用神)이면 용신의 작용을 감당하기가 어렵다.

⇨ 용신은 충(冲), 형(刑)을 두려워하고 합(合)이나 생(生)을 선호하는 이치도 이러한 관계 때문이다.

8

지지 刑

1 형(刑)의 원리

형살의 작용 원리는 방합(方合)과 삼합(三合)에서 이루어진다.

三合	申子辰	寅午戌	巳酉丑	亥卯未
方合	寅卯辰	巳午未	申酉戌	亥子丑

※ 刑 : 寅巳申 ☞ 得勢之刑

※ 丑戌未 ☞ 無恩之刑

※ 辰辰, 午午, 酉酉, 亥亥

※ 子卯 ☞ 無禮之刑

2 형(刑)의 작용

(1) 흉신(凶神)의 작용

- 성격이 냉정하고 잔인성이 있으며, 예의를 모르고 자기주장이 강해 타인의 말을 잘 듣지 않으려 한다.
- 삼형이 사주 원국에 다 갖춰져 있으면 충돌하고 깨트리고 무시해 버린다는 의미가 있다.
- 언행이 거칠며 이익이 되는 일이라면 부모, 형제, 은인, 친구라도 배신을 한다.
- 刑은 주로 소송건이나 질병, 수술, 관재구설과 관계되는 것을 말한다. 형살이 되면 일반적으로 길(吉) 작용보다는 흉(凶) 작용이 더 강하게 나타난다.

(2) 길신(吉神)의 작용

- 끈기 있고 의지가 굳고 추진력과 리더십이 강하다.
- 생살(生殺)지권을 장악한다.
- 경찰, 군인, 교도관, 법관, 변호사, 의사, 약사 등 권력을 사용하는 직업에서 성공하는 경우가 많다.

◉ 운에서 형(刑)이 오면 보통 질병, 사고, 수술, 소송, 형액을 많이 당하게 된다.

3 세운이 형살이 될 때

(1) 일지가 형살이 될 때

- 가정적으로 배우자와 문제가 발생하는 해이다.
- 부부간 별거, 이별, 다툼이 발생하게 된다.
- 배우자가 몸이 안 좋거나 자주 병원을 가게 된다.
- 이사를 하거나 개업을 하면 부부간 다툼이 많아지게 된다.
- 해당하는 십성이 타격을 받게 된다.

(2) 월지가 형살이 될 때

- 사회적으로 갈등과 번민 그리고 변동이 생긴다.
- 직업적으로 불안하거나 변동이 따르게 된다.
- 인간관계나 관재구설이 따르게 된다.
- 외부에서 발생한 일이 가정에 영향을 미친다.
- 질병이나 수술로 인하여 지출이 증가한다.
- 현재 진행하고 있는 일이 장애가 많이 따른다.

맹귀 진화정보론 II

PART 04

십성론

맹그 진화경보론 Ⅱ

십성의 상생, 상극

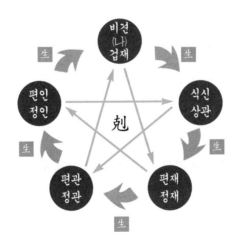

십성의 상호관계를 인간에게 적용하여 길흉화복을 판단하게 된다. 십성이 많을 때, 약할 때, 충이 될 때, 합이 될 때 나타나는 현상이 제 각각이다. 월주를 기준하여 나타나는 상황과 일주를 기준하여 나타나 는 현상도 다르게 되며, 년주나 시주를 기준하는 방법과 대운과 세운을 기준하여 나타나는 현상이 너무나 복잡하고 어렵게 된다. 그렇기 때문에 많은 사람들이 처음엔 명리학에 야심찬 꿈을 갖고 도전하지만 시간이 흐를수록 마음에 변화가 찾아오게 된다. 학문은 인간에 의해 만들어졌고 특히 운명이라는 거시적인 형체를 밝혀내려는 데에는 평생을 다 바쳐도 이루지 못할 것이다.

비단 명리학뿐만 아니라 모든 학문이 인간에 의해 발전되게 된다. 그 바탕에는 엄청난 연구와 임상을 통하여 한 부분을 발견하게 된다. 바로 생명을 연장시키는 의학의 분야가 가장 피부적으로 와 닿을 것이다.

명리학은 인간의 운명을 예측해 주는 유일한 학문이라는 것을 자랑스럽게 여긴다. 그러면서도 어느 한 부분이라도 전문가가 되지 못하고 있다는 것에 대해 제 자신도 반성하고 자책하며 '진정으로 인간에게 꿈과 희망을 줄 수 있는가!'를 늘 고민하며 부족하나마 한 부분에 해당하지만 진로에 대해 많은 연구를 지속하고 있다.

십성은 명리학의 꽃이라고 본다. 이를 어떻게 응용하느냐에 따라 개인의 차이가 현격하게 나타나게 된다.

비견(比肩)성

- 비견은 널리 두루 살펴보는 기질이 강하여 앉아 있기보다는 몸을 많이 활용하거나 움직이는 것을 좋아하므로, 어린아이의 기질이 성인이라도 닮아가므로, 이런 성향의 직업을 안내해 주어야 한다.
- 유년기에 해당하고 나이로는 1세에서 15세에 해당한다.
- 나, 혼자의 힘, 외길의 인생, 고집.
- 활동력이 많고 몸을 많이 움직이는 것을 좋아한다.
- 남 앞에 서려는 기질과 리더의 기질이 강하다.
- 감정이 격함을 나타내며 그 본질이 강건하다.
- 정력적이며 노력가의 별이며 자신의 입장을 적극적으로 굳혀가려는 수비 본능이 강하다.
- 남을 지배하려는 의욕이 강하다.
- 안정된 세상에서 힘을 발휘한다.
- 형제의 별이라 한다.

겁재(劫財)성

- 비견과 동일하게 뛰놀고 간섭 받는 것을 싫어하며, 구속이나 통제를 싫어하는 아이의 성격과 흡사하다.
- 자신의 입장을 고수하려는 기질이 강하다.
- 화합, 협조, 정치력, 종교, 투쟁, 경쟁.
- 사교성이 뛰어나고 외유내강형이다.
- 어떤 집단이나 단체에서 인정받기를 바라고 힘을 발휘한다.
- 자매의 별이라 한다.

- 경쟁이나 승부의 기질이 강하다.

- 인간관계나 처세술이 좋고 눈치가 빠르니 사람관계에서도 장점이 많다.

- 유년기에 해당하고 나이로는 1세에서 15세에 해당한다.

식신(食神)성

- 식신은 연구, 준비하는 경우를 나타내니 어떤 사물에 대한 창조성과 연구성을 지니고 있으며, 그 사물을 그대로 조각하는 손재주와 연구, 기획, 모방성이 있으니 살아가는데 필수적인 별에 해당한다.

- 식록, 건강, 온순, 놀이.

- 먹고 사는데 근심을 하지 않는다.

- 손재주가 있다

- 대범함을 가지고 있으며 여유가 있는 성격이다.

- 연구, 기획, 아이디어, 전문성, 자격과 인연.

- 남자 아이의 별이다.

- 이 시기는 청소년기에 해당하며 16~30세에 해당한다.

상관(傷官)성

- 청소년기에 해당하고 공부하는 학생의 과정과 같으며 식신, 상관은 미래를 준비하고 직장이나 전문성을 실현하는 시기이다.

- 반발, 반항, 고독, 감수성, 표현.

- 상관에 해당한다.

- 속박을 싫어하나 내면적으로 정이 많다.

- 공상과 낭만을 좋아하며 분위기를 즐긴다.

- 성격적으로 감정의 기복이 심하고 어려울 때 힘을 발휘한다.
- 말을 잘하거나 표현력이 있다.
- 정신세계가 발달하고 예지력이 있으며 상상력이 풍부하다.
- 여아의 별이다.

편재(偏財)성

- 선량, 봉사, 인정, 의리, 회전재.
- 이성에 대한 친절함이 많다.
- 평온무사함이 많은 인생이다.
- 애정관과 관계된 분야, 의학, 약학 분야에 적성을 갖고 있다.
- 안정기에 힘을 발휘한다.
- 부친성, 첩, 애인성이라 한다.
- 편재, 정재는 홀로서기의 시기이며 직업을 갖거나 내가 배우자를 만나 가정을 꾸려가는 시기이다.
- 장년기에 해당하며 나이는 31세에서 45세에 해당한다.
- 수리력이 발달하고 이과계열이 적합하다.
- 수완이 발달하고 이재에 밝아진다.

정재(正財)성

- 온후, 견실, 가정, 축재.
- 상냥하고 조심성이 있다.
- 절약가이며 보수, 대기만성형, 노력가이다.
- 어느 시기이든 힘을 발휘한다.

- 정처, 배우자의 별이라 한다.
- 일정한 수입 또는 월급에 해당한다.
- 노력과 실천에 의하여 결과가 증대되며 남자는 배우자와 연관성을 지니고 있다.
- 제조업이나 자격을 갖추고 하는 분야 또는 정찰제나 유동성이 적은 분야에 적합하다.
- 직장인도 목돈이 생기거나 재물이 증가되어 부동산이나 내집 마련이 쉬워진다.
- 장년기에 해당하며 녹존과 마찬가지로 31세에서 45세에 해당하므로 이 시기에 재산을 증가시켜야 한다.
- 학생에게는 다소 불리한 시기이다. 성적이 마음먹은 대로 향상되기 어렵고, 국가자격(임용고시, 공무원)에 도전하는 경우도 노고가 많게 된다.
- 미혼남성은 이성에 대한 관심이나 결혼운이 오는 시기이다.

편관(偏官)성

- 투쟁, 행동력, 성급함, 책임감.
- 책임감과 실천력이 강하며 안정을 최우선으로 한다.
- 명예, 공직, 직장과 연관성을 가지고 있다.
- 신속함을 좋아하고 뒤끝이 없다.
- 공격 본능이 강하고 정직함을 지니고 있다.
- 무관의 별이라 하며 편부(계부)성이라 한다.
- 생각으로 그치는 것이 아니라 행동으로 실천한다.

- 운동가의 기질이 강하다.
- 어려운 시기에 힘을 발휘한다.
- 참을성이나 인내심이 강하면서도 조급함이 내포되어 있다.
- 중년기에 해당하며 46~60세를 나타낸다.

정관(正官)성

- 책임감, 자존심, 명예, 명성, 모범, 규범.
- 높은 긍지를 가지고 있다.
- 모범성과 준법정신이 강하게 작용한다.
- 명예분야에 종사자가 많고 국가공무원(행정, 사법)에 적합하다.
- 결벽성이 있다.
- 명예를 중요시한다.
- 공격 본능이 있으나 안정기에 힘을 발휘한다.
- 문관(행정)의 별이라 한다.
- 정부(부친)의 별이라 한다.
- 중년기에 해당하며 나이로는 46세에서 60세를 기준한다.
- 직장인이나 공무원에게 유리한 별이고 학생에게도 유리하다.
- 특히 경찰, 군인, 사관학교, 사법계통에서 능력을 발휘하게 된다.
- 사업자에게는 다소 불리한 작용을 하게 되므로 이 운이 오면 확장이나 오픈 등은 신중을 기해야 한다.
- 건강과 연관된 일이 발생할 수 있다.
- 여성에게는 정부(애인)의 별이며 남편에 해당하기도 한다.
- 남성에게는 자식에 해당하기도 하며 이 시기에 자녀의 공부나 결혼 등

으로 재물은 지출이 많아지게 된다.

편인(偏印)성

- 이별, 방랑, 개혁, 인내.
- 속박을 싫어하고 창조와 파괴의 별이다.
- 내면에 강한 에너지를 가지고 있으며 호기심, 신비함을 지니고 있다.
- 어려운 시기에 힘을 발휘한다.
- 양모, 계모의 별이라 한다.
- 재치가 뛰어나고 순발력이 있다.
- 노년기에 해당하며 교육, 수양, 기도, 학문과 연관성을 지니고 있다.
- 문서와 연관성을 가지고 있으며 각종 자격증이나 시험과 관계가 있는 별이다.
- 재치와 추구적 성향의 기질을 가지고 있는 별이다.
- 노년기에 해당하며 61세 이후를 나타낸다.

정인(正印)성

- 지혜, 학문, 고전, 모성.
- 학문, 기술 습득, 자격 취득에 뛰어난 능력이 있다.
- 지성의 별이며 이론가의 별이기도 하다.
- 논리적이며 수용하는 마음이 크다.
- 윗사람의 별이라고도 하며 모친성이라 한다.
- 교육, 학문과 연관성을 가지고 있고 탐구능력이 있다.
- 공상, 미래예지와 연관성을 가지고 있으며 생각이 깊은 별이다.

•운이 좋게 흐르면 교육자로 삶을 살아가고 다소 약하면 강사의 길을
가기도 한다.

◐ 연구점

① 십성이 많을 때 나타나는 현상!

② 십성이 약할 때 나타나는 현상!

③ 십성이 몰려 있을 때 나타나는 현상!

④ 십성이 합이 될 때 나타나는 현상

　_합이 되어 일간에게 도움이 되는 경우

　_합이 되어 일간에게 도움이 안 되는 경우

⑤ 십성이 충, 형이 되었을 때

⑥ 십성이 공망에 해당할 때

⑦ 십성이 대운에서 합, 충, 형, 공망에 해당할 때

⑧ 십성이 세운에서 합, 충, 형, 공망에 해당할 때

⑨ 월주가 합, 충, 형, 공망에 해당할 때

⑩ 일주가 합, 충, 형, 공망에 해당할 때

⑪ 십성과 직업관계

⑫ 대운과 직업관계

⑬ 세운과 일의 당면성

앞으로 명리학을 가지고 연구할 분야가 너무나 많다. 본 저자가 진
로에 대해 명문대(3개대 재학생) 설문조사를 실시해 본 결과 아직도 많

은 학생들이 명리학에 대한 불신이 내재되어 있다는 것을 가슴 깊이 체험을 수차례 해보았다. 그렇기 때문에 통계를 내는 게 쉽지 않았다.

그렇지만 미래를 준비하는 학생들에게 꿈과 희망을 주기 위하여 오늘도 부단히 연구하고 노력할 것이다.

PART05

격국론

1
선행연구 이론

    격국을 정하는 방법이 다양하다. 그러면서도 학자들 간에 격국을 정하는 방법이 다르기 때문에 자신이 배운 학문을 토대로 격국을 취하는 게 일반론적이다. 그러나 본 저자가 그간 통계 분석한 자료를 토대로 분석한 결과 자신의 본기를 격으로 취하는 게 가장 옳다고 판단되었다.

    또한 격국은 평생 필요한 것이 아니라 30세 이전에 해당하는 경우만 필요하고 그 외에는 용신이 더 중요하다는 것을 여러 차례 언급하였다.

    선행연구 이론으로는 본 저자가 박사논문에서 논한 내용이 격국이나 용신을 취하는 방법이 학자마다 다르기 때문에 3인의 명리학 분야로 박사학위를 받으신 분들로부터 받은 자료에 대해 나열하였다.

    격국을 정하는 방법이 다르기 때문에 통계를 기준하여 격국을 취하였는데 세 분이 같은 격국을 기록한 경우는 이를 취하였고, 세 분 중

두 분이 일치하는 경우도 격국으로 취하였고, 세 분이 각기 다른 격국이 나온 경우는『적천수』를 기준하여 격국을 취하였다.

그 외에는 월지를 기준하여 자신의 본기를 격으로 취하여 통계 분석을 낸 서적이 바로 본 저자가 집필한 명리상담술에 적용하였다.

여기서 본기란 정기를 의미하는 것이 아니고 자신의 생일을 기준하여 과거 절기까지를 계산하면 잔여일수를 기준하여 초기생, 중기생, 정기생 중 해당하는 것이 바로 본기이다.

2
심리 구조

십성의 심리 구조는 타고난 성격에 비유하게 된다. 성격은 곧 격국에 해당하게 되고 격국은 월지를 기준하여 결정하게 된다.

심리를 분석하기 위해서는 월지에서 투간된 것이 월간에 있을 때 나타나는 성격과 월지 본기를 기준하여 심리분석을 하기도 한다.

명리학은 계절과 절기를 논하는 학문이므로 월지 본기가 더 정확성을 갖고 있다는 것을 알 수 있었다.

월지 본기를 정하는 방법에 대해서 여러 차례 언급을 하였다.

본 장에서는 심리분석에 대해 살펴보았다.

❀ 비견
자아의 욕구를 바탕으로 동질성과 독립적 성향이 강하게 작용하고 활동지능과 자존지능이 강한 것이 비견이다.

⊛ **비견** ☞ 자존지능과 독립적 성향이 발달되어 있다.

⊛ **겁재** ☞ 자아의 욕구와 경쟁 심리가 발달되어 있다.

⊛ **식신** ☞ 친화성, 준비성과 연구지능이 발달되어 있다.

⊛ **상관** ☞ 언어 표현성과 예술성이 발달되어 있다.

⊛ **편재** ☞ 목적실현에 대한 집념과 공간지능, 평가지능이 발달되어 있다.

⊛ **정재** ☞ 노력을 통하여 실리를 추구하려 하고 설계지능이 발달되어 있다.

⊛ **편관** ☞ 안정의 욕구가 강하며 행동, 실천지능이 발달되어 있다.

⊛ **정관** ☞ 책임감과 사명감을 중요시하며 도덕지능이 발달되어 있다.

⊛ **편인** ☞ 재치성과 추구적인 기질과 인식지능이 발달되어 있다.

⊛ **정인** ☞ 받아들이려는 마음과 정신세계가 발달하고 기억지능이 발달되어 있다.

이렇게 십성이 가진 지능과 구조를 기준하여 진로에 대해 분석하게 되며 학과와의 관계를 분석하게 된다.

먼저 격국을 기준하여 판단하게 되는데 격국도 자신의 본기를 기준하여 판단하게 되고, 그다음으로 오행으로 살펴보게 된다.

3
십성과 지능 연구

진학과 관련하여 교육학이나 심리학에서는 여러 유형의 외국문헌을 기준하여 정보를 전달하고 있다. 명리학에서도 몇 분이 진로와 진학에 대해 연구하고 임상을 진행하고 있다. 본 저자도 실제 진학을 앞둔 학생(725명)을 대상으로 분석한 자료와 대학을 진학한 재학생(s, e, k) 1,300명을 분석한 결과 격국과 계열과의 관계성에 대해 검증을 할 수 있었다.

명리학과 계열과의 관계를 연구하는 방법으로는 다음과 같다.
  (1) 일간과 계열과의 관계 연구
  (2) 월간과 계열과의 관계 연구
  (3) 월지와 계열과의 관계 연구
  (4) 격국과 계열과의 관계 연구

이중에서도 격국을 기준하여 계열과의 관계를 분석한 자료가 가장 합리적이었다.

격국을 정하는 방법에 대해서 의견이 분분하게 된다. 본 저서에서는 격국을 정하는 방법을 다음과 같이 정하였다.

가. 자신의 생일이 몇일인가 살펴본다.

나. 자신의 생일이 어느 절기에 해당하는가를 살펴본다.

다. 자신의 생일부터 과거 절기까지 일수를 계산한다.

라. 일수를 계산하여 초기 · 중기 · 정기 중 어느 곳에 해당하는가를 알아야 한다.

마. 초기 · 중기 · 정기는 지장간을 통하여 결정된다.

　　　※ 지장간을 적용하는 방법이 태음력과 태양력을 기준하는 설이 있고 또 하나는 귀곡자 이론에 의한 지장간이 전해져 오고 있다.

본서에서도 『규명 2권(명리상담술)』에 기록한 내용대로 태양력을 기준하여 지장간을 사용하였다.

십성	발 달
비견	**자존지능**이 발달 ☞ 공익적 협동과 활동적 기술을 유발하는 지능 독창적, 협동적, 열정적, 직선적, 자기결정 중시, 리더십, 조직성, 인간관계 중시
겁재	**경쟁지능** 독창성과 자기 기술력 촉진하려는 지능 주관적, 직선적, 의지적, 몰입성, 체험과 경험, 결과지향
식신	**연구지능** 대인관계와 전문기술을 활용하는 지능 친화성, 배려성, 희생심, 봉사심, 감성적, 협동성, 이행능력성, 미래지향성
상관	**표현지능** 창의성과 모방성이 뛰어나고 설득과 비판을 통한 언어 표현 지능 표현성, 묘사성, 예술성, 응용력, 변화성, 자유로움, 미적 중시성
편재	**평가지능** 사물의 가치를 평가하고 결과를 만드는 지능 수리능력, 가치판단력, 유동성, 공간지능, 기회포착성, 결과 중시
정재	**설계지능** 계획하거나 준비된 대로 설계하고 실행하는 지능 논리성, 현실성, 치밀성, 준비성, 설계능력, 실리적, 가치판단성, 구성력, 에너지 축적
편관	**행동지능** 과감하게 행동하고 실천하려는 지능 행동성, 실천성, 신속한 결정, 판단성, 조직구성, 단결성, 안정의 욕구

십 성	발 달
정관	**도덕지능** 원칙과 법을 준수하고 모범적인 사회성지능 공정성, 합리성, 기억력, 보수적, 정교성, 설계능력, 명분성, 내면성, 인내심
편인	**인식지능** 추리력과 직관력을 중심으로 여러 정보를 인식하는 지능 이해력, 암기성, 기억력, 직관성, 창조력, 임기응변, 탐구성, 방랑성, 정신적 예술성
정인	**수용, 기억지능** 학습의 수용과 생각을 기록 정리하는 지능 기록능력, 암기력, 수용성, 보수성, 내면성, 향상성, 전통성 중시. 갈망성 내재

4

십성의 심리 구조

1 비견

▶자존지능과 자아욕구가 발달

▶협동적 관계나 인간관계 지능, 신체를 활용한 지능이 발달

⇨ 독창성, 협동성, 주관성, 직선적, 집중성, 자기결정 중시성, 현실성, 결과를 지향한다.

2 겁재

▶경쟁지능과 활동지능이 발달

▶자기모험과 독단적 기질이 내포되고 기술력, 실험지능이 발달

⇨ 자기주관 결정 중시, 몰입성, 경험과 체험, 결론을 더 지향한다.

3 식신

▶연구지능이 발달

▶친화성을 바탕으로 전문기술을 활용하는 지능이 발달

⇨ 이해성, 감성적, 친화성, 기술성, 이행능력 중시, 진실성, 미래지향성, 손재주가 있다.

4 상관

▶표현지능이 발달

▶창의성과 모방, 설득력과 언어표현이 발달

⇨ 감각성, 묘사에 능함, 예술성, 직설적, 응용력 우수, 변화의 관점, 미적 중시성을 지니고 있다.

5 편재

▶평가지능이 발달

▶사물에 대한 가치를 판단하고 결과를 만드는 지능이 발달

⇨ 수리능력, 활동적, 유동적, 가치판단력, 통계 분석, 찬스성, 자율성, 결과를 이루어 내려는 현실성.

6 정재

▶설계지능이 발달

▶치밀성과 수리분야와 관계된 일에서 설계하고 수행하는 지능이 발달

⇨ 논리성, 계산력, 현실적, 치밀성, 설계성, 실리성, 가치판단력, 장기적 결과 중시.

7 편관

▶ 행동지능이 발달

▶ 과감성을 바탕으로 행동, 실천하는 지능이 발달

⇨ 신속성, 기억력, 판단력, 실천성, 관리능력성, 조직구성, 위기관리 능력이 발달.

8 정관

▶ 규범성과 윤리 도덕성 지능 발달

▶ 원칙과 모범성을 바탕으로 사회성 지능이 발달

⇨ 투명성, 공정성, 합리성, 모범성, 판단성, 기억성, 내면성, 가능성 중시.

9 편인

▶ 인식지능이 발달

▶ 추리와 직관력을 통한 여러 정보를 인식하는 지능이 발달

⇨ 이해성, 암기성, 직관성, 탐구성, 호기심, 창의성, 정신지능이 발달.

10 정인

▶ 생각. 이론지능이 발달

▶ 수용성과 기록 정리 지능이 발달

⇨ 암기력, 보수성, 학습성, 내면성, 전통성 중시, 옛것을 소중하게 판단, 천문, 문학, 시, 문화재, 교육.

맹꽁이 진화 정보론 II

PART**06**

지능 구조

맹구 진화-정보론 II

비견을 주축으로 구성된 지능

1 비견과 식신구조로 이루어진 경우 **1**과 **3**의 구조

☯ 자존지능과 연구지능

⇨ 활동량이 많으면서도 여러 정보를 집합시키는 분야(여론조사, 기획
　분야, 연구분야, 음식 및 손 기술, 아이와 관계된 분야)

⇨ 연구나 임상을 통하여 결과를 추출하는 지능(도로, 환경, 산림, 생
　태, 버섯, 유산균, 가공식품, 각종 연구분야)

2 비견과 상관구조로 이루어진 경우 **1**과 **4**의 구조

☯ 자존지능과 표현지능

⇨ 활동량이 많으면서도 여러 정보를 집합하여 표현하는 분야(언론, 방

송, 신문, 종교, 예술)

⇨ 음악, 동화, 강사, 아이를 가르치는 분야, 홍보, 광고

3 비견과 편인으로 이루어진 경우 **1**과 **9**의 구조

☯ 자존지능과 인식지능

⇨ 동질성과 활동성이 강한 분야

⇨ 재치, 이해력, 탐구성이 강한 분야

⇨ 교육분야와 한의학분야, 행정분야, 종교분야에 적합

4 비견과 정인으로 이루어진 경우 **1**과 **10**의 구조

☯ 자존지능과 기억지능

⇨ 활동성이 왕성하고 수용하려는 마음과 기억력이 높아진다.

⇨ 남을 잘 이해하고 헤아리며 사리분별력이 높아진다.

⇨ 지혜를 바탕으로 남보다 솔선수범하려는 성향이 강하다.

5 비견과 겁재로 이루어진 경우 **1**과 **2**의 구조

☯ 자존지능과 경쟁지능

⇨ 남의 억압이나 간섭이 적은 분야(운수, 택배, 물류, 자영업, 점장)

⇨ 활동성이 많은 분야의 직업을 선택해야 한다(체육관, 인권운동분야, 리더십에 관한 분야, 자영업, 조직관리, 노동자).

6 비견과 편재로 이루어진 경우 1과 5의 구조

☯ 자존지능과 평가지능

⇨ 행동하고 실천하여 가치를 창출하려는 성향이 강하다.

⇨ 실현하려는 욕구가 강하고 기회를 잘 포착한다.

7 비견과 정재로 이루어진 경우 1과 6의 구조

☯ 자존지능과 설계지능

⇨ 부지런하고 꾸준하게 정보를 분석하거나 실리를 추구하려고 한다.

⇨ 자신의 분수를 알고 모험을 싫어하고 서두르지 않는다. 자수성가자
  가 많다.

8 비견과 편관 구조로 이루어진 경우 1과 7의 구조

☯ 자존지능과 실천지능

⇨ 단체보다는 개인 위주로 몸을 많이 활용하는 학과나 분야(스포츠,
  의학, 탐험, 여행)

⇨ 생각을 정리하고 곧바로 실천하는 분야(어려움에 처한 경우 위력을
  보이는 분야) 경찰, 군인, 법조계

9 비견과 정관이 구조로 이루어진 경우 1과 8이 발달

☯ 자존지능과 도덕지능

⇨ 자기주체가 강한 분야(영업, 세일즈, 자유업)

⇨ 원칙과 법 준수, 공정성과 합리성을 가진 분야

⇨ 활동성을 바탕으로 합리적이고 원칙을 준수하려는 분야(행정, 사무, 법률, 경영)

②
겁재를 주축으로 구성된 지능

1 겁재와 식신 구조로 이루어진 경우 **2**와 **3**의 구조

☯ 경쟁지능과 연구지능

⇨ 자존심을 바탕으로 승부욕이 발달하고 이를 실천하는 지능

⇨ 자신이 계획한 분야에 대하여 여러 정보를 수집하는 지능

2 겁재와 상관구조로 이루어진 경우 **2**와 **4**의 구조

☯ 경쟁지능과 표현지능

⇨ 자존심을 바탕으로 표현력과 창의력이 발달한 구조

⇨ 화술과 정신세계를 통하여 경쟁성을 갖춘 구조

3 겁재와 편인으로 이루어진 경우 **2**와 **9**의 구조

☯ 경쟁지능과 인식지능

⇨ 자신의 체험과 경험을 바탕으로 인지하는 지능이 발달

⇨ 순발력과 추구성을 바탕으로 몰입능력과 결론지향

4 겁재와 정인으로 이루어진 경우 **2**와 **10**의 구조

☯ 경쟁지능과 기억지능

⇨ 독창성과 정보를 활용하여 기록하는 지능

⇨ 전통성을 중시하며 경험을 통한 결론 지향

5 겁재와 편재로 이루어진 경우 **2**와 **5**의 구조

☯ 경쟁지능과 평가지능

⇨ 자기 결정을 중시하며 목적실현을 위한 지능이 발달

⇨ 사물의 가치를 판단하고 이를 합리화하는 지능

6 겁재와 정재로 이루어진 경우 **2**와 **6**의 구조

☯ 경쟁지능과 설계지능

⇨ 몰입성과 경쟁성을 바탕으로 가치판단 능력과 결과 중시

⇨ 치밀성을 바탕으로 경쟁성과 독창적인 지능 발달

⇨ 자신이 노력한 만큼 결과를 이루어 내려는 기질이 강하다.

7 겁재와 편관 구조로 이루어진 경우 **2**와 **7**의 구조

☯ 경쟁지능과 실천지능

➩ 행동, 실천성과 인간관계 구축을 지닌 지능(인권운동, 조직장악, 노동자운동, 군인, 경찰, 마약수사, 탐지, 정보분야)

➩ 모험과 실험적이며 책임감과 사명감을 지닌 지능(경호, 수사기관, 근로복지, 정치, 탐험, 구조, 스포츠분야)

8 겁재와 정관 구조로 이루어진 경우 **2**와 **8**의 구조

☯ 경쟁지능과 도덕지능

➩ 부지런함과 인간관계를 중시하는 분야(조직관리)

➩ 관습과 질서에 관한 분야 : 법률분야, 행정분야. 윤리, 도덕분야

➩ 인간관계에 필요한 법률이나 행정, 인사, 조직관리 지능

9 겁재와 비견으로 이루어진 경우 **2**와 **1**의 구조

☯ 경쟁지능과 자존지능

➩ 정보지능과 부지런함을 바탕으로 진취적 지능, 리더십을 갖춘 지능

➩ 독립성과 경쟁성을 바탕으로 홀로서기 지능, 자아추구, 독창성 지능

➩ 남의 간섭이나 억압을 적게 받는 분야가 적합

3
식신을 주축으로 구성된 지능

1 식신과 상관으로 이루어진 경우 **3**과 **4**의 구조

☯ 연구지능과 표현지능

⇨ 대인관계 친화의 지능과 창의성 지능 발달

⇨ 응용력과 묘사에 능하며 협력, 정보활용, 경험 중시 지능 발달

⇨ 남에게 기쁨이나 희망을 주는 분야, 음식, 요리, 손재주, 화술과 관련
된 분야

2 식신과 편재로 이루어진 경우 **3**과 **5**의 구조

☯ 연구지능과 평가지능

⇨ 이해성, 감성적 지능과 가치판단 능력 발달

⇨ 사물에 대한 이해와 활용에 대한 지능

⇨ 제조, 생산과 관련 있는 분야와 이를 실현하는 분야

③ 식신과 정재로 이루어진 경우 ③과 ⑥의 구조

☯ 연구지능과 설계지능

⇨ 친화성과 대인관계를 통하여 실리성 추구

⇨ 장기적 계획 수립과 현실성 추구 지능

⇨ 희생, 봉사, 배려심을 요하는 직업분야와 연구, 발명, 창의성, 기획
   등 변동이 적은 분야에 적합

④ 식신과 편인으로 이루어진 경우 ③과 ⑨의 구조

☯ 연구지능과 인식지능

⇨ 협동성과 기술력을 바탕으로 여러 정보를 인식하는 지능

⇨ 탐구심과 직관성을 바탕으로 이를 가치 창출하는 지능

⇨ 기획, 연구, 손재주, 제조, 특허 등과 같이 자신이 계획한 것을 서류
   로 완성하는 분야(계약)

⑤ 식신과 정인으로 이루어진 경우 ③과 ⑩의 구조

☯ 연구지능과 기억지능

⇨ 연구, 기획성과 기록 정리하는 지능

⇨ 인간관계(친화성)를 폭넓게 하며 이를 수용성과 전통성 중시

⇨ 각종자격증을 필요로 하는 분야

6 식신과 비견으로 이루어진 경우 **3**과 **1**의 구조

● 연구지능과 자존지능

⇨ 창의성, 기획성을 바탕으로 열정적, 결과 지향성 중시

⇨ 독창성과 자기 결정을 바탕으로 이행능력과 연구성 중시

⇨ 자신의 재능이나 전문성을 정보 공유하는 분야

7 식신과 겁재로 이루어진 경우 **3**과 **2**의 구조

● 연구지능과 경쟁지능

⇨ 기술력, 준비성, 친화성을 바탕으로 경쟁력과 몰입능력 발달

⇨ 독창적 기질과 모험성을 포함하여 연구, 기획, 창의성 발달

8 식신과 편관으로 이루어진 경우 **3**과 **7**의 구조

● 연구지능과 실천지능

⇨ 인간관계 형성과 협동적 기질을 바탕으로 책임감과 실천성 중시

⇨ 안정의 욕구를 바탕으로 행동 실천하는 기질과 희생과 봉사 중시

⑨ 식신과 정관으로 이루어진 경우 ③과 ⑧의 구조

☯ 연구지능과 도덕지능

⇨ 전문성과 이해성을 바탕으로 합리적이고 공정성 지능 발달

⇨ 모범성과 정교성을 바탕으로 친밀성과 미래지향성 중시

⇨ 아이디어, 특허, 발명, 법률, 행정과 관련된 분야

4

상관을 주축으로 구성된 지능

1 상관과 식신으로 이루어진 경우 **4**와 **3**의 구조

◐ 표현지능과 연구지능

⇨ 창의성과 친화성을 바탕으로 응용력 발달

⇨ 응용력과 화술을 토대로 기획, 아이디어, 준비성 발달

2 상관과 편재로 이루어진 경우 **4**와 **5**의 구조

◐ 표현지능과 평가지능

⇨ 설득력과 표현능력을 바탕으로 실리적이고 가치 판단 능력 발달

⇨ 유동적이며 기회, 포착력이 발달하고 이를 표현하는 능력이 발달

⇨ 언론, 방송, 화술, 강의, 교육, 유아, 유통업, 판매업 종사자에게 적합한 구조

③ 상관과 정재로 이루어진 경우 ④와 ⑥의 구조

● 표현지능과 설계지능

⇨ 예술적이고 응용력이 우수하며 논리적이고 실리적 가치판단력 발달
⇨ 장기적 결과 중시성과 변화, 묘사, 화술에 능통함
⇨ 금융권, 직장인, 총무, 기획, 전략, 아이와 관련된 직업, 방송, 교육, 강사, 변호, 중개업에 적합한 구조

④ 상관과 편인으로 이루어진 경우 ④와 ⑨의 구조

● 표현지능과 인식지능

⇨ 감각적이고 논리적이며 이를 문서화, 창조적인 능력 우수
⇨ 재치를 바탕으로 창조적인 능력과 이를 응용하는 능력이 우수
⇨ 방송인, 작가, 자격요건을 갖춘 업, 수수료, 행정분야, 교육에 적합한 구조

⑤ 상관과 정인으로 이루어진 경우 ④와 ⑩의 구조

● 표현지능과 수용지능

⇨ 감각적이며 예술성이 발달하고 수용성과 기록, 정리하는 능력이 발달

⇨ 학습적이고 내면을 중시하며 이를 잘 표현하는 언어능력 발달

⇨ 화술, 교육, 강사, 행정, 종교, 의학, 광고, 홍보, 방송, 작가, 음악과
관련된 분야에 적합한 구조

6 상관과 비견으로 이루어진 경우 **4**와 **1**의 구조

☯ 표현지능과 자존지능

⇨ 창의성과 인간관계를 형성하고 협동적이고 현실성이 발달

⇨ 경쟁 심리와 자유로움을 바탕으로 조직구성과 응용력 우수성

7 상관과 겁재로 이루어진 경우 **4**와 **2**의 구조

☯ 표현지능과 경쟁지능

⇨ 직설적이고 자기중심적 결정과 경쟁심리 발달

⇨ 설득과 비판정신이 강하고 몰입능력과 체험과 경험 중시

8 상관과 편관으로 이루어진 경우 **4**와 **7**의 구조

☯ 표현지능과 행동지능

⇨ 묘사성과 자유로움을 추구하며 과감성과 실천성 발달

⇨ 행동성과 과감성을 바탕으로 언어지능, 예술지능 발달

9 상관과 정관으로 이루어진 경우 **4**와 **8**의 구조

☯ 표현지능과 도덕지능

⇨ 언어표현력이 뚜렷하고 근면 성실성이 발달

⇨ 합법성과 안정을 추구하려는 기질과 언어전달성이 발달

5
편재를 주축으로 구성된 지능

1 편재와 식신으로 이루어진 경우 **5**와 **3**의 구조

☯ 평가지능과 연구지능

⇨ 사물에 대한 가치평가와 창의성 발달

⇨ 연구성과 준비성이 발달하고 목적을 실현하려는 지능 발달

⇨ 제조, 생산, 손재주, 전문직종 종사자에게 적합한 구조

2 편재와 상관으로 이루어진 경우 **5**와 **4**의 구조

☯ 평가지능과 표현지능

⇨ 언어표현을 통한 실현의 욕구지능 발달

⇨ 실리를 추구하는 지능과 전달지능이 발달

⇨ 강의, 화술, 홍보, 프리랜서, 방송, 스포츠 종사자에게 적합한 구조

3 편재와 편관으로 이루어진 경우 5와 7의 구조

☯ 평가지능과 행동지능

⇨ 행동, 실천을 통하여 결과를 창출하려는 지능

⇨ 솔선수범하며 책임감을 완수하여 목적을 실현하는 지능

⇨ 직장인, 책임감, 경찰, 군인, 유통업에 적합한 구조

4 편재와 정관으로 이루어진 경우 5와 8의 구조

☯ 평가지능과 도덕지능

⇨ 신중성과 성실성을 바탕으로 현실 판단성 중시

⇨ 합리성과 실리성을 추구하는 기질이 발달

⇨ 금융, 회계, 세무, 유통업, 판매업, 행정, 법률, 사무에 적합한 구조

5 편재와 비견으로 이루어진 경우 5와 1의 구조

☯ 평가지능과 자존지능

⇨ 조직성과 인간관계를 활용한 목적지향성 발달

⇨ 목적실현을 위한 인간관계와 정보 활용의 구조 발달

⇨ 기술직, 복지분야, 이벤트, 웨딩, 백화점, 선수, 도로교통, 수사, 프리 랜서, 영업에 적합한 구조

6 편재와 겁재로 이루어진 경우 **5**와 **2**의 구조

☯ 평가지능과 경쟁지능

⇨ 가치창출과 조직력을 구축하여 결과지향성 발달

⇨ 리더십과 자아의 욕구지능을 발판으로 목적을 실현하는 지능 발달

⇨ 기능직, 철도, 지하철, 판매업, 자영업에 적합한 구조

7 편재와 편인으로 이루어진 경우 **5**와 **9**의 구조

☯ 평가지능과 인식지능

⇨ 지혜, 탐구력, 재치력이 발달하고 이를 합리화하는 지능 발달

⇨ 포착성과 대범성이 발달하고 재치와 추구적 성향이 발달

8 편재와 정인으로 이루어진 경우 **5**와 **10**의 구조

☯ 평가지능과 기억지능

⇨ 지식이나 두뇌활용을 통한 가치창출

⇨ 교육이나 행정력을 바탕으로 가치창출

⇨ 중개, 수수료, 생산, 생명공학, 의학, 한의학, 교육분야에 적합한 구조

9 편재와 정재로 이루어진 경우 **5**와 **6**의 구조

☯ 평가지능과 설계지능

⇨ 치밀성과 수리력을 통한 목적실현 중시

⇨ 계획성과 치밀성을 바탕으로 결정 중시성 발달

6
정재를 주축으로 구성된 지능

1 정재와 식신으로 이루어진 경우 6과 3의 구조

☯ 설계지능과 연구지능

⇨ 치밀성과 임무수행 능력 지능이 발달하고 친화력과 전문기술 활용

⇨ 이행능력과 계획성이 발달하고 가치판단과 장기적 결과 중시

2 정재와 상관으로 이루어진 경우 6과 4의 구조

☯ 설계지능과 표현지능

⇨ 논리성과 계산력이 발달하고 이를 감각성과 응용력 우수성 발달

⇨ 변화성과 예술성이 발달하고 언어표현 지능이 발달

3 정재와 편관으로 이루어진 경우 6과 7의 구조

☯ 설계지능과 실천지능

⇨ 설계능력과 계획성을 바탕으로 결단력과 실행능력 발달

⇨ 관리능력과 근면성을 바탕으로 치밀성과 결과 중시성 발달

4 정재와 정관으로 이루어진 경우 6과 8의 구조

☯ 설계지능과 도덕지능

⇨ 꼼꼼함과 준비성이 발달하고 이를 합리성과 준법성 지능 발달

⇨ 성실성과 공정성을 바탕으로 에너지 활용성과 가치판단성 발달

5 정재와 비견으로 이루어진 경우 6과 1의 구조

☯ 설계지능과 자존지능

⇨ 현실성과 설계능력을 토대로 공익적 협동성과 자기결정성 중시

⇨ 활동성과 주관성이 발달하고 실리성과 치밀성 발달

6 정재와 겁재로 이루어진 경우 6과 2의 구조

☯ 설계지능과 경쟁지능

⇨ 가치판단성과 독창성 지능 발달, 체험과 경험적 지능이 발달

⇨ 주관성과 자기결정성이 발달하고 구성력과 실리성 지능 구조

7 정재와 편인으로 이루어진 경우 **6**과 **9**의 구조

☯ 설계지능과 인식지능

⇨ 신중성과 치밀성이 발달하고 직관성과 재치성 지능 발달

⇨ 추구성과 임기응변성이 발달하고 목적실현성 중시

8 정재와 정인으로 이루어진 경우 **6**과 **10**의 구조

☯ 설계지능과 기억지능

⇨ 기록능력성과 치밀성과 설계능력 지능 발달

⇨ 내면성과 안정성을 바탕으로 기록성, 논리성 발달

9 정재와 편재로 이루어진 경우 **6**과 **5**의 구조

☯ 설계지능과 평가지능

⇨ 대범성과 유동성이 발달하고 실리성, 추구성 지능 구조

⇨ 판단성과 신속성을 기준하여 가치실현성 중시

7
편관을 주축으로 구성된 지능

1 편관과 편인으로 이루어진 경우 **7**과 **9**의 구조

☯ 실천지능과 인식지능

⇨ 책임감과 행동성을 바탕으로 합리성과 기록성 지능 발달

⇨ 추구성과 재치성이 발달하고 순발력과 창조성 지능 발달

2 편관과 정인으로 이루어진 경우 **7**과 **10**의 구조

☯ 실천지능과 기억지능

⇨ 행동성과 신속성을 바탕으로 향상성과 기록성 발달 구조

⇨ 수용성과 생리적 욕구 발달과 근면성 지능 구조

3 편관과 편재로 이루어진 경우 7과 5의 구조

☯ 실천지능과 평가지능

⇨ 과감성과 결단성을 바탕으로 가치창출성과 실현성 중시

⇨ 근면성과 책임성이 발달하고 현실성과 결과 중시

4 편관과 정재로 이루어진 경우 7과 6의 구조

☯ 실천지능과 설계지능

⇨ 노력성과 실리성을 바탕으로 실천성 중시

⇨ 행동 실천성을 중심으로 실현욕구 지능 발달

5 편관과 정관으로 이루어진 경우 7과 8의 구조

☯ 실천지능과 도덕지능

⇨ 안정성과 실천성을 바탕으로 모범성, 합리성 발달

⇨ 추진성과 행동성을 바탕으로 정교성, 규범성 지능 발달

6 편관과 겁재로 이루어진 경우 7과 2의 구조

☯ 실천지능과 경쟁지능

⇨ 행동성과 실천성 지능과 주관적, 몰입성 중시

⇨ 조직구성력과 자기결정 중시성 발달

7 편관과 비견으로 이루어진 경우 **7**과 **1**의 구조

☯ 실천지능과 자존지능

⇨ 과감성과 관리능력성이 발달하고 결과지향성 중시

⇨ 체험과 경험 중시성과 신속 정확한 결정 중시

8 편관과 식신으로 이루어진 경우 **7**과 **3**의 구조

☯ 실천지능과 연구지능

⇨ 행동실천성 중시하며 대인관계 중시 및 협조성 중시

⇨ 인간관계 형성 중시와 신속한 결정성 중시

9 편관과 상관으로 이루어진 경우 **7**과 **4**의 구조

☯ 실천지능과 표현지능

⇨ 조직성, 구축성과 언어표현성 발달

⇨ 응용력과 창의성을 바탕으로 행동, 실천성 중시

8
정관을 주축으로 구성된 지능

1 정관과 편인으로 이루어진 경우 **8**과 **9**의 구조

☯ 도덕지능과 인식지능

⇨ 공정성과 성실성을 바탕으로 이해력과 순발력 발달

⇨ 합리성과 준법성을 바탕으로 추리력과 직관성 발달

2 정관과 정인으로 이루어진 경우 **8**과 **⑩**의 구조

☯ 도덕지능과 기억지능

⇨ 판단성과 정교성을 바탕으로 기록성 및 수용성 발달

⇨ 정확성과 도덕성을 바탕으로 학습성 및 기록정리 발달

③ 정관과 편재로 이루어진 경우 ⑧과 ⑤의 구조

☯ 도덕지능과 평가지능

⇨ 윤리의식과 정확성을 바탕으로 가치실현성 중시

⇨ 설계능력과 안정성을 바탕으로 수리성과 목적실현 중시

④ 정관과 정재로 이루어진 경우 ⑦과 ⑥의 구조

☯ 도덕지능과 설계지능

⇨ 합리성과 모범성과 꼼꼼한 행정력을 갖춘 지능

⇨ 공정성과 합법성을 바탕으로 법률, 관습, 준법정신의 지능

⑤ 정관과 편관으로 이루어진 경우 ⑧과 ⑦의 구조

☯ 도덕지능과 행동지능

⇨ 공명정대함과 합리성을 바탕으로 근면, 성실한 구조 지능

⇨ 행동, 실천성과 책임성, 준법정신이 강한 구조

⑥ 정관과 겁재로 이루어진 경우 ⑧과 ②의 구조

☯ 도덕지능과 경쟁지능

⇨ 안정과 평화를 주도하기 위한 행정분석성과 몰입성 발달

⇨ 주관성과 경쟁성을 바탕으로 판단성과 책임감 중시

7 정관과 비견으로 이루어진 경우 **8**과 **1**의 구조

☯ 도덕지능과 자존지능

⇨ 공익적 협동성과 조직성을 바탕으로 윤리의식과 정교성 발달

⇨ 열정적이고 협동적인 구조에 원칙성과 규범성 발달

8 정관과 식신으로 이루어진 경우 **8**과 **3**의 구조

☯ 도덕지능과 연구지능

⇨ 창조성과 친화성을 바탕으로 행정성, 규범성 발달

⇨ 이해력과 미래지향성을 바탕으로 공정성, 설계능력 발달

9 정관과 상관으로 이루어진 경우 **8**과 **4**의 구조

☯ 도덕지능과 표현지능

⇨ 준법성과 행정성을 바탕으로 예술성, 창작성 발달

⇨ 합리성과 공정성을 바탕으로 언어표현성 발달

⑨
편인을 주축으로 구성된 지능

1 편인과 편관으로 이루어진 경우 **9**와 **7**의 구조

☯ 인식지능과 실천지능

⇨ 재치성과 순발력을 활용한 두뇌와 끈기력과 책임감을 갖고 실천하
는 구조

⇨ 책임감과 실천성을 바탕으로 논리성과 정보인식지능 발달

2 편인과 정관으로 이루어진 경우 **9**와 **8**의 구조

☯ 인식지능과 도덕지능

⇨ 이해지능과 추구적 성향을 바탕으로 공정성과 도덕성 발달

⇨ 성실성과 근면성을 바탕으로 기록, 정리, 두뇌활용성 발달

3 편인과 비견으로 이루어진 경우 **9**와 **1**의 구조

☯ 인식지능과 자존지능

⇨ 임기응변과 순발력을 바탕으로 열정적, 주관적 성향 발달

⇨ 집중력과 독창성을 바탕으로 이해력과 기록성 발달

4 편인과 겁재로 이루어진 경우 **9**와 **2**의 구조

☯ 인식지능과 경쟁지능

⇨ 기억력과 이해력을 바탕으로 독창적 기술 활용성 발달

⇨ 체험과 경험을 중시하며 자기주관성이 발달하고 임기응변과 순발력
　지능 발달

5 편인과 정인으로 이루어진 경우 **9**와 **10**의 구조

☯ 인식지능과 기억지능

⇨ 추리력, 직관성이 발달하고 내면성과 두뇌활용성 발달

⇨ 창조성과 직관성을 바탕으로 향상성과 기록성 발달

6 편인과 식신으로 이루어진 경우 **9**와 **3**의 구조

☯ 인식지능과 연구지능

⇨ 논리성과 순발력을 바탕으로 친화성과 연구성이 강한 구조

⇨ 전문성과 미래준비성이 발달하고 이론이 발달하는 구조

7 편인과 상관으로 이루어진 경우 **9**와 **4**의 구조

◐ 인식지능과 표현지능

⇨ 이해력과 창의력을 바탕으로 설득력과 감각성 발달
⇨ 응용력이 우수하고 상황변화에 능하고 임기응변에 능통한 구조

8 편인과 편재로 이루어진 경우 **9**와 **5**의 구조

◐ 인식지능과 평가지능

⇨ 재치성과 호기심이 발달하고 탐구성과 목적을 실현하는 지능
⇨ 가치판단력과 설계능력이 발달하고 이를 기록 정리하는 지능 발달

9 편인과 정재로 이루어진 경우 **9**와 **6**의 구조

◐ 인식지능과 설계지능

⇨ 이해력과 순발력을 바탕으로 창조성과 가치판단력 중시
⇨ 실리적이고 구성력을 바탕으로 직관력과 임기응변 발달

🔟
정인을 주축으로 구성된 지능

1 정인과 편관으로 이루어진 경우 🔟과 **7**의 구조

☯ 기억지능과 실천지능

⇨ 재치성과 순발력을 활용한 두뇌와 끈기력과 책임감을 갖고 실천하
　는 구조

⇨ 실천성, 부지런함을 바탕으로 재치와 논리성 발달

2 정인과 정관으로 이루어진 경우 🔟과 **8**의 구조

☯ 기억지능과 도덕지능

⇨ 공정성과 투명성을 바탕으로 학습적, 보수적 지능 발휘

⇨ 암기력, 기억력을 바탕으로 기록, 정리, 교육지능 발달

3 정인과 비견으로 이루어진 경우 **10**과 **1**의 구조

☯ 기억지능과 자존지능

⇨ 수용성, 정신적 세계가 높고 남을 리더하려는 구조가 발달

⇨ 자아의 욕구와 협동적 기질이 강하고 집중력과 열정적 구조

4 정인과 겁재로 이루어진 경우 **10**과 **2**의 구조

☯ 기억지능과 경쟁지능

⇨ 전통성을 중시하며 수용성과 경쟁성을 갖춘 지능 발달

⇨ 몰입성과 모험성을 바탕으로 학습적 지능과 경쟁성 지능 발달

5 정인과 편인으로 이루어진 경우 **10**과 **9**의 구조

☯ 기억지능과 인식지능

⇨ 꼼꼼한 성격과 기록, 정리지능과 기억지능 발달

⇨ 재치와 탐구성이 발달하고 이해지능이 높은 구조

6 정인과 식신으로 이루어진 경우 **10**과 **3**의 구조

☯ 기억지능과 연구지능

⇨ 연구지능과 준비성이 발달하고 기록, 정리하는 지능 발달

⇨ 재치성과 추구적인 성향이 발달하고 이를 기술력과 전문직 구조

7 정인과 상관으로 이루어진 경우 **10**과 **4**의 구조

☯ 기억지능과 표현지능

⇨ 이론과 지식을 기반으로 예술, 언어, 논리성 지능 발달

⇨ 감각성과 창의성이 발달하고 언어표현력 지능구조 발달

8 정인과 편재로 이루어진 경우 **10**과 **5**의 구조

☯ 기억지능과 평가지능

⇨ 기록능력과 지식구조 발달, 유동적이며 활동적이고 가치창출 발달

⇨ 수리력과 기회포착력이 강하고 이를 논리와 문서화하는 기질 발달

9 정인과 정재로 이루어진 경우 **10**과 **6**의 구조

☯ 기억지능과 설계지능

⇨ 학습력, 내면성을 중시하며 계획한 일을 실현하는 지능구조 발달

⇨ 실리성과 치밀성을 바탕으로 안정성 추구 지능 발달

멩리 진화·정보론 Ⅱ

PART07

별들의 순환

맹목 진화 정보론 II

1

12운성 순환

생 ☞ 욕 ☞ 대 ☞ 록 ☞ 왕 ☞ 쇠 ☞ 병 ☞ 사 ☞ 묘 ☞ 절 ☞ 태 ☞ 양

生 ☞ 浴 ☞ 帶 ☞ 綠 ☞ 旺 ☞ 衰 ☞ 病 ☞ 死 ☞ 墓 ☞ 絶 ☞ 胎 ☞ 養

② 陽 일간

陽 일간으로는 甲 丙 戊 庚 壬이 있다. 陽干은 順行을 원칙으로 하여 시계방향으로 순환하는 것을 의미한다.

■ 12운성과 일간의 관계

(1) **甲** 일간은 계절이 봄이고 지난 계절에서 태어났다. 지난 계절은 겨울이고 지지로는 亥(지장간의 壬)가 된다. 亥가 甲 일간의 생궁(生宮)에 해당한다.

(2) **丙**은 계절이 여름이다. 지난 계절에서 태어났으니 봄을 의미하며 봄의 양은 지지에는 寅(지장간 戊, 丙, 甲)이 관장한다. 즉, 寅은 丙火의 생궁이 된다.

(3) **戊土**는 火土同宮으로 寅에서 생(生)이 시작된다.

(4) **庚金**은 가을에 해당한다. 지난 계절에서 태어났으니 여름에 해당

이 된다. 지지에서 여름은 巳와 午가 있으나 巳의 지장간에는 戊, 庚, 丙이 있어 巳는 庚의 생궁이 된다.

(5) **壬水**는 겨울에 해당한다. 지난 계절에 태어났으니 지지로는 가을이고 가을의 陽은 申이 된다. 즉, 申이 壬의 생궁에 해당한다.

■2 12운성을 쉽게 이해하는 방법

지지를 기준하여 寅申巳亥는 양간의 역마이다. 역마는 앞으로 나아가는 기질이 강하고 뒤로 물러나지 못한다. 따라서 寅申巳亥를 기준하여 앞으로 오는 계절의 천간 陽이 바로 생궁에 해당한다. 또는 寅申巳亥의 중기가 바로 生宮에 해당한다.

가. 寅에서 어느 일간이 生이 시작되는가 살펴본다.

(1) 寅은 계절이 봄이다.

(2) 앞으로 오는 계절은 여름이다 [丙, 丁].

(3) 앞으로 오는 계절의 천간 陽은 丙이다.

(4) 지지 寅에서는 일간 丙이 生이 출발한다.

나. 申에서 어느 일간이 生이 시작되는가!

(1) 申은 계절이 가을이다.

(2) 앞으로 오는 계절은 겨울이다 [壬, 癸].

(3) 앞으로 오는 계절의 천간 陽은 壬이다.

(4) 지지 申에서는 일간 壬이 生이 출발한다.

다. 巳에서 어느 일간이 生이 시작되는가!

(1) 巳는 계절이 여름이다.

(2) 앞으로 오는 계절은 가을이다 [庚, 辛].

(3) 앞으로 오는 계절의 천간 陽은 庚이다.

(4) 지지 巳에서는 일간 庚이 生이 출발한다.

라. 亥에서 어느 일간이 生이 시작되는가!

(1) 亥는 계절이 겨울이다.

(2) 앞으로 오는 계절은 봄이다 [甲, 乙].

(3) 앞으로 오는 계절의 천간 陽은 甲이다.

(4) 지지 亥에서는 일간 甲이 生이 출발한다.

3 陽 일간을 기준하여 생지를 찾는 방법

陽干으로는 甲 丙 戊 庚 壬이 있다.

陽干은 앞으로 나아가는 기질이 강하고 뒤로 물러서지 않는 습성을 지니고 있어 지난날을 뒤돌아 보는 계기가 필요하여 지난 계절에서 陽을 취하였다.

가. 甲 일간은 지지 어느 곳에서 生이 출발하는가!

(1) 甲은 계절이 봄이다.

(2) 지난 계절은 겨울이다 [지지 亥, 子].

(3) 亥, 子 중 역마에 해당하는 자는 亥이다.

(4) 亥에서 甲 일간은 生이 출발하며 순행한다.

나. 丙, 戊 일간은 지지 어느 곳에서 生이 출발하는가!

　(1) 丙, 戊는 계절이 여름이다.

　(2) 지난 계절은 봄이다 [지지 寅, 卯].

　(3) 寅, 卯 중 역마에 해당하는 자는 寅이다.

　(4) 寅에서는 丙, 戊 일간은 生이 출발하며 순행한다.

　　　　　※ 火와 土는 火土同宮으로 명리에서는 사용한다.

다. 庚 일간은 지지 어느 곳에서 生이 출발하는가!

　(1) 庚은 계절이 가을이다.

　(2) 지난 계절은 여름이다 [지지 巳, 午].

　(3) 巳, 午 중 역마에 해당하는 자는 巳이다.

　(4) 巳에서 庚 일간은 生이 출발하며 순행한다.

라. 壬 일간은 지지 어느 곳에서 生이 출발하는가!

　(1) 壬은 계절이 겨울이다.

　(2) 지난 계절은 가을이다 [지지 申, 酉].

　(3) 申, 酉 중 역마에 해당하는 자는 申이다.

　(4) 申에서 壬 일간은 生이 출발하며 순행한다.

陰 일간

乙丁己辛癸가 있다.

陰干은 적극성을 띄기보다는 소극적이고 정적이면서 관망을 하기 때문에 용기와 자신감을 불어넣어 주는 게 효과적이다. 그래서 제왕성에 해당하는 子午卯酉를 기준하여 生이 출발하였다. 즉, 일간을 기준해서는 앞으로 오는 계절의 지지 제왕성을 취하였다. 또 다른 방법으로 이해한다면 지지를 기준하여 판단할 때는 제왕성(子午卯酉)을 기준하여 지난 계절의 천간 陰을 취하였다.

가. 乙木 일간의 생궁을 찾는 방법

(1) 乙은 계절이 봄이다.

(2) 앞으로 오는 계절은 여름이다.

(3) 여름의 제왕성은 午이다.

(4) 乙 일간은 앞으로 오는 계절의 지지 午(제왕성)가 生이 출발한다.

나. 丁, 己 **일간의 생궁을 찾는 방법**

(1) 丁, 己의 계절이 여름이다.

(2) 앞으로 오는 계절은 가을이다.

(3) 가을의 제왕성은 酉이다.

(4) 丁, 己 일간은 앞으로 오는 계절의 지지 酉(제왕성)에서 生이 출발
한다.

다. 辛金 **일간의 생궁을 찾는 방법**

(1) 辛은 계절이 가을이다.

(2) 앞으로 오는 계절은 겨울이다.

(3) 겨울의 제왕성은 子이다.

(4) 辛 일간은 앞으로 오는 계절의 지지 子(제왕성)가 生이 출발한다.

라. 癸水 **일간의 생궁을 찾는 방법**

(1) 癸는 계절이 겨울이다.

(2) 앞으로 오는 계절은 봄이다.

(3) 봄의 제왕성은 卯이다.

(4) 癸 일간은 앞으로 오는 계절의 지지 卯(제왕성)가 生이 출발한다.

1 지지를 기준하여 음간을 찾는 방법

가. 子

(1) 지지 子는 계절이 겨울이다.

(2) 子는 제왕성으로 지난 계절을 뒤돌아보는 것을 좋아한다.

(3) 지난 계절은 가을이고 음간 중에 가을에 해당하는 오행은 辛이
    있다.

(4) 지지 子에는 천간 辛이 장생지이다.

나. 午

(1) 지지 午는 계절이 여름이다.

(2) 午는 제왕성으로 지난 계절을 뒤돌아보는 것을 좋아한다.

(3) 지난 계절은 봄이고 음간 중에 봄에 해당하는 오행은 乙이 있다.

(4) 지지 午에는 천간 乙이 장생지이다.

다. 卯

(1) 지지 卯는 계절이 봄이다.

(2) 卯는 제왕성으로 지난 계절을 뒤돌아보는 것을 좋아한다.

(3) 지난 계절은 겨울이고 음간 중에 겨울에 해당하는 오행은 癸가
    있다.

(4) 지지 卯에는 천간 癸가 장생지이다.

라. 酉

(1) 지지 酉는 계절이 가을이다.

(2) 酉는 제왕성으로 지난 계절을 뒤돌아보는 것을 좋아한다.

(3) 지난 계절은 여름이고 음간 중에 여름에 해당하는 오행은 丁과 己가 있다.

(1) 지지 酉에는 천간 丁, 己가 장생지이다.

이와 같이 별들의 순행에 대해 살펴보았다.

4

에너지 판단법

12운성을 기준하여 庫의 작용을 잘 활용하는 경우가 많다. 명리학에서 庫는 창고, 곳간을 말하며 재물을 저장하여 출입하는 금고와 같은 곳이다. 어떤 사람은 금고나 통장에 돈이 축적되는가 하면 어떤 사람은 금고나 통장에 있는 돈이 계속 빠져나가는 것을 보게 된다. 그만큼 辰戌丑未가 지닌 특성과 작용에 따라 수입이 증대되기도 하고 은행융자나 빚을 지게 되고 지출이 증가하는 것을 보게 된다.

본 장에서는 에너지에 대한 작용이 크기 때문에 12운성을 기준하여 에너지 분석을 하였다.

1 생궁(生宮)_(고법학. 천귀성_天貴星)

❖ **학문, 수득(修得), 우아, 사치 (9점)**

- 이 별의 세계는 유아(어린아이)를 나타내며 그 바탕은 자존심이 강한 별이다.

- 장남, 장녀의 별이라고 한다.

- 부모와 집안을 돌봐야 하는 숙명의 별이다.

- 정신적인 약점이 있으며 한번 좌절하면 재기하기가 어렵다.

2 욕궁(浴宮)_(고법학. 천황성_天恍星)

❖ **낭만, 자유로운 생활 (7점)**

- 이 별의 세계는 소년의 별이라 한다.

- 우아함과 화려함, 동경을 나타낸다.

- 출생지를 떠나 타향에서 성공을 꿈꾸게 된다.

- 기술과 예술에 힘을 발휘하며 종교계에서도 많다.

- 색정 문제를 일으키는 별이다.

- 예능인, 연예인, 종교인이 많다.

3 대궁(帶宮)_(고법학. 천남성_天南星)

❖ **독립하는 정신, 비판력, 화술 (10점)**

- 이 별은 청년을 뜻한다.

- 성격이 약동(躍動), 이동, 활동에 강한 별이다.

- 여왕의 별이라고도 한다.

- 신랄한 언동을 취하는 한편 화려한 생활을 좋아한다.

- 공격력은 왕성하지만 중후함이 적다.
- 말이 많은 것이 특징이다.

④ 건록궁(建祿宮) _ (고법학. 천록성_天祿星)

❖ 관찰력, 비판력, 조심성 (11점)

- 이별은 장년에 비유한다.
- 성격은 안정을 중요하게 하며 왕자의 별에 비유한다.
- 감정을 노출시킨 비판은 하지 않는다.
- 중후함을 갖춘 별이다.
- 화학, 도예 등 특수한 분야에서 재능을 발휘한다.

⑤ 왕궁(旺宮) _ (고법학. 천장성_天將星)

❖ 옹고집. 제멋대로 행동 (12점)

- 제왕의 별이다.
- 남보다 뛰어난 에너지를 가지고 있다(활동, 추진력, 리더십을 지니고 있다).
- 현실을 소중히 하며 통솔력이 있다.
- 대기만성형으로 고생을 참고 이겨내며 행운이 오고 그러지 못하면 힘들다.
- 일간을 기준하여 겁재에 해당한다.

⑥ 쇠궁(衰宮) _ (고법학. 천당성_天堂星)

❖ 이성, 지성, 자제심 (8점)

- 이 별은 노인을 뜻한다.

- 이 별은 젊어서도 인생을 깨닫는 별이라 한다.

- 세상의 상식적인 테두리에서 벗어나려 하지 않는다.

- 착실한 삶을 지향하는 별이다.

- 내성적인 성격을 지녔고 자기표현이 서투르다

7 병궁(病宮)_(고법학. 천호성_天胡星)

❖ 꿈. 이상, 공상, 회고 (4점)

- 이 별은 환자(患者)의 별이다.

- 음악,예술의 별이며 무(無)로부터 발상(發想).

- 예리한 직감력을 가지고 있으며 신비한 것을 좋아한다.

- 살아가면서 자주 앓게 된다.

8 사궁(死宮)_(고법학. 천극성_天極星)

❖ 유연성, 종교 (2점)

- 기술, 철학, 영감의 별이라 한다.

- 특수한 세계나 분야에서 힘을 발휘한다.

- 무한한 확대(擴大) – 크게 넓힌다.

- 무슨 일이든지 덤비기를 좋아한다.

- 물이 흐르듯 자연 그대로 흐르는 별.

9 고궁(庫宮)_(고법학. 천고성_天庫星)

❖ 끈질김, 지구력, 옹고집 (5점)

- 이 별은 묘(墓)지기의 별이라 한다.
- 탐구력이 많다.
- 조상의 제사를 맡게 되는 별이다.
- 장남, 장녀 아니면 막내로 태어남을 암시한다.
- 주위로부터 강요당하기를 싫어하고 환경과 조화하기 어렵다.

⑩ 절궁(絶宮) _ (고법학. 천치성_天馳星)

❖ **분주함, 시끄러움 (1점)**

- 저승으로 떠나는 별이다.
- 순간(瞬間) – 눈 깜짝할 사이. 대기(大器)_큰 그릇의 성격 기질이 있다.
- 유약함이 돌변하여 강세로 변하는 별이다
- 헛수고가 많고 겉은 평온하게 보여도 내면은 안절부절 못한다.
- 절대적 순간에 최강성이 된다.

⑪ 태궁(胎宮) _ (고법학. 천보성_天報星)

❖ **다재다능, 無에서 이룩함 (3점)**

- 태아의 별이라 한다.
- 변화무쌍하고 변덕쟁이라 한다.
- 생각과 행동이 변하기 쉬움을 나타낸다.
- 격심한 변화를 가지고 있다.
- 3년 동안 좋고 나쁨을 다 맛보는 사람.

12 양궁(養宮) _(고법학. 천인성_天印星)

❖ 유머, 감수(甘受), 수용성 (6점)

●갓난아기의 별이다.

●무심(無心)_아무 생각이 없다.

●많은 사람으로부터 사랑을 받고 자라며 장남, 양자를 뜻한다.

●경박한 것과 체념이 빠르다.

멍키 진화정보론 II

PART 08

누구나 거쳐가는 운

멍게 진화정보론 II

1
대운론

많은 고객들을 상담하면서 느끼는 것이 래방자가 다른 철학원에서 상담을 받고 왔는데 10년 대운이 들어왔다고 논한다. 그런데 받아들이는 사람에 따라 해석이 천차만별이 될 수 있다. 명리학에서는 대운이란 용어를 10년마다 변하는 과정을 이야기할 뿐이지만 고객은 이 운이 자신에게 일생 일대 가장 좋은 운으로 착각을 한다. 명리학에서도 10년 주기로 변하는 대운의 용어를 정리할 필요성을 느꼈다.

대운을 기준하여 '무엇을 보는가' 이다.

대운은 **첫째 대운**은 부모의 환경 속에서 성장하는 시기이니 유년기에 해당한다. 유년기에는 '어떤 십성이 있어야 좋은가' 이다.

둘째 대운은 부모의 환경 속에 있지만 내가 홀로서기를 준비하게 되고 나의 미래를 준비하는 과정이다. 청소년기에 해당하는 시기이다.

셋째 대운은 부모의 환경을 벗어나 나 자신이 홀로서기를 하는 시기이다. 장년기에 해당한다. 이 시기에 가장 중요한 것이 직업이며 경제적 창출을 관장하는 곳이다. 이 문제가 잘 해결되면 배우자를 결정하거나 결혼을 하는데 어려움이 없게 되고, 가정을 꾸리며 자식를 낳아 키우게 되는 곳이 셋째 대운이다.

넷째 대운은 장년기를 거쳐 중년기에 접어들게 된다. 안정이 최우선인 시기이다. 나의 직업과의 관계를 고민하게 되고 자녀들의 성장 속도에 맞추어 경제적인 문제가 제공되어야 하는 시기이다. 이 시기에 자녀들은 대체적으로 대학을 진학하게 되는 시기이다.

다섯째 대운은 중년기를 거쳐 노년기에 접어드는 시기이다. 중년의 나이와 노년기의 특성을 살펴보면 체력적으로는 열악해지고 몸을 많이 움직이는 것도 약해지는 시기이다. 그렇지만 정신적인 세계는 더욱 발달하니 중년기와 노년기에는 스포츠 선수가 없는 것도 체력적으로 뒷받침이 안 되기 때문이다. 이 시기에 자녀들은 결혼이 이루어지는 시기이다.

여섯째 대운은 노년기이고 모든 것을 내려놓는 시기이다. 성격이 온화해지고 참을성과 조급성이 사라지며 자신이 뒤돌아온 과정에 대해 자식이나 손아래 사람에게 이야기로 들려주게 된다.

일곱째 대운은 내가 그간 모아둔 자산을 토대로 살아가거나 자식의 혜택이나 도움이 있어야 하는 시기이다. 말 그대로 모든 것을 내려놓아야 하는 시기이다.

이와 같이 대운은 변하게 되지만 이를 십성으로 분류해 본다면 다음과 같다.

❖ 비견, 겁재는 유년기이고 어린아이에 비유한다.
❖ 식신, 상관은 청소년기에 해당한다.
❖ 편재, 정재는 장년기에 비유한다.
❖ 편관, 정관은 중년기에 비유한다.
❖ 편인, 정인은 노년기에 비유한다.

이중에서 내가 인생을 가장 현명하게 살아가기 위해서는 청소년기가 아닌가 판단해 본다. 따라서 작금의 시대는 식신, 상관의 시대가 매우 중요하다는 것을 알 수 있다.

사주원국에서 어느 십성이 왕하면 기질이 강하게 나타나게 된다. 십성이 왕한 기질이 어려서부터 노후에 접어 들 때까지 기질을 항상 내재하고 있기 때문에 성격은 변하지가 않는다. 다만 인성이나 학식에 의하여 참을성과 인내심을 갖고 있기 때문에 인성이 변하여 성격을 다스리는 것으로 볼 수 있다.

1 비, 겁 대운일 때

대운이란 용어를 상담자의 입장과 내방자가 생각하는 대운이 다르다. 상담자의 입장에서는 큰 틀이 변화가 되는 것을 말하는데 고객인 내방자의 입장에서는 매우 좋은 큰 운이 오는 것으로 착각을 하게 된다. 고객이 여러 철학원에서 상담을 받고 와서 하는 이야기가 '저에게 대운이 들어왔다고 하는데 맞느냐'고 되묻는다. 대운을 어떻게 표현해야 정석일까 고민을 하게 된다. 대운이 길성운일 경우도 있지만 흉성운에 해당할 때도 있는데 고객은 순수하게 대운을 좋은 운으로 착각을 한다. 어떤 방법으로 상담을 해주는가를 고민하지 않을 수 없다.

대운이란 용어를 어떻게 써야 고객이 의미를 알 수 있을까를 판단해 보아야 할 것이다.

대운은 주로 자신이 가진 직업을 기준하여 판단하게 된다는 것을 알았다. 즉, 현재 자신이 하고 있는 직업이 제대로 갖고 있는 것인지, 아니면 다른 직업으로 변화를 주어야 할지를 판단하는 곳이 바로 대운이라고 판단하였다.

대운을 그간 임상하고 분석한 결과 직업과 밀접한 관계성을 갖고 있으며, 에너지와 상관성을 갖고 있다는 것을 필자가 출간한 『규명 2권, 3권』에 수록되어 있다.

대운이 용신운이 오면 정말 좋은 건가! 고민을 하고 또 해보지만 답을 내리기가 매우 어렵다.

그런데 대운은 직업과 관계성이 더 중요하다는 것을 알 수 있었다. 직장생활을 하는 경우는 내가 기신운이든 용신운이든 참고 인내하며 견디게 되면 존재할 수 있다는 것을 알았고 상관운에서 변동이나 이동이 많음을 알 수 있었다. 여기에는 신강이든 신약이든 큰 영향이 없다. 다만 승진이나 책임자의 역할을 주도하는 것은 신강구조가 유리한 것은 사실이다.

자영업을 하는 사람에게는 신강, 신약을 논하지 않고 식신운이나 상관운 그리고 재성운이 올 때 목적실현이 더 잘된다는 것을 알았다.

신약한 사주가 인성운이나 비, 겁운에서 발복하고 돈을 벌어야 하는데 그러질 못하는 경우가 더 많았다. 다시 말해서 신약구조가 식, 상운이나 재성운이 오면 자영업을 포기하고 다시 직장생활을 하는 경우는 매우 드물다. 죽기 살기로 자신이 현재 하고 있는 업종에서 최선을 다하게 되고, 두 배로 노력을 하면 결과가 그런대로 있게 된다는 것이다.

신강구조가 식상, 재성운에서 많은 돈을 번다고 할 수 있는가!

그렇지만은 않다는 것이다. 바로 여기에서 성립되는 말이 '노력'이라는 용어가 등장하게 되는데, 신약해도 노력하면 결과가 있게 되고, 신강한 경우이면 더 많은 이익을 실현할 수 있다는 것이 직업에 따라 다양하게 나타난다.

(1) 첫째 대운이 비, 겁일 때

■ 활동성, 자신감, 친구관계, 자아의 욕구, 리더십이 좋은 시기이다.

■ 남의 구속이나 억압보다는 자유롭게 간섭 받는 것을 싫어한다.

■ 공부보다는 운동이나 친구들과 어울리는 것을 좋아한다.

■ 이 시기에 대학을 진학하는 학생은 조기에 자신의 적성을 찾고 매진하면 좋다.

(2) 둘째 대운이 비, 겁일 때

■청소년기에 접어들게 되고 이성이 발달하게 된다.

■친구들과 어울리고 자기 과신을 많이 하는 시기이다.

■이 시기에 친구관계 형성과 자존심을 낮추고 미래를 계획하면 좋다.

■예, 체능으로 발달하기도 하고 두려움이나 겁이 없는 시기이다.

■돈을 중요하게 생각하지 않고 버는 만큼 지출이 생기는 시기이다.

■대학을 진학하는 시기이기도 하다. 입학사정관제나 수시로 진학하거나 특기생으로 입학을 하면 좋다.

■학생은 생각보다 성적이 오르지 않고 오래도록 책상에 앉아 집중하기가 어렵다.

(3) 셋째 대운이 비, 겁일 때

■직업을 선택하는 시기이고 장년기에 접어드는 시기이다.

■활동이 많고 분주하게 움직이는 시기이다.

■한곳에 얽매이거나 남의 간섭을 싫어하고 자유로움과 자신이 계획하고 추구하는 방향으로 나아가려고 한다.

■직장생활을 하더라도 몸을 많이 움직이거나 오래도록 책상에 앉아 있기보다는 활동이 많은 부서나 업종이 적합하다.

■직장생활자는 변동이나 이직이 많게 되는 시기이다. 인간관계를 잘 구축할수록 유리하다.

■자영업에서는 이사, 택배, 물류업, 영업, 홍보, 운수, 출장, 무역, 기능 분야가 적합한 시기이다.

■비, 겁은 재성을 극하기 때문에 재물 지출이 증가하기 때문에 투자나

모험을 하면 부채만 증가한다.

(4) 넷째 대운이 비, 겁일 때

■ 장년기에 해당하고 남의 구속이나 억압, 통제를 싫어하게 된다.

■ 직장인은 몸이 분주하고 외부활동이 많아지게 된다.

■ 활동이 많은 직업이나 외국, 무역, 출장과 관계된 분야는 분주해지는 시기이다.

■ 물류, 택배, 영업, 교통, 도로, 운송업, 철도, 운항 종사자는 이익이 실현되는 해이다.

■ 직업을 변동하거나 이직을 하기도 하며 새로운 투자나 동업, 협력관계를 맺기도 한다.

■ 투자나 투기는 바람직하지 않은 시기이다.

■ 장년기, 중년기에 해당하는 시기로 의욕을 갖고 정보분석이나 공유를 하거나 인간관계를 지속적으로 유지해 가면 즐거움이 많게 된다.

■ 친목이나 단체 활동을 많이 하게 되는 시기이다.

■ 유통업이나 판매업 분야도 분주한 시기이다.

(5) 다섯째 대운이 비, 겁일 때

■ 활동량이 많거나 앞으로 나아가려는 추진력이 좋은 시기이다.

■ 운동이나 취미생활 또는 인간관계를 폭넓게 가지려고 한다.

■ 몸을 많이 움직이는 직업은 더욱 부지런해지기도 하지만 신강구조는 자기주관이 너무 강하게 작용하기도 한다.

■ 직업변동이 생기게 되고 활동이 많은 직업을 선택하게 된다.

■ 이 시기에는 직장인은 직장을 그만두고 자영업을 하는 경우가 많다. 자영업종에서는 몸을 많이 움직이거나 활용하는 업종에 관심을 갖게 된다.

(6) 여섯째 대운이 비, 겁일 때

■ 노년의 나이임에도 적극적이고 활동이 많아진다.

■ 인간관계를 많이 갖게 되고 활동도 분주해진다.

■ 건강을 생각하여 등산이나 스포츠에 관심을 갖게 되고 각종 동호회에 참여하게 된다.

■ 물류, 택배, 운송업, 인권분야, 노동 분야와 관련된 직업이나 서민을 대상으로 하는 업종에 관심을 갖게 된다.

■ 투자에서는 신중을 기해야 한다. 비, 겁이 沖이 되면 동업이나 협력 관계에서 불상사가 생기게 된다.

(7) 일곱째 대운이 비, 겁일 때

■ 노년기에 해당하지만 패기와 열정을 갖고 활동을 하게 된다.

■ 비, 겁은 재물 지출이 생기게 되므로 무엇을 해보려는 의욕이 강하다.

■ 투자는 업종에 따라 다르지만 가급적 신규사업은 불리하다.

■ 투기나 보증을 서게 되면 재기하기가 힘들다.

■ 직업을 갖더라도 활동이 많거나 몸을 활용하는 직업이 더 적합하다.

■ 자기 관리나 금전 지출이 증가하므로 자금 관리에 신경을 써야 한다.

2 식, 상 대운일 때

(1) 첫째 대운이 식, 상일 때

■ 연구, 몰입, 미래준비를 하게 되고 꼼꼼하다.

■ 한 분야에 오래도록 집중하게 되고 손재주나 예술, 음악분야의 소질을 갖게 된다.

■ 자신이 계획한 일과표에 의하여 실천하려고 한다.

(2) 둘째 대운이 식, 상일 때

■ 이공계열이나 예, 체능분야에서 능력을 인정받거나 자격을 갖추기도 한다.

■ 미래를 준비하며 경제적인 혜택을 중시하므로 전문성을 갖추는 시기이다.

■ 신강구조는 미래계획을 세워 목적실현을 하려고 하며, 신약구조는 시행착오가 생기는 경우가 많다.

■ 한 분야로 진출하는 시기이기 때문에 자신이 가장 선호하고 적성에 맞는 분야로 전문성을 가져야 한다.

■ 진로와 관련이 있고 직업을 갖는 시기이다.

■ 에너지가 상승을 하면 자신이 계획하는 목적실현이 잘 이루어지고 에너지가 하락시 시행착오나 노고 지체가 다소 따른다.

(3) 셋째 대운이 식, 상일 때

■ 셋째 대운은 홀로서기를 하는 시기이고 직업과 관계성을 지니고 있다.

■직장이 없는 경우는 직장이 생기는 시기이다.

■이동이나 변화가 오는 시기이다.

■직장이 있는 경우는 한 곳에서 성공을 하도록 하며 전문성을 더욱 가지면 좋다.

■신규사업을 하거나 확장을 하기도 하고 이사나 매매가 이루어지는 시기이다.

■결혼, 이성운, 자녀가 생기는 시기이며 재물과 관련이 있다.

■전문성을 갖고 있으면 유리한 시기이고 제조, 생산, 아이관련업, 음식업, 서비스업에서 더 좋은 시기이다.

■자격을 갖추거나 더 좋은 직업을 갖기 위해 준비하는 시기이기도 하다.

(4) 넷째 대운이 식, 상일 때

■이 시기는 직업변동이나 이직 또는 이사를 하는 시기이다.

■매매가 이루어지거나 자신의 직업에서 변화를 주기도 하는 시기이다.

■직장인은 변동이 찾아오게 되고 자영업은 이동이나 새로운 사업을 추진하기도 한다.

■에너지가 전 대운보다 상승을 하면 목적이 잘 성립되거나 혜택이 있게 되고 에너지가 하락을 하면 노고가 많고 지체되는 일이 많게 된다.

(5) 다섯째 대운이 식, 상일 때

■이동이나 변동이 생기게 된다.

■외부활동이 많기도 하지만 전문성을 요구하는 시기이다.

■이 시기에 전문성이 없으면 직업 변화가 이루어지게 된다.

■직장인은 퇴직이나 권고사직 또는 정년을 맞이하게 된다.

■손재주나 연구, 희생, 배려, 봉사와 관련된 일을 하는 시기이다.

■자영업을 하는 경우에는 에너지가 상승을 하면 이익이 실현되고 에너지가 하락을 하면 이동, 변동, 매매를 하는 시기이다.

■몸이 지치는 시기이기 때문에 건강에 유의해야 한다.

(6) 여섯째 대운이 식, 상일 때

■몸은 자주 질환이 찾아오고 의욕이 감소하는 시기이다.

■제조, 생산, 의식주와 관련된 업종은 유지할 수 있지만 전문성이 없는 분야는 변동이 찾아오게 된다.

■나이가 들어서도 식, 상은 돈을 벌거나 일을 해야 하는 시기이다.

■재물과 관련이 많아 활동을 하게 된다.

③ 재성 대운일 때

(1) 첫째 대운이 재성일 때

■자신이 계획하는 방향을 금전적으로 유익함이 많은 방향으로 계획한다.

■이 시기에는 평가지능과 설계지능이 발달하여 수학이나 과학에 더 많은 소질을 갖게 된다.

■자신이 가장 좋아하는 과목이나 적성을 찾아 한 길로 매진하도록 권장한다.

■공부보다는 이성에 더 관심이 많아지거나 이과분야에 소질이 더 강하다.

(2) 둘째 대운이 재성일 때

■대학을 진학하는 경우에 해당하고 미래의 직업을 구상하는 시기이다.
■주로 이공계열 진학률이 높고 경제적으로 유리한 방향으로 진학하려고 한다.
■이성이 발달하고 호기심이 발달하기도 하는 시기이다.
■조기에 대학을 진학하도록 하며 학교보다 자신에게 가장 잘 맞는 학과를 선택해서 입학사정관제나 수시로 진학을 유도한다.

(3) 셋째 대운이 재성일 때

■직업을 갖는 시기이고 홀로서기를 하는 시기이다.
■남성은 결혼을 생각하게 되고 직장이나 경제적인 문제를 고민하게 된다.
■주로 금전적인 방향을 선호하게 되므로 이 시기에 직장이나 목돈을 마련하도록 해야 한다.
■자신의 일을 하거나 창업을 하기도 한다.
■집을 장만하거나 미래를 계획하는 시기이다.
■재성이 충이 되거나 합이 되어 변한 오행이 관성이나 비겁이 되면 노력에 비하여 결과는 미약하다.
■에너지가 상승을 하면 이익이나 자신이 추구하는 일이 호전되고 좋지만 하락하면 노고가 많이 따른다.

(4) 넷째 대운이 재성일 때

■ 금전적인 일들과 연관이 많다.

■ 목돈이 생기거나 집을 마련하는 시기도 재성운일 때 유리하다. 다만 冲, 刑이 되면 불리하게 나타난다.

■ 직장인은 재성운일 때 연봉상승이 되기도 한다.

■ 자영업을 하는 경우는 일이 많아지고 이익이 실현된다. 다만 에너지가 상승할 때와 하락할 경우 많은 차이가 있게 된다.

■ 재성은 유통, 판매, 완성품 분야에서 이익이 많고 제조업은 노력한 결과가 나타나게 된다.

■ 매매, 거래 활발, 노력의 결과가 나타나는 시기이다.

(5) 다섯째 대운이 재성일 때

■ 돈이 많이 필요한 시기이다.

■ 자녀들이 대학을 진학하거나 결혼을 하는 시기에 해당한다.

■ 재물과 관련된 시기이다. 금전적인 문제로 기쁨도 슬픔도 있는 시기이다.

■ 재성이 冲, 刑이 되면 불리하고, 재성이 합을 하여 변한 오행이 관성이나 인성이 되면 금전 혜택이 적고 변한 오행이 식, 상이나 재성이 되면 횡재나 매매차익, 거래활발, 재산이 증가하게 된다. 여기에 에너지가 상승을 하면 더욱 즐거움이 많아지게 된다. 반면에 에너지가 하락하면 노력보다 실익이 감소하게 된다.

(6) 여섯째 대운이 재성일 때〔예측〕

■노후에도 일을 하거나 활동을 통해 이익을 실현하게 될 것으로 예측한다.

■이 시기는 정년퇴직을 하는 시기이고 직장인은 새로운 직장이나 사업을 하게 되는 시기이다.

■자영업이나 사업가는 활동이 분주해지고 전문성을 가진 분야일수록 혜택이 있을 것이다.

■이 시기에 투기나 투자를 잘못하는 경우가 많을 것이다.

■에너지가 상승하면 신규사업을 해도 적합하지만 재성이 沖, 刑에 해당하거나 에너지가 하락하면 매우 신중해야 할 것으로 예측한다.

4 관성 대운일 때

(1) 첫째 대운이 관성일 때

■행동지능과 실천지능이 발달하는 시기이다.

■책임감이 강하고 부지런해진다.

■개성이 강하고 자기 일을 잘 소화해 낸다.

■건강에 유의해야 하는 시기이다.

■공부에 집중력이 높아진다.

(2) 둘째 대운이 관성일 때

■명예, 안정을 추구하고 싶어 한다.

■참을성과 인내심이 많아진다.

■건강에 유의해야 한다.

■조급해하거나 서두르면 불리하다.

■공부에 집중력이 높아지고 안정적인 직업을 계획한다.

(3) 셋째 대운이 관성일 때

■직장운이 있고 주어진 일에 책임을 다하려고 한다.

■안정 속에 평범함을 추구하게 된다.

■사업보다 직장에 더 적합한 시기이다.

■이성, 자녀와 관계되는 시기이다.

■관성은 재의 시대를 지나 안정을 더 추구하는 시기이기 때문에 사업
보다는 직장생활이 더 적합하다.

■자격, 시험, 매매와 관련된 일, 정찰제와 관련된 일, 계약과 관계를
갖기도 한다.

(4) 넷째 대운이 관성일 때

■책임감이 많아지고 자부심도 높아지는 시기이다.

■직장인은 승진이나 책임자 또는 책임이 가중된다.

■사업자는 정찰제나 가격변동이 적은 업종은 원만하나 신규사업이나
확장은 신중해야 한다.

■관성이 沖, 刑이 되면 직장변동이나 이직을 하게 된다.

■관성이 충이 되면 사업자는 자금난으로 시달리거나 시행착오가 많
게 된다.

(5) 다섯째 대운이 관성일 때

■직업 변동이나 이직 또는 영전을 하기도 한다.

■책임감이 많아지거나 중압감이 생기는 시기이다.

■건강에 유의하거나 뜻하지 않은 상황이 발생되기도 한다.

■직업상 이동이나 변화가 오게 되니 전문성을 갖고 있으면 인정받게 되지만, 沖이 되면 이직이나 사직하게 된다. 즉, 직업 변동이 생긴다.

■직장인은 임원으로 발탁되거나 영전을 하기도 한다.

■정치인이나 직장인 또는 명예를 갖는 경우는 좋은 해이다.

5 인성 대운일 때

(1) 첫째 대운이 인성일 때

■생각이 높고 어른스럽다.

■책을 좋아하기도 하고 공부를 잘하기도 한다. 다만, 원국에 인성이 많으면 용두사미에 해당하거나 남에게 의존하거나 나태해지게 되고 자신이 계획한 일을 미루는 습성이 있다.

■움직이는 것을 좋아하지 않고 책이나 독서를 더 선호하는 시기이다.

(2) 둘째 대운이 인성일 때

■공부에 대한 열정이 높아지고 상을 받거나 성적이 향상된다. 다만, 인성이 용신에 해당하거나 일간에게 도움이 될 경우를 말한다. 원국에 인성이 많으면 오히려 공부를 안 하게 된다.

■정신세계가 높아지고 미래를 구상하고 실천하게 된다.

■문과계열을 선택하는 경우가 더 많다.

■오래도록 책상에 앉아 복습을 할 수 있는 시기이다.

■이 시기에는 계획을 세워 자신이 나아가는 방향으로 공부를 하면 목적실현이 이루어진다.

(3) 셋째 대운이 인성일 때

■자격시험, 취직시험 외에 직업과 관계성을 갖고 있다.

■자격증을 취득하는 분야에서 유리하게 작용하고 취업이 잘되게 된다.

■결혼과 연관이 많은 시기이므로 결혼이 성사되기도 하고 문서화하는 일이 생기는 시기이다.

■행정분야나 교육분야에 해당하는 경우가 유리한 시기이다.

■매매, 이사, 거래가 활발해지는 시기이다.

■인성은 재와는 인연이 적어 사업자나 자영업은 다소 불리한 시기이다.

■사업도 교육사업이나 행정분야, 수수료를 받는 분야는 원만하다.

(4) 넷째 대운이 인성일 때

■문서와 관련된 일이 생기는 시기이다.

■부족함을 더 채우려고 하거나 전문지식을 습득하기도 한다.

■이사, 매매와 관련된 일이 발생하는 시기이다.

■신규사업을 하는 경우는 직업에 따라 차이가 있는 시기이다. 자격을 갖추고 하는 업이나 교육, 행정과 관련된 분야 외에는 신중을 기해야 한다.

(5) 다섯째 대운이 인성일 때

■계약, 공부, 신앙생활, 행정과 연관이 많은 시기이다.

■부족함을 채우거나 자신이 갈망하는 분야에 자격을 갖추기도 한다.

■거래나 문서상 이익이 실현되는 시기이다.

■직장인에게 유리한 시기이고 특허, 발명, 연구분야에서는 능력을 인정받기도 하는 시기이다.

(6) 여섯째 대운이 인성일 때

■교육분야나 행정분야에 속하는 사업자에게는 좋은 시기로 예측한다.

■이 시기에 직장인은 대체적으로 퇴직을 하게 되지만 변호사, 법무사, 회계사, 세무사, 공인중개사 등과 같은 분야나 교육학원, 유치원, 요양원과 같은 분야는 나이가 들어도 지속할 수 있다고 예측한다.

■문서나 중재역할을 하는 분야나 방송, 작가, 예술인, 종교인은 인기가 더 많아질 수 있다.

■이사, 매매와 관계된 일이 생기게 된다.

2

대운과 진학 관계

    본 서에서는 격국을 기준하여 진학에 관한 정보를 제공하게 된다. 격국은 10정격으로 정하고 계열은 9개로 정하여 진학률이 가장 높은 계열과 빈도분석과 교차분석을 통하여 진로에 대한 정보를 제공하고자 하였다.

    또한 대학을 진학하는 해당 대운에 대해서도 십성과 에너지를 비교하여 나열하였다.

① 첫째 대운 지지가 비견, 겁재일 때

대운		첫째	둘째			
	천간					
	지지	비견				

첫째 대운에 진학을 하는 학생은 10대운에 해당한다. 대부분의 청소년이 대학을 진학하는 나이가 19세 전후이다. 첫째 대운이나 둘째 대운에서 지지를 기준하여 십성이 무엇인가를 이해해야 한다.

둘째 에너지가 상승하는 경우와 하락하는 경우로 분석하게 된다.

셋째 에너지는 생각, 정신세계, 행동, 실천과 관련성이 크기 때문에 상승시에는 긍정적인 요소가 발달하게 되고, 에너지가 하락을 하면 부정적인 요소가 더 작용을 하기 때문이며, 적극적이지 못하거나 소심하기 때문에 신중하게 결정하려고 한다.

(1) 에너지가 상승을 할 때

■ 비겁은 활동성 · 진취력 · 조직력 · 인간관계를 구성하는 별이다.

■ 비겁은 정보 활용이다. 공부를 잘하는 친구가 선후배를 통하여 정보를 받고 모방을 하거나 방법을 전달받아 실천하여 내 것으로 만들려는 기질이 강하다.

■ 비겁은 놀기를 좋아하고 구속을 싫어하게 되니 부모님의 잔소리나 갇혀서 공부하는 것을 매우 싫어하기 때문에 자유분방하게 공부를 하는 게 더 효과적이다.

■ 복습을 하더라도 열린 공간에 대중이 많은 장소에서 공부를 하면 경쟁심과 동질심이 발달하게 되어 목적을 실현하는데 유리하다.

■ 지속적으로 앉아 있기 보다는 계획표를 만들어 스케줄을 활용하면 학습효과가 더 증가한다.

■ 음악을 들으며 공부를 하거나 운동을 하며 책을 보거나 돌아다니며 공부를 하는 것도 적합하다.

■ 친구들과 서류 교류하여 자신이 가장 잘하는 과목을 분담하여 정보 교류를 갖는 것도 도움이 된다.

❖ 에너지가 상승을 하게 되면 실천하려는 기질이 강하게 나타나고 자신이 지향하는 학과로 갈 수 있다.

❖ 신강구조에 비겁으로 신강한 구조인데 대운이 재차 비겁에 해당하면 친구나 이성에 관심이 많게 되거나 돈을 추구하려 한다면 목적실현이 잘 이루어지지 않고 시행착오가 생긴다는 것을 기억해야 한다.

❖ 신강구조에 대운이 비겁이라 하더라도 에너지가 상승을 하면 생각을 바르게 가지려 한다.

❖ 신강구조에 대운이 비겁인데 에너지가 하락을 하면 자신이 계획하는 학과나 계열을 가기가 어렵고 수정·시행착오·포기를 하는 경우가 많다.

에너지가 하락을 하면 자신감 의욕 실천성 판단력이 감소하게 되니 노력의 결과가 미약하게 작용한다는 것을 알았다.

(2) 에너지가 하락을 할 때

■ 정보력·활동력·의욕이 감소하게 된다.

■ 인간관계에서 마음의 문을 닫거나 만나는 것을 싫어한다.

■ 자기만의 시간이나 폐쇄적인 공간 또는 혼자 있는 것을 원한다.

■ 친구관계나 인간관계가 원만하지 않고 따돌림을 받거나 소외된다고 판단한다.

■ 의욕이 감소하고 친구간의 정보나 도움을 받기가 어렵고 학업에 관심을 갖지 않게 된다.

■ 공부에 집중력이 떨어지고 흥미를 느끼기 어렵다.

■ 공부가 잘 되는 시간을 활용하거나 한 단계 낮추어 대학을 진학하

는 게 유리하다.

■ 자신이 계획하는 계열이나 학과에 진학하는데 어려움이 많이 따르게 되니 대학보다 내가 원하는 학과를 먼저 파악하고 성적에 맞는 대학을 선택해야 한다.

❖ 신약구조라 하더라도 에너지가 상승을 하면 의욕이 상승하고 행동, 실천하려는 기질이 강하게 작용하여 목적을 실현한다.

❖ 신약구조에 에너지가 하락을 하면 중도에 포기하거나 내가 지향하는 학과를 선택하기가 어렵고 정규대학보다는 전문대로 진학을 많이 한다.

에너지가 하락을 할 때는 자신의 마음을 견고하게 다지고 자신이 계획하는 학과에 진학하도록 행동, 실천을 하는 게 가장 현명하다.

2 첫째 대운 지지가 식신, 상관이면

		첫째	둘째
대운	천간		
	지지	식상	

첫째 대운 지지를 기준하여 십성이 무엇인가를 이해해야 한다.

둘째 에너지가 상승하는 경우와 하락하는 경우로 분석하게 된다.

셋째 에너지는 생각, 정신세계, 행동, 실천과 관련성이 크기 때문에 상승시에는 긍정적인 요소가 발달하게 되고, 에너지가 하락을 하면 부정적인 요소가 더 작용을 하기 때문이며 적극적이지 못하거나 소심하기 때문에 신중하게 결정하려고 한다.

(1) 에너지가 상승을 할 때

- 식상은 친화성·준비력·계획력·기획성·배려·나눔을 구성하는 별이다.
- 식상은 미래준비를 하는 과정이다. 청소년기에 해당하니 자신의 미래에 대하여 계획하고 준비하는 과정이며, 첫 관문인 진로를 결정하는 시기이다.
- 식신은 지속적이거나 꾸준함을 바탕으로 결과를 창출하려는 기질이 강하다.
- 상관은 생각, 정신세계, 추측, 공상 등이 뛰어나고 화술, 임기응변력이 발달한다.
- 복습을 하더라도 계획을 하여 실천하는 것이 바람직하며 공부를 잘하는 친구를 분석하여 친화성을 바탕으로 정보를 공유하려고 한다.
- 상대를 배려하며 분위기를 만들어 감동을 주려는 노력을 기울이는

것이 식, 상이다.

■ 미래에 대해 기획하고 준비하며 도전하려는 의지가 강하여 목적을 실현하게 된다.

❖ 신강구조인 경우는 경쟁력에서 우의를 다지게 되고 입학사정관제나 수시로 진학을 하려고 한다.

❖ 신약구조인 경우도 목적을 성취하게 되고 수시에서 기쁨이 따르지 않으면 정시에서 실현하게 된다.

❖ 공부 방식도 자신이 계획한 과정대로 서두르지 말고 준비하면 좋은 결과가 나타난다.

❖ 식상은 한밤중형에 해당하여 밤 11시부터 새벽 1시까지가 집중력이 발달하게 되니 시간활용을 잘 하도록 한다.

(2) 에너지가 하락할 때

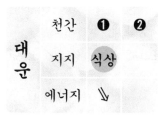

■ 노력을 많이 하여도 좋은 결과가 나오기 힘들다.

■ 학습을 하는데 있어서 공상이나 잡념이 많아지고 의욕이 저하되니 한 권의 책을 보더라도 안심이 안 된다. 상대적으로 다른 책을 보아야 한다는 강박관념이 존재한다.

- 학습방식에 변화를 주어야 한다. 자신이 주도적 학습을 하겠다고 판단한 과목에만 정신을 집중하고 서두르지 않아야 한다.
- 계획성이나 준비성이 산만해지거나 이행을 하는데 어려움이 많게 된다.
- 인간관계에서 마음의 문을 닫거나 만나는 것을 싫어한다.
- 공부에 집중력이 떨어지고 흥미를 느끼기 어렵다.
- 공부가 잘 되는 시간을 활용하거나 한 단계 낮추어 대학을 진학하는 게 유리하다.

수시로 진학을 하도록 권유한다. 특히 대학보다는 자신이 가장 좋아하는 분야로 진학하도록 해야 한다.
여성은 식상의 시기에 조숙하게 되고 이성교제나 또 다른 분야에 흥미를 갖게 되어 집중력이 감소하게 된다.

③ 첫째 대운 지지가 재성일 때

- 재성은 실현의 욕구가 강하게 작용하고 승부욕이나 수리력이 강하게 작용한다.
- 대운이 재성에 해당하는 경우는 남자는 성적이 향상되는데 시간이 많이 소요된다.
- 재는 이성교제, 애인, 재물에 해당하는 별이기 때문에 공부하는 학생에게는 하나의 시험기간이라고 볼 수 있다.
- 이과 분야에 유리하게 작용하는 것도 재성에 해당한다.

(1) 에너지가 상승을 할 때

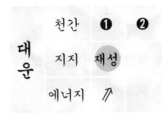

- ■ 의욕이 증가하고 목적을 실현하기 위하여 많은 노력을 기울인다.
- ■ 목표를 잘 설정하고 추진하려는 기질이 강하게 작용한다.
- ■ 실천한 결과가 따르게 된다.
- ■ 승부욕이 강해지고 목적을 향해 정진하다.
- ■ 재성의 시기는 새벽 형으로 일찍 자고 일찍 일어나 새벽 시간대를 활용하면 성적이 향상된다.
- ■ 교과목도 수학이나 자연, 과학분야에서 성적이 향상된다.
- ■ 재격구조에 재성운을 만나면 인기가 있고 이성교제가 이루어지므로 입시생은 다소 조심을 해야 한다.
- ■ 주로 입학사정관제로 진학을 하는 게 유리하고 그 다음으로 수시 진학이 좋다.

(2) 에너지가 하락을 할 때

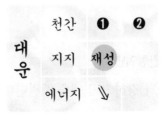

■ 재성운은 공부보다 실리를 추구하려는 기질이 강하게 작용하기 때문에 금전적인 문제나 이성문제가 나타나 공부에는 인연이 적게 된다.

■ 에너지가 하락을 하면 의욕이 감소하고 능동적이기보다는 소극적인 마음과 행동을 갖게 된다.

■ 노력을 해도 결과는 약하게 되니 많은 시간을 들여 공부를 해도 성적이 잘 향상되지 않는다.

■ 에너지가 하락 시 이성교제나 호기심을 유발하여 공부를 해도 다른 생각을 하기 때문에 집중력이 감소한다.

■ 자신이 가장 좋아하는 과목을 집중적으로 복습을 하는 게 유리하다.

■ 동료의 도움이 적게 되고 정보력이 감소하니 나의 부족한 부분을 채우려 하지 않는다.

■ 한 단계 낮추어 진학을 하는 게 유리하고 수시로 진학을 하면 유리하고 정시진학시 고난과 역경이 많이 따른다.

■ 통계적으로 재성운이고 신약구조이면 학교를 가지 않거나 중도에 포기하는 경우가 많기 때문에 다른 사람의 두 배로 노력을 해야 목적을 실현하게 된다.

■ 남자는 이성교제를 유의해야 하고 좌절하지 않고 꾸준한 노력을 실천하면 소기의 목적을 실현한다.

4 첫째 대운 지지가 관성이면

관성은 안정의 욕구가 강하고 명예를 주관한다. 편관은 행동과 책임을 다하는 실천성이 강하고, 정관은 합리성과 규범을 관장한다.

편관은 솔선수범하여 어려운 일을 적극적으로 나서서 해결하는 유형이고, 정관은 일정한 룰을 지키기 위하여 법률이나 제도를 만드는 역할을 의미한다.

(1) 에너지가 상승을 하면

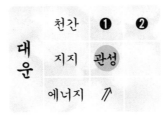

■ 행동, 실천하려는 의욕이 증가하고 실행하려고 한다.

■ 규칙을 정하여 학습을 하게 되고 끈기력과 인내력을 바탕으로 목적을 성취하려 한다.

■ 노력한 결과가 있으므로 자신이 계획하는 일이 순조롭다.

■ 관성은 새벽보다는 한밤중형에 적합하여 학습을 하더라도 새벽보다는 한밤중인 밤 10시부터 새벽 1시까지 집중력이 높아진다.

■ 자신을 낮추고 부족함을 채우려고 실천할수록 좋은 시너지를 기대할 수 있으므로 부족한 과목에 대해서는 친구를 통하여 교류하는 것도 좋다.

❖ 신강구조는 목적을 실행하는데 유리하고, 신약구조는 다소 지체가 따른다.

❖편관에 해당하는 경우는 무관이나 국가에 소속된 학과에 유리하고 정관은 행정분야가 유리하게 작용한다.

❖신약구조는 수시로 진학을 하는 게 유리하게 작용하였다.

(2) 에너지가 하락을 하면

■ 공부를 하더라도 조급해지거나 안정이 안 된다. 한 분야에 집중하여 학습이 이루어지도록 실천해야 하며, 포기하지 않아야 한다.

■ 책상에 오래도록 앉아 있어도 집중력이 약해지고 학습의욕이 저하되므로 견과류를 섭취하며 학습을 하는 게 좋다.

■ 자신과의 싸움에서 극복을 해야 목적이 이루어지게 되고 방심하거나 나태하면 노력한 결과에 비하여 성적이 향상되지 않는다.

■ 갑작스런 질병이나 건강이 나빠질 수 있으므로 운동이나 규칙적인 생활습관이 필요하다.

■ 포기하거나 신경을 많이 쓸수록 정신적 압박감이 오니 여유있는 마음을 갖고 한 계단씩 오르려는 마음과 자세를 가져야 한다.

❖신강구조에 에너지가 하락시 자신감이나 의욕이 하락하지만 소기의 목적을 실현할 수 있으므로 주도적인 학습방법에 만전을

기하고 수시로 진학을 하는 게 유리하다.

❖ 신약구조는 의욕이 저하되고, 자신감이 약해지니 중도에 포기
하게 되니 한 단계 낮추어 진학을 하는 게 유리하다. 정시모집
에서는 불리하므로 수시로 진학을 권유한다.

5 첫째 대운 지지가 인성일 때

인성은 수용하는 마음, 즉 받아들이고 헤아리는 마음이 큰 시기를
인성이라 한다. 이 시기는 정신적으로 발달되지만 육체적으로는 쇠퇴
하는 시기이다. 노년의 시기로 불린다.

인성은 문서, 행정, 공부, 수양을 나타내는 별이다.

(1) 에너지가 상승을 할 때

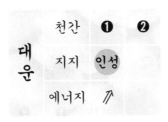

■ 에너지가 상승을 할 때는 긍정적인 생각과 실천을 하려고 한다.

■ 자신이 목표하는 과목이나 진로에 대하여 꾸준하게 실천하게 되고
목적을 이루게 된다.

■ 성적이 향상되게 되고 집중력이 빨라지는 시기이기 때문에 생각을
실천하면 좋은 결과가 나타나게 된다.

■ 입학사정관제나 수시로 진학을 하는 경우가 많다.

■ 능률적인 학습이 잘 이루어지는 시간은 한밤중이 유리하다.

■ 인성은 조용한 가운데 성적이 향상되므로 주변이 시끄럽거나 산만하면 집중력이 감소된다.

■ 자신이 가장 잘하는 분야에서 상을 받거나 윗사람의 추천을 받아 목적을 실현하는데 유리하다.

■ 원국에 인성이 많은데 운까지 인성이면 잠이 많거나 나태해지기 쉽다. 또한 모든 일을 신중하게 생각하다 기회를 놓치는 경우가 많다.

■ 원국에 인성이 약한데 운이 인성이면 기회를 잘 포착하려 하고 상황을 잘 활용한다.

❖ 신강한 구조인 경우에 인성운이 오면 자만하지 말고 생각을 줄이고 꾸준한 실천이 중요하다.

❖ 자신이 만족하지 못하면 재수를 잘하는 것도 이 경우이다.

(2) 에너지가 하락을 할 때

■ 자신감이나 의욕이 수축되고 신경이 날카로워진다.

■ 공부를 하더라도 집중력이 감소되고 오래도록 공부를 해도 성적이

향상되지 않는다.

■ 즉, 노력을 많이 하는데도 성적이 오르지 않거나 자신이 희망하는 분야로 진로를 갖기가 어렵다.

■ 불평불만이 생기고 부정적인 요소들이 잠재되어 있어 집중하는데 시간이 많이 걸린다.

■ 잡념을 줄이고 한 과목에 매진하여 끝나면 다른 과목을 보도록 해야 한다.

■ 공부를 하기 전 생각을 정리하기 위한 5분 명상시간을 갖는 것이 좋다.

■ 한번 마음 먹으면 끝까지 실천하려는 의지를 가져야 한다.

■ 주로 재수를 많이 하는 경우에 해당한다.

■ 수시로 진학을 하는 게 유리하고 정시진학시 계열변동을 하는 경우가 많다.

⑥ 둘째 대운 천간, 지지가 비, 겁일 때

둘째 대운 천간에 해당하는 경우는 15~19세에 주로 해당한다. 이 시기가 대학을 진학하는 시기이며 천간은 생각을 주관하게 된다. 어떤 십성이 타고 있는가와 사주 강약을 구분하여 상담을 하게 된다.

❖ 신강, 신약을 구분하고 그다음으로 십성이 가진 특성에 대해 분석하고 그 다음으로 에너지가 상승하는가, 하락을 하고 있는가를 판단하여 진학상담을 해주면 적중률이 매우 높아지게 된다.

(1) 대운의 에너지가 상승할 때

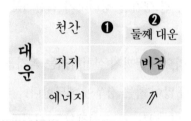

■ 자신감이나 적극성이 발달하고 교우관계에서 주도적 역할을 하는 시기이므로 친구를 통하여 정보를 제공 받으려 한다.

■ 경쟁력이 생기고 승부욕이 좋아지니 하면 된다는 생각이 지배적이다.

■ 목적실현을 하는데 유리하고 기회를 잘 활용한다. 입학사정관제나 수시로 진학을 권유한다.

■ 복습을 하더라도 열린 공간에 대중이 많은 장소에서 공부를 하면 경쟁심과 동질심이 발달하게 되어 목적을 실현하는데 유리하다.

■ 지속적으로 앉아 있기 보다는 계획표를 만들어 스케줄을 활용하면 학습효과가 더 증가한다.

■ 음악을 들으며 공부를 하거나 운동을 하며 책을 보거나 돌아다니며 공부를 하는 것도 적합하다.

❖ 둘째 대운이 월간이나 일간과 합이 되면 생각이 바뀐다. 합이 되어 변한 오행이 식상이나 인성이 되면 유리하고 재성이 되면 계열변동이 많게 되거나 목적을 실현하는데 어려움이 따른다.

❖ 둘째 대운 지지가 상승을 하여도 비견이 합을 하여 변하게 되면 그 기질이 나타나게 된다. 학생들은 성적을 향상시켜 자신이 추구하는 학교나 학과를 들어가길 희망하지만 마음대로 되지 않는 이유도 합이 되어 변한 오행이 일간에게 도움이 되는가 안 되는가를 반드시 살펴봐야 한다.

❖ 합의 개념은 좋을 수도 있고 오히려 나빠질 수도 있기 때문에 상담을 하는데 어려움이 따르게 된다.

❖ 월간과의 합은 사회활동이나 외부에서 발생하는 상황을 말하며, 일간과 합의 개념은 나의 생각이나 판단에서 비롯된다.

❖ 신약한 구조가 대운에서 비견운을 만나면 좋게 작용되어야 용신이 존재하게 된다. 그런데 비견이 합이 되어 변한 십성이 재성이나 관성이 되면 내가 힘들고 지치게 되고 인성이나 식상이 되면 좋은 작용을 한다는 게 진학에서 유의미한 관계성을 가지고 있었다.

(2) 에너지가 하락할 때

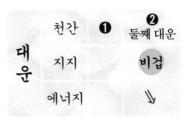

- 정보력·활동력·의욕이 감소하게 된다.
- 인간관계에서 마음의 문을 닫거나 만나는 것을 싫어한다.
- 자기만의 시간이나 폐쇄적인 공간 또는 혼자 있는 것을 원한다.
- 친구관계나 인간관계가 원만하지 않고 따돌림을 받거나 소외된다고 판단한다.
- 의욕이 감소하고 친구간의 정보나 도움을 받기가 어렵고 학업에 관심을 갖지 않게 된다.
- 공부에 집중력이 떨어지고 흥미를 느끼기 어렵다.
- 공부가 잘 되는 시간을 활용하거나 한 단계 낮추어 대학을 진학하는 게 유리하다.
- 자신이 계획하는 계열이나 학과에 진학하는데 어려움이 많이 따르게 되니 대학보다 내가 원하는 학과를 먼저 파악하고 성적에 맞는 대학을 선택해야 한다.

- ❖ 신약구조라 하더라도 에너지가 상승을 하면 의욕이 상승하고 행동, 실천하려는 기질이 강하게 작용하여 목적을 실현한다.
- ❖ 신약구조에 에너지가 하락을 하면 중도에 포기하거나 내가 지향하는 학과를 선택하기가 어렵고 정규대학보다는 전문대나 재능대로 진학을 많이 한다.
- ❖ 에너지가 하락을 할 때는 자신의 마음을 견고하게 다지고 자신이 계획하는 학과에 진학하도록 행동, 실천을 하는 게 가장 현명하다.
- ❖ 대운의 에너지가 떨어지면 마음으로부터 나약해지고 실천하면

서도 포기하려는 마음이 강하게 작용을 한다.

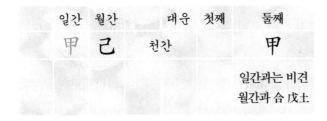

7 둘째 대운 천간, 지지가 식신, 상관일 때

(1) 에너지가 상승을 할 때

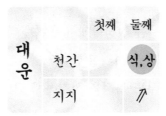

원국을 기준하여 신강구조인가 신약구조인가를 판단해야 상담을 하기가 쉽다.

- 식상은 친화성·준비력·계획력·기획성·배려·나눔을 가지는 작용을 한다.
- 식상은 미래준비를 하는 과정이다. 청소년기에 해당하니 자신의 미래에 대하여 계획하고 준비하는 과정이며, 첫 관문인 진로를 결정하는 시기이다.

- 식신은 지속적이거나 꾸준함을 바탕으로 결과를 창출하려는 기질이 강하다.
- 상관은 생각, 정신세계, 추측, 공상 등이 뛰어나고 화술, 임기응변력이 발달한다.
- 복습을 하더라도 계획을 하여 실천하는 것이 바람직하며 공부를 잘하는 친구를 분석하여 친화성을 바탕으로 정보를 공유하려고 한다.
- 상대를 배려하며 분위기를 만들어 감동을 주려는 노력을 기울이는 것이 식상이다.
- 미래에 대해 기획하고 준비하며 도전하려는 의지가 강하여 목적을 실현하게 된다.

- ❖ 신강구조인 경우는 경쟁력에서 우위를 다지게 되고 입학사정관제나 수시로 진학을 하려고 한다.
- ❖ 신약구조인 경우도 목적을 성취하게 되고 수시에서 기쁨이 따르지 않으면 정시에서 실현하게 된다.
- ❖ 공부 방식도 자신이 계획한 과정대로 서두르지 말고 준비하면 좋은 결과가 나타난다.
- ❖ 식상은 한밤중형에 해당하여 밤 11시부터 새벽 1시까지가 집중력이 발달하게 되니 시간활용을 잘 하도록 한다.

(2) 에너지가 하락을 할 때

원국을 기준하여 신강구조인가 신약구조인가를 판단해야 상담을 하기가 쉽다.

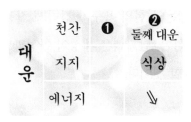

❖ 신강구조는 경쟁력에서 지치고 힘이 든다. 노력을 더 많이 요구
  한다. 가능하면 수시로 진학을 권장한다.

❖ 신약구조인 경우는 시행착오나 지체되는 경우가 많고 계열변동
  이 많게 된다.

❖ 공부 방식도 여러 가지를 잘 하기보다는 자신이 가장 자신 있는
  과목부터 서두르지 말고 준비하면 좋은 결과가 나타난다.

❖ 식상은 한밤중형에 해당하여 밤 11시부터 새벽 1시까지가 집중
  력이 발달하게 되니 시간활용을 잘 하도록 한다.

**에너지가 감소하지만 두 배로 노력한다는 마음과 각오를 가지면 목적을 달
성할 수 있다.**

8 둘째 대운 천간, 지지가 재성일 때

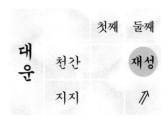

재성은 남자에게는 실현의 욕구가 강하게 작용하고 기회를 잘 포착하려는 기질이 강하다. 남학생은 재성이 이성과도 맞물려 있기 때문에 신경을 많이 써야 할 것이다.

(1) 에너지가 상승을 할 때

원국을 기준하여 신강구조인가 신약구조인가를 판단해야 상담을 하기가 쉽다.

- 재성은 평가지능과 설계지능이 발달되어 있다.
- 재성은 목적실현을 추구하는 과정이다. 청소년기에 해당하니 자신의 미래에 대하여 계획하고 준비하며 가치 판단력이 뛰어나게 된다.
- 편재는 공간지능을 잘 활용하거나 결과를 중시하므로 경제적인 면을 먼저 추구하려는 성향이 강하다.
- 정재는 실리성, 현실성, 가치성을 중시하며 꾸준하게 노력하는 유형이다.
- 복습을 하더라도 계획을 하여 실천하는 것이 바람직하며 공부를 잘하는 친구를 분석하여 친화성을 바탕으로 정보를 공유하려고 한다.
- 미래에 대해 기획하고 준비하며 도전하려는 의지가 강하여 목적을 실현하게 된다.

❖ 신강구조인 경우는 경쟁력에서 우위를 다지게 되고 입학사정관제나 수시로 진학을 하려고 한다.

❖ 신약구조인 경우도 에너지가 상승하면 목적을 성취하게 되고 수시에서 기쁨이 따르지 않으면 정시에서 실현하게 된다. 다만 冲이나 刑이 되거나 재성이 많은 경우는 난관이 많이 생긴다.

❖ 공부 방식은 수학이나 과학에 중점을 두고 공부를 하는 게 더 효과적이다.

❖ 재성은 새벽형에 해당하여 새벽 3시부터 5시까지가 집중력이 발달하게 되니 시간활용을 잘 하도록 한다.

(2) 에너지가 하락 시

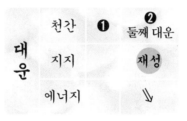

■ 의욕이 감소되고 자신감이 결여되어 자포자기를 하고 공부보다 직장이나 기술분야로 진출하려고 한다.

■ 주로 이과성향이 더 많다.

■ 에너지가 감소하지만 두 배로 노력한다는 마음과 각오를 가지면 목적을 달성할 수 있다.

❖ 신강구조는 경쟁력에서 지치고 힘이 든다. 노력을 더 많이 요구한다. 가능하면 수시로 진학을 권장한다.

❖ 신약구조인 경우는 시행착오나 지체되는 경우가 많고 계열변동

이 많게 된다.

❖ 공부 방식도 여러 가지를 잘 하기보다는 자신이 가장 자신 있는 과목부터 서두르지 말고 준비하면 좋은 결과가 나타난다.

❖ 재성은 새벽형에 해당하여 03시부터 07시까지가 집중력이 발달하게 되니 시간활용을 잘 하도록 한다.

⑨ 둘째 대운 천간, 지지가 관성일 때

(1) 에너지가 상승을 할 때

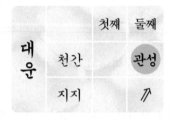

원국을 기준하여 신강구조인가 신약구조인가를 판단해야 상담을 하기가 쉽다.

■ 에너지가 상승을 하게 되면 생각이 긍정적인 요인이 작용하게 되고 관성은 안정의 욕구가 강하게 작용하여 행동, 실천하려는 의지가 많아지게 되니 결과가 좋게 나타난다.

■ 에너지가 상승을 하더라도 관성이 원국에 너무 많으면 기질이 강하게 나타난다.

- 관성은 실천하려는 책임감과 어려움을 극복하려는 기질이 강하여 학생은 목표가 결정되면 해 내려는 작용이 커진다.
- 성적이 향상되고 집중하는 시간도 길어진다.
- 공부를 하더라도 몰입이 잘 되게 되니 한밤중을 활용하는 것이 유리하다.
- 주로 에너지가 상승을 하면 입학사정관제나 수시로 진학을 많이 하게 되고 계열변동이 적어진다.
- 자신이 원하는 학교나 학과를 진학하는데 유리하다.

(2) 에너지가 하락할 때

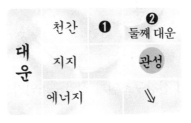

- 의욕이 감소하게 되고 자신이 계획하는 목표를 수정하거나 의심하게 된다.
- 자신감이 줄어들게 되므로 복습이나 공부를 해도 성적이 크게 향상되지 않는 경우가 많다.
- 갑작스런 질병이나 권태, 우울증이 오기 쉽다.
- 노력을 하여도 이익실현이 적다.
- 남보다 두 배로 노력을 하는 시기이다.
- 관성은 책임감과 실천력이 강한별이다. 자신감이 떨어지고 의욕이

줄어들지만 인내심을 갖고 행동, 실천을 하면 그 결과가 있다.

■ 포기하는 경향이 많아지고 중도에 학업을 그만두는 경우도 발생한 다(특히 지지가 충, 형이 될 때 나타난다).

⑩ 둘째 대운 천간, 지지가 인성일 때

(1) 에너지가 상승을 할 때

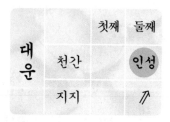

원국을 기준하여 신강구조인가 신약구조인가를 판단해야 상담을 하기가 쉽다.

■ 에너지가 상승을 하게 되면 수용하는 마음, 긍정적인 요인이 작용하게 되고 인성은 배움의 욕구가 강하게 작용하여 계획을 세워 공부를 하게 된다.

■ 에너지가 상승을 하더라도 인성이 원국에 너무 많으면 기질이 강하게 작용하여 내가 원하는 대로 안 되면 재수를 하는 경향이 있다.

■ 인성은 배움이라는 갈망이 강하여 채우려는 본능이 지배적이다.

■ 성적이 향상되고 집중하는 시간도 길어진다.

■ 공부를 하더라도 몰입이 잘 되게 되니 한밤중을 활용하는 것이 유리하다.

■ 주로 에너지가 상승을 하면 입학사정관제나 수시로 진학을 많이 하게 되고 계열변동이 적어진다.

■ 자신이 원하는 학교나 학과를 진학하는데 유리하다.

(2) 에너지가 하락 시

■ 공부 방식도 여러 가지를 잘 하기보다는 자신이 가장 자신 있는 과목부터 서두르지 말고 준비하면 좋은 결과가 나타난다.

■ 인성은 새벽에 일어나지 못하므로 집에 도착하면 2시간 복습하는데 중점을 두는 게 유리하다.

■ 의욕이 감소되고 자신감이 결여되어 자포자기를 하고 공부보다 기술분야로 진출하려고 한다.

❖ 신약구조는 주변의 도움이나 윗사람의 혜택이 있게 된다. 한 단계씩 밟아 올라가는 방법으로 공부를 해야 한다.

❖ 신강구조인 경우는 시행착오나 지체되는 경우가 많고 계열변동이 많게 된다.

❖ 신약구조에서는 인성이 귀인과 같은데 에너지가 하락하면 기대치만큼 혜택은 없다. 자신감과 용기, 격려가 필요한 시기이다.

세운은 어떤 일에 대한 당면과제를 알기 위함이다. 현재 하고 있는 일이 잘 될 것인가, 정리를 해야 할 것인가, 돈을 벌겠는가, 직장생활자는 승진이나 변동문제, 건강은 어떠한가 등 대부분 현재의 상황이 세운에서 어떻게 전개될 것인가를 가지고 궁금함을 알고자 방문한다.

그러면 용신이 중요한가, 노력이 더 중요한가이다.

지금까지 전해지고 있는 내용을 살펴보면 대부분 용신이 중요하다고 하였다. 그런데 용신을 취용하는 방법이 하나의 사주를 기준하여 학자나 술사들이 제각기 다른 견해를 가지고 있다. 그만큼 의견이 다를 수 있고 용신을 제대로 선정하였다 하더라도 사용하는 사람이 노력을 하지 않으면 용신이 중요한가를 되새겨 보게 된다.

운은 오지 않는다. 다만 지나갈 뿐이라고 하였다. 여기서 말하는 운이란 무엇을 의미하는가? 하는 문제를 연구하고 판단할 필요성이 있었다. 신강사주는 식상운이나 재성운이나 관성운이 오면 발복을 하고, 인성운이나 비겁운에는 손을 놓고 있어야 한다는 논리인가이다.

보다 구체적으로 살펴봐야 할 것이 바로 직업관이다. 직장인에게 재운이 오면 직장을 그만두고 사업을 할 것인가, 아니면 직장생활을 꾸준하게 할것인가 하는 문제이다. 신강사주에 재운이 오면, 직장을 그만두고 사업을 하는 경우는 부득이한 경우를 빼놓고는 직장생활에 충실하길 바라며, 목돈이 들어오거나, 배우자가 활동을 하여 재산을 증가시킨다거나, 뜻하지 않은 유산이나 상속을 받거나, 횡재를 하는 경우를 제외하고는 갑작스런 변화를 주려고 하지 않는다.

이런 경우에 역학자는 직업을 물어보기 이전에, 먼저 용신운이 왔으니 큰 재물이 들어오거나, 사업을 하면 큰 이익이 있는 해라고 말할 수 있다.

3
대운 천간이 合이 될 때

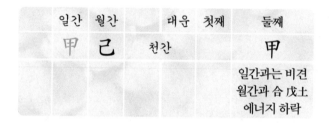

일간	월간	대운	첫째	둘째
甲	己	천간		甲
				일간과는 비견
				월간과 合 戊土
				에너지 하락

❶ 일간과 대운의 관계는 비견이다.

❷ 월간과 대운은 己甲合 戊土이다.

❸ 일간 甲과 월간이 변한 오행이 戊의 관계는 편재에 해당한다.

❹ 월간은 사회활동, 외부에서 나타나는 현상을 의미하므로 학교생활
이나 사회생활에서 財로 변화가 되므로 공부보다는 여자나 재물에
더 관심과 호기심을 자극한다.

❺ 겉으로는 힘을 얻어 좋을 것이라 판단하지만 드러난 정신세계는 공
부에 관심을 갖지 않게 되고 인간관계나 친구들을 만나면 내가 돈
을 써야 하는 시기와 같다.

❻ 에너지가 하락을 하니 지출이 많아지게 되고 성적이 오르지 않게 되어 자신이 원하는 분야로 진학을 하기가 어렵거나 진학을 포기하고 직업을 선택하거나 조숙한 경우는 동거로 이어지게 된다.

일간 또는 월간이 변한 오행이 식상이나 인성이 되면 대학을 진학하는데 유리한 것으로 나타났고, 재성이나 관성이면 지체되거나 어려움이 많이 따랐다. 여기에 에너지가 상승을 하는 경우는 작용력이 그나마 감소하였지만 에너지가 내려가고 신약구조인 경우는 작용력이 강하게 다가왔다.
그만큼 진로나 진학을 선택하는 데에도 에너지의 상승여부와 변한 오행이 일간에게 미치는 영향에 따라 학교선택이나 학과를 선택하는데 변동이 많다는 것을 알 수 있었다.

연구점

슴의 개념에 대해 더 많은 연구와 임상자료가 필요하다. 합은 본연의 역할이 감소되고 변한 오행의 기질이 결과적으로 주도하고 있다는 것을 알 수 있었다. 그렇기 때문에 용신도 변화가 된다는 내용에 적극 동감한다.

용신은 직업에 따라 달리 선정되어야 한다는 것도 필자의 주장이다. 가령 신약구조를 가진 사람이 음식업을 하는데 식신운이나 상관운이 오면 망하거나 힘들다고 하였다. 그런데 통계적으로 10명 중 신약구조가 6명이고 신강구조가 4명으로 이루어져 있다. 대운이나 세운이 식신, 상관운이 왔는데 신약구조인 경우인데도 불구하고 오히려 돈을 더 많이 벌었고, 신강구조인데도 식신, 상관운에서 돈을 벌지 못하고 고전하는 이유에 대해 많은 고민과 갈등을 하게 되었다.

그런데 새로운 사실을 알게 된 것은 첫째가 노력이고 그다음이 에너지의 상승, 하락이 더 관건이었다. 에너지가 상승을 하면 생각이 긍정적이고 행동으로 실천하려는 의욕이 생기나 에너지가 하락을 하면 생각에서 부정적인 판단을 하게 되고 이를 행동으로 쉽게 실천하지 못하기 때문에 자신감이 저하되는 이유가 주된 요인이었다는 것을 알았다. 그다음으로 식신, 상관이 합을 하여 변한 오행이 관성이나 인성이 되면 손실이 발생하게 되고 변한 오행이 식상이나 재성이 되면 이익이 증가한다는 것을 알았다.

그만큼 명리학을 기준하여 단식판단과 복식판단, 나아가 혼합복식판단을 해야만 어느 한 분야에 대해 높은 예측이 가능하다는 것을 알았다.

❖ 에너지는 어디에서 탄생되었나!
❖ 십성이 합을 하여 변한 오행이 어떤 작용을 하고 있나!
❖ 직업에 따라 용신을 정하는 방법은 왜 달라야 하나!

4
세운론

세운은 일의 당면성에 대해 나타나게 된다. 당면성이란 현재 하고 있는 진행 상태나 일련의 과정에서 생기는 상황을 말해 주는 곳이다.

세운에서 주로 상담을 하는 내용이 다음과 같다.

▶ 현재 하고 있는 업종이 금년에는 어떨 것인가!
▶ 현재 하고 있는 업종이 잘 안 되어 매매를 하는 게 좋은가! 그대로 해야 하는가!
▶ 올해 이사를 해도 되는가! 이사를 한다면 어느 방향으로 가는 게 좋은가! 몇일 날 이사를 하면 좋은가!
▶ 나의 건강은 어떻겠는가!
▶ 소송건이 있는 경우는 승소여부를 물어오게 된다.

▶직장이 없는 경우는 면접시험 운이나 취직이 가능한가!

▶학생은 원하는 대학이나 학과를 진학할 수 있는가!

▶직장인은 승진이나 다른 부서로 이동을 하는가!

▶정치인은 올해 당선이 되겠는가!

▶사업자는 사업운이 괜찮은가!

▶미혼자는 이성이 나타나겠는가! 결혼을 하는 운인가!

▶임산부는 택일과 작명에 관하여 방문한다.

▶금년에 배우자와의 관계는 어떻겠는가!

▶부모님의 건강은 어떠하시겠나!

이렇게 직접적으로 관계된 일에 대해 상담을 해주는 곳이 바로 세운이다. 그래서 세운은 일의 당면성을 풀어주는 곳이라고 말한다.

이러한 작용을 알기 위해서는 다음과 같은 방법을 알아야 한다.

1 나의 문제에 대해 고민하게 된다.

경제적문제, 직업문제, 건강문제, 하는 업에 관한 문제, 소송문제

2 내 문제가 아닌 상대방과의 문제

부모문제, 배우자문제, 자식문제, 형제간문제, 인간관계에 관한
문제

이와 같이 세운에 대해 살펴보기 위해서는 사주원국과 세운의 관계를 살펴야 하는데 어디를 기준하여 판단하는 것이 가장 바람직한 것일까 하는 문제이다.

명리학에서는 기초과정에서 가장 기본을 배우는 곳이 근(根), 묘(苗), 화(花), 실(實)에 관하여 배운다. 그다음으로 원국을 기준하여 년주는 유년기이고 조상이 관장하는 곳이라 배워왔다.

바로 중요한 곳이 월주와 일주이다. 나 자신이 홀로서기를 하면서 살아가는데 가장 필수적인 곳이 바로 월주와 일주이다.

- 월주는 사회성을 관장하고 청, 장년기에 해당하는 곳이기 때문에 항상 살펴야 하는 곳이며, 일주는 가정사를 관장하며 나와 배우자와의 관계와 나의 중년기를 판단하는 곳이다.
- 월간과 세운의 천간과의 관계에서 나타나는 현상이 생극제화와 합과 충에 의하여 길흉화복이나 용신의 작용이 다르게 된다.
- 일간과 세운 천간과의 관계에서도 생극제화와 합, 충의 작용에 따라 일의 진행이 좋고 나쁨으로 갈라지게 된다.
- 또한 월지와 세운 지지가 合, 沖, 刑, 空亡에 따라 작용이 달라지게 된다.
- 일지 또한 세운 지지와 合, 沖, 刑, 空亡에 따라 작용이 달라지게 된다.
- 그간 많은 학자들이 충이나 형이 되면 흉의 작용이 더 지배적이라고 하였는데, 합이 되어 변한 오행에 대해서 언급한 부분이 미약하다고 판단하였다.

❖ 세운에서는 이 내용에 대해 많은 연구가 필요하다고 판단되었다. 그간 필자가 경험한 내용들을 토대로 세운에 대해 본 서에서 나열하는 것으로 하였다. 혹 필자와 다른 견해를 갖고 계신 분은 언제든 방문하여 토론을 하여도 좋다. 다만 대화시 자신이 연구한 자료를 가지고

학술적 논쟁을 즐기며 학문이 한 단계 성숙하도록 하는 경우로 제한한다.

❖ 앞으로의 과제가 대운이다. 대운은 인생 70을 기준해도 7개의 대운에 대해 연구를 해야 하는데 필자는 이제 50대 후반에 해당되어 60대나 70대를 거치지 못해서 앞으로 20년이 지나봐야 조금 감을 잡을 수 있지 않을까 사료된다.

■ **월간과 대운에 대해 연구를 한다면**
　_월간 십성과 대운 십성의 관계
　_월간 십성과 대운이 합이 될 때
　_월간 십성과 대운이 충이 될 때
　_월간 십성과 대운이 공망에 해당할 때
　_일간과 대운 십성의 관계
　_일간과 대운이 합, 형, 충, 공망일 때

❖ 육임학에서는 720과를 기준하여 살펴보게 되지만 명리학에서는 몇천 가지를 기준하여 통변을 해야 하기 때문에 죽을 때까지 공부를 해도 끝이 나지 않는다는 것이 정답이다.

❖ 그만큼 명리학을 누구나 거쳐가는 학문으로 치부해서는 안 되고 어느 한 분야라도 연구되고 검증된 자료가 필요하다는 것이며 이러한 내용들을 가지고 공유를 하며 학술적 가치를 인정받도록 해야 할 것이다.

5
운로에 의한 행로

1 일간에 나타나는 작용

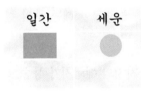

1년 운을 살필 때 일간과 세운 천간을 기준하여 일의 당면성을 살펴보게 된다. 세운 천간이 십성으로 어느 것이 타고 있는가를 살펴보고, 그다음으로 세운지지가 합, 충, 형, 공망을 분석하게 된다.

세운 천간이 **비견**이면 활동성과 분주함이 생기게 되고, **식상**이면 연구, 궁리, 창의성, 표현성이 나타나게 되고, **재성**이면 금전적인 문제나 이성관계와 연관성을 갖고 있고, **관성**이면 안정을 추구하기 위하여 방법을 강구하게 되고, **인성**이면 문서나 이사 또는 자신이 추구하려는 것을 생각하게 된다.

② 일간과 세운 천간의 작용

(1) 년운(천간)이 비견성일 때

❖ 주인이 된다는 의미가 담겨 있고 독립의 기회가 생기는 해이다.

❖ 결혼하여 살림을 차리거나 자신이 장사를 시작하는 시기이다.

■ 천중살과 겹치면 결혼이나 이직, 새로운 출발은 금한다.

■ 형제자매간 불화로 뒷마무리를 져야 하고 직장에서도 불협화음이 많아진다.

■ 운에서 충이나 형살에 해당이 되면 주로 흉한 작용이 나타나게 된다. 따라서 세운이나 대운에서 충, 형에 해당할 때는 주의 깊게 판단을 해야 한다.

■ 에너지 여부를 판단해야 한다. 세운 지지의 에너지가 상승, 하락을 먼저 살피고 전년도와 당해연도 그리고 익년도의 흐름과 변화를 알아야 한다. 즉, 일의 당면성에 대해 구체적으로 알려줄 수 있다.

(2) 년운(천간)이 겁재성일 때

❖ 대인관계에 변화가 오며 그 폭이 넓어지는 해이다.

❖ 직장인이면 인사이동, 승진, 자리이동이 생기게 되고 그런 일이 나타난다.

❖ 천중살에 해당되면 번거로운 일이 많거나 사소한 시비, 구설이 생기

고 자기의 주장이 받아들여지지 않아 고민이 많다. 형제, 자매간 불화나 원망이 생기고 업무상 불화가 크다.

■ 운에서 沖이나 형살에 해당이 되면 주로 흉한 작용이 나타나게 된다. 따라서 세운이나 대운에서 沖, 刑에 해당할 때는 주의 깊게 판단을 해야 한다.

(3) 년운(천간)이 식신성일 때

❖ 여유가 있는 별로서 맡은 일이나 직업에 여유가 있고, 취미나 학습을 시작하는 해이다.

❖ 각종 자격을 취득하는 공부나 전문을 요하는 데 투자를 하거나 한다.

❖ 무용이나 꽃꽂이 자격증 취득을 하는 것도 여성에게 좋다.

■ 천중살에 해당하면 건강이 순조롭지 못하고 병이 올 수 있으니 건강관리가 필요하다.

■ 자녀의 건강에 질환이 찾아온다.

(4) 년운(천간)이 상관성일 때

❖ 고독하거나 안정되지 못하여 안절부절 못하며 신경이 날카로워진다.

❖ 남과 시비나 다툼이 찾아오니 조심해야 한다.

❖ 정신적으로 변화를 추구하고 싶고 이동, 변화를 주고 싶어 하며 가정보다 밖으로 출타가 많고 새로운 호기심이나 이성에 관심이 많다.

■ 천중살에 해당시 병이 오거나 수술할 일이 생긴다. 그렇지 않으면 자식에게 병이 생긴다.

(5) 년운(천간)이 편재성일 때

❖ 부동산이 움직이는 해이며 매매, 투자 등 출납이 활발해진다.

❖ 재물의 기쁨도 있고 남성은 이성이나 애인이 생기는 해이다.

▨ 천중살에 해당시 증권이나 도박시 빈털터리가 되고 사업시 채무가 늘어나고 애인이나 부인으로 인해 고통이 수반된다.

▨ 투기나 사업은 자제하고 직장인은 나오면 불리하다.

(6) 년운(천간)이 정재성일 때

❖ 부동산의 움직임과 금전의 출입이 활발하다.

❖ 돈을 만지는 부서나 직장에서는 승진이 되고 저축의 기회가 오거나 뜻하지 않은 횡재나 돈이 들어온다.

❖ 결혼의 시기가 오기도 한다.

❖ 자기 일을 하면 이익이 있다.

▨ 천중살에 해당시 재물에 손실이 있고 애첩, 이성운, 부부간 불화나 이별이 생기고 결혼에 장해가 온다. 신규사업이나 돈을 빌려주면 불리하다.

(7) 년운(천간)이 편관성일 때

❖ 몸이 분주하고 바쁜 시기이다. 그에 비해 실속은 적고, 헛수고가 많다.

❖ 남과 시비나 불화가 있는 해이니 다툼을 조심해야 한다.

❖ 문서운이나 매매, 소송의 일이 생기기도 한다.

❖ 여성은 이성운이 오게 되고 기혼자는 애인이나 이성이 생기는 해이다.

❖ 남자는 문서운, 승진, 취직의 운이 있다.

❖ 여성은 이성문제가 생길 수 있고 남편과 갈등이 많다.

■ 천중살에 해당하면 고생만 하고 실속이 없는 해이다. 타인이 저지른 실수를 내가 문책을 받는 해이며 여성은 애인, 이성 등 남성과 불화가 생긴다.

(8) 년운(천간)이 정관성일 때

❖ 명예와 명성을 가질 수 있는 해이며 문서와 관련된 시기이다.

❖ 직장인은 인정을 받고 승진이나 시험에 유리하고 학생은 시험에 유리하다.

❖ 문서에 이익이 생기고 팔리지 않던 부동산은 정리가 된다.

❖ 미혼인 경우 혼사가 열리고 직업이 없는 경우 취직이 된다.

■ 천중살에 해당되면 직무상 타인의 실수로 나에게 불리한 일이 생기거나 명예가 손상되는 일이 생긴다. 배우자와 불화가 많은 해이다. 결혼이 이루어지면 불리하고, 살아갈수록 고생이 많아 보류하는 게 좋다.

(9) 년운(천간)이 편인성일 때

❖ 생활양상이 바뀌는 시기이다.

❖ 이사, 변동, 이직, 해외여행, 독립을 하는 시기이다.

❖ 적극적으로 움직이고 활용하면 즐거움과 재물이 증가하는 해이다.

❖ 문서운이 있고 매매, 구입이나 자격증, 공부 등에 유리하다.

■ 천중살에 해당시 윗사람과 불화하거나 소송, 이혼, 부모의 병환으로 내가 힘들어지고 진학, 승진, 취직은 원하는 대로 이루어지지 않는다. 사소한 실수를 조심할 것.

(10) 년운(천간)이 정인성일 때

❖ 공부, 연구, 자격획득, 교육, 수련 등에서 적당한 해이다.

❖ 문서와 연관된 일이나 행정에서 능력을 인정받는다.

❖ 윗사람의 칭찬 격려가 있고 도움, 지원을 받는다.

❖ 결혼운이 있거나 문서운이 있다.

■ 천중살에 해당시 양친의 문제나 복잡한 일이 꼬이거나, 진학, 취직, 승진 등 시험에서 불리하며 실수가 반복된다.

③ 일간과 세운 천간이 합이 될 때

많은 고객들이 가장 알고 싶어 하는 것이 격국이나 용신, 신강이나 신약이 중요하지 않다. 이러한 내용은 역학자가 고객을 중심으로 상담을 하기 위하여 배워야 할 내용이지만 실제 고객이 와서 묻는 내용은 멀리 있는 것을 원하는 것이 아니라 당해연도에 관한 일을 알고 싶어 방문하는 경우가 90%에 해당한다.

때로는 인생 전체에 대해 어떤 직업을 가지면 좋은가, 어느 시기에 돈을 많이 벌겠는가를 논하기도 하지만 세운에 대해 알고자 방문하게 된다.

그간 고객을 통해 받아본 질문이, 내 격국이 무엇인가요? 저는 무엇이 용신인가요? 저는 대운이 바뀌었다고 하는데 이곳 철학원에서는 나쁘다고 하는지요! 왜 박사님은 격국이나 용신을 안 가르쳐 주시나요!

이러한 내용을 고객으로부터 들으면서 많은 안타까움을 갖게 된다. 운세상담을 받으러 오는 분들에게 격국을 이야기한들 격국대로 살기도 어렵지만 격국이 그 고객에게 미치는 영향이 무엇인지 역학상담자들이 냉정하게 판단해 봐야 한다. 용신운이 오면 좋다고 하는데 용신을 올바르게 정할 수 있는지도 우리 자신에게 물어봐야 한다.

용신운이라고 하는데 왜 사업이 안 되고 손해만 나냐고 하면 우리 역학인이 하는 말이 그 철학관에서 용신을 잘못 잡아서 그런 거라고 말하거나 다른 이유를 들어 빠져 나가려고 할 것이다.

그간 필자가 용신에 대해 여러 방법으로 분석한 결과 용신은 역학인이 정하는 것이 아니라 고객의 직업과 관계가 크다는 것을 여러 차례 언급한 바 있다. 특히 진학생을 기준하여 〈용신운이 과연 진학에 영향을 미치는가! 상대적으로 기신이나 구신운에는 진학자가 적을 것이다〉라고 한 자료에서 용, 희신이나 기, 구신운 모두 대학을 진학하는 데는 영향을 주지 않았다는 것을 검증하였다〈박사논문 _격국, 용신과 전공 선택과의 관계 연구. 2011〉.

대운이 왔다는 내용을 많은 고객은 매우 좋은 운, 가장 큰 운이 왔다는 것으로 착각을 한다. 대운(주기)이라는 용어를 이제 다시 정립해야 할 시기인 것 같다. 대운이라고 표현을 할 경우 고객은 자기 임의대로 해석을 하여 매우 좋은 운으로 생각하게 된다는 것을 역학인이 기억해야 할 것이다.

가. 일간이 甲이고 세운 천간이 己일 때

세운과 합이 되어 戊土가 된다. 정재가 편재로 변화되는 것을 알 수 있다. 사업을 하는 경우는 유리하나 학생에게는 반가운 소식은 아니다.

- 甲己合은 작용정지 : 현재 하던 일이나 업종을 전환하거나 정리하거나 또는 확장을 시도하려고 한다. 현재의 상태에서 새로운 방향으로 시도하고 싶은 상태를 말한다.
- 지지가 용신운이거나 생조를 받으면 하는 일이 호전되지만 지지가 기신운이거나 충, 형이 되면 부득이 변화를 주게 되는데 이익이 적게 된다.

(1) 신강구조인 경우
- 재운이 오면 집중력이 약화되거나 학습능력이 약해질 수밖에 없다.
- 남자는 이성운이 발달하게 되고 호기심이 많아지고 금전이 필요한 시기와 같다.
- 변한 오행이 편재가 되면 기능이 더 강화되어 공부에 개념이 적어지게 된다.
- 입학사정관제나 수시로 진학을 유도한다.
- 수리력, 판단력, 기회포착이 빨라지게 되니 신속한 판단을 하는 것이 유리하다.

(2) 신약구조인 경우

- 노력한 만큼 성적이 향상되기가 어렵다.
- 내 힘을 더욱 설기하는 형국이므로 집중력이 저하되고 성적이 오르지 않아 고민이 많게 된다.
- 목적을 실행하는데 노고, 지체가 많고 계열변동이 생기게 되거나 학교를 한 단계 낮추어 가는 경우가 많다.
- 상황판단을 조기에 하고 입학사정관제나 수시로 진학을 하도록 권장한다. 정시에서는 불리하거나 내가 원하는 방향으로 진학하기가 힘들다.

나. 일간이 己이고 세운 천간이 甲일 때

- 己甲合 戊土 : 경쟁력, 활동성 강화

己 일간에서는 자기 세력이 강하게 작용하게 된다. 활동성과 부지런함, 인간관계는 좋아지나 그것이 경쟁관계가 될지 협력관계가 될지는 강약에 의하여 나타난다. 土는 움직이지 않기 때문에 작용정지와 같으나, 己 일간에서는 새로운 도약에 해당한다.

(1) 신강구조인 경우

- 정관이 합이 되어 겁재로 변하게 된다.

- 경쟁력이 높아지고 자아가 강해지게 된다.

- 자기 주도적으로 일을 하기도 하고 활동력도 왕성하게 되며 투자나 모험을 하기도 한다.

- 인간관계의 폭이 넓어지고 외부 활동을 폭넓게 하게 된다.

- 친구관계를 통하여 정보를 활용하거나 부지런하게 움직여 자신이 나아가야 할 방향을 모색하려 한다.

- 겉으로는 합리적이지만 속은 경쟁심리가 발동하여 목적하는 분야를 성취하려는 기질이 강하다.

- 자신의 판단력에서 진학이 어렵다고 판단하면 직장생활로 전환한다.

(2) 신약구조인 경우

- 적극성이 점차 회복된다. 안정을 추구하려는 생각을 더 활동적으로 방법을 바꾼다.

- 친구로부터 도움을 받거나 지원을 받으니 자신감이 상승한다.

- 뜻하지 않게 좋은 결과가 나타나게 되고 성적이 향상된다.

- 진로선택은 정보를 많이 활용할수록 유리하다.

- 노력한 만큼 성적이 향상되게 된다.

- 에너지가 상승을 하면 목적실현을 하는데 유리함이 많고, 에너지가 하락을 하면 지체되거나 신중하게 결정하려고 한다. 다소 지체되더라도 결과는 원만하다.

다. 일간이 乙이고 세운 천간이 庚일 때

乙庚合 庚金이 된다. 金으로 세력이 강화된다. 정관이 합을 하여 정관이 되니 안정의 욕구가 강하게 작용을 하게 된다. 반대로 庚 일간이 乙을 만나면 합이 되니 庚金으로 변화가 된다. 金의 세력이 강하게 나타난다. 정재가 합을 하여 비견으로 변화가 되는 상태이다.

이처럼 일간에 따라 세운과 합이 되면 정신적으로 추구하는 방향이 변화가 된다는 것을 알 수 있다.

(1) 신강구조인 경우

- 乙의 입장에서 세운에서 庚을 만나면 정관이라 안정을 추구하고 합리성을 가지려고 한다.

- 변한 오행이 庚金(정관)으로 세력이 강화되니 모범적이고 합리성을 갖추고 성적을 향상시키려고 한다.

- 관성은 암기력이나 이해능력이 발달하게 되니 영어나 인문계열에 적합한 학과가 성적이 향상되게 된다.

- 이 시기에 여성은 이성에 대한 호기심이 발달하게 되므로 지지가 충, 형에 해당하면 성적이 오르지 않는다. 충, 형이 안 되면 목적을 실행하는데 유리하게 작용한다.

- 자신이 계획하는 분야로 결정을 하고 해당하는 과목을 집중적으

로 공부를 하면 유리하고 입학사정관제나 수시로 진학을 하면 유리하다.

- 에너지가 상승을 하면 추구하는 일이 원활하게 이루어지고 에너지가 하락을 하면 계열변동이나 학과변동을 하게 된다.

(2) 신약구조인 경우

- 乙은 세운에서 庚을 만나면 변한 오행이 金이므로 관성에 해당한다.

- 갑작스런 일이나 뜻하지 않은 방향으로 수정할 일이 발생한다.

- 노력을 많이 하더라도 집중력이 약화되고 성적도 만족스럽지 못하다.

- 계열변동이 많거나 학과를 변경하여 진학을 하는 경우가 많게 되고 정시로 갈 경우 더욱 상황이 안 좋아진다.

- 관성운이 오면 예습보다는 복습이 더 중요하고 그날 수업한 내용은 그날로 복습을 마쳐야 오래 기억하게 된다.

- 지지가 충, 형이 되면 불행하게 되고 때로는 포기를 하는 경향이 많다.

- 에너지가 상승하면 진학을 하는데 소기의 목적을 실현하게 된다.

- 에너지가 하락을 하면 지체, 노고가 많고 애간장을 녹이게 된다. 의욕이 저하되고 신경이 예민해지기 때문에 주변과 불화가 발생할 수 있다. 특히 지지가 沖, 刑이 되면 불리함이 많다.

라. 일간이 庚이고 세운 천간이 乙일 때

庚   乙   세운

庚 일간이 세운에서 乙을 만나면 庚金으로 변한다. 일간의 입장에서는 자기세력이 강화된다. 일간 입장에서는 정재가 비견으로 변화가 되는 경우이다.

(1) 신강구조인 경우
- 친구나 동료와의 관계를 돈독히 하려 한다. 학생은 공부보다 의리나 인간관계를 중요시한다.
- 성적에 대한 관심이 상대적으로 적어지게 되고 이성에 대한 호기심이나 관심이 많아지는 시기이다.
- 학생은 오래도록 책상에 앉아 공부하기를 싫어하고 간섭이나 구속을 싫어하게 되는 시기이다. 공부를 하더라도 자유로움 속에 자신이 좋아하는 과목을 고집하게 된다.
- 지지가 충, 형이 되면 구속과 억압을 싫어하게 되니 미래를 생각하기보다는 현실에 더 만족하는 것을 원한다.
- 학업을 중단하는 경우도 생기고, 동거를 하는 경우도 발생한다.
- 자신이 구상하는 것을 변경하거나 낮춰서 진학을 해야 하는 일이 발생한다.
- 특수한 학과나 사관학교를 선택하는 경우도 있다.

●에너지가 상승을 하면 목적을 실현하는데 유리하고 에너지가 하락 시 자신이 추구하는 방향에서 수정할 일이 생긴다.

(2) 신약구조인 경우

●신약구조는 자신의 세력을 얻게 되니 전화위복의 경우와 같다.

●주위의 동료나 친구로부터 조언이나 협조를 받게 되고 도움이 따른다.

●이성이나 다른 잡념이 많은 경우는 생각을 전환하고 경쟁심을 불러일으킨다.

●소극적이고 나약하던 학생은 생각을 변화시키고 적극성을 갖고 목적을 실현하려고 집중한다.

●정시보다는 수시로 진학하여 목적을 실현시키는 경우가 유리하다.

●에너지가 상승하면 계획, 추진하는 일이 호전되고 성사가 잘 된다. 반대로 에너지가 하락하면 적은 일은 성사되나 정시로 진학을 하면 불리하다. 계열변동이나 한 단계 낮추어 진학을 해야 한다.

마. 일간이 丙이고 세운 천간이 辛일 때

丙 일간이 세운에서 辛을 만나면 壬水로 변한다. 水는 유동적이고

자유롭게 흐르는 기질이 있어 인간에게는 새로운 창출을 추구하는 시기이다.

(1) 신강구조인 경우

- 丙 일간의 신강구조가 壬水로 변하니 새로운 전환이나 안정을 추구하려는 기질이 강하게 작용한다.

- 자신을 돌아보고 행동 실천하며 결과를 만들려고 한다.

- 학생은 금전적인 문제나 이성적인 문제에서 탈피하고 안정을 찾기 위하여 마음을 가다듬고 정진하게 된다.

- 친구와의 관계나 학업에서 등한시 하였다면 새로운 집중력을 보이며 새로운 창출을 시도한다.

- 열정과 패기를 다짐하며 행동하고 실천하려는 욕구가 강해지고 좋은 결과를 만들려고 한다.

- 입학사정관제나 수시로 진학을 하게 되고 자신이 원하는 목표를 향하여 나아간다. 다만 서두르거나 조급하면 실수가 많아지므로 신중함이 필요하다.

- 에너지가 상승을 하면 목적실현이 조기에 되거나 원하는 방향으로 나아가게 된다.

- 에너지가 하락하고 충, 형이 되면 시행착오나 지체가 되게 된다.

(2) 신약구조인 경우

- 몸이 나약해지고 심신이 고달프게 느껴진다. 즉, 자신감이 많이 나약해지고 의욕이 감소한다.

- 노력에 비하여 성적이 오르지 않거나 포기하는 경향이 많아진다.
- 계열변동을 하게 되거나 내가 원하는 분야로 진학하기가 힘들다.
- 신약구조이지만 에너지가 상승을 하면 다소 자신감을 갖거나 미래를 설계하며 한 단계씩 접근하려고 한다.
- 상관은 한밤중에 학습효과가 많아지게 되므로 밤 10시에서 새벽 1시 이내에 복습을 마쳐야 한다.
- 에너지가 감소하고 충, 형이 되면 진학을 포기하고 직장으로 전환하는 경우가 많다.
- 때로는 가출을 하거나 동거를 하는 경우가 생기는 해 이므로 끈기력과 지구력을 갖고 공부를 해야 한다.
- 에너지가 상승을 하면 소기의 목적실현이 이루어진다. 지지가 충, 형이 되면 변동수가 생기게 되어 원하는 방향으로 진학하기가 힘들다.

바. 일간이 辛이고 세운 천간이 丙일 때

辛 일간이 세운에서 丙을 만나도 새로운 창출을 생각하게 된다. 변한 오행이 壬水는 상관에 해당하므로 자유로움을 추구하고 싶어하고 억압이나 간섭을 싫어하므로 신경이 매우 예민해진다.

(1) 신강구조인 경우

- 상관으로 변하니 표현력, 예지력, 정신적인 세계가 더욱 발달하게 되고 목적실현이 잘 된다.

- 입학사정관제나 수시로 진학을 하는 게 유리하고 예체능이나 아이와 관련된 학과와 이과에서 좋은 결과가 생긴다.

- 계획, 추진, 창의성이 높아지게 되고 성적이 향상된다.

- 상관은 표현력을 주관하게 되니 영어, 언어분야에서 성적이 향상된다.

- 세운의 에너지가 상승을 하게 되면 성적이 향상되기도 하고 자신이 추구하는 학과나 대학을 진학하는데 유리하다.

- 에너지가 상승을 하는데 지지가 충, 형이 되면 다소 지체되거나 어려움이 있지만 자신을 더욱 견고하게 한다.

- 에너지가 하락을 하면 처음에는 시련이 오지만 결과는 원만하게 된다.

- 에너지가 하락을 하고 충, 형이 되면 목적하는 일에서 지체가 되고 어려움이 따른다. 한 단계 낮추거나 계열변동이 따른다.

(2) 신약구조인 경우

- 辛 일간이 세운 丙과 합이 되어 변한 오행이 壬水이다. 십성으로는 정관이 상관으로 변화되었다.

- 일간에서는 힘이 설기되는 경우에 해당한다. 노력을 합리적으로 하더라도 결과는 만족하기 어렵다.

- 여학생에게 불리하게 작용한다. 관성은 남자를 의미하기도 하지

만 변한 오행이 상관이면 이성에 관하여 발달하고 아이와 관계되는 것이 상관이다.

- 내가 뜻하는 방향으로 나아가는데 지체되거나 방해가 따른다.
- 한 단계 낮추어 진학을 하거나 계열을 성적에 맞추어 진학을 하게 되는 경우가 많아 변동이 생긴다.
- 진학을 포기하고 직장생활로 전환하는 경우도 여기에 해당한다. 신약구조에 에너지가 하락을 하면 목적을 이루기 어려워 쉬운 길을 찾으려고 한다.
- 지지가 충, 형이 되고 에너지가 하락하면 중도 포기나 다른 방향으로 가게 된다.

사. 일간이 丁이고 세운 천간이 壬일 때

- 丁壬合 甲木 : 방향전환

丁火가 壬을 만나면 정관의 역할이 감소하고 甲으로 변하니 정인의 기질이 나타나게 된다.

(1) 신강구조인 경우

- 정관은 합리성과 준법정신이 강하고 치밀성을 갖고 있다.
- 신강구조에서 인성은 정신적인 부분은 높아지나 실천하는 데는

약해지기 때문에 나태하거나 미루는 습성이 생기는 해이다.

- 자신이 생각하는 방향대로 되지 않으면 재수를 하려고 한다. 학교를 선택하는 경우는 재수하게 되고, 학과를 더 중요하게 생각하는 경우는 진학을 한다.
- 자신이 노력한 결과가 생기게 되는 해이므로 입학사정관제나 수시로 진학을 권장한다.
- 에너지가 상승을 하면 목적이 잘 실현된다.
- 에너지가 하락을 하고 충, 형이 되면 노고가 따르고 지체되거나 수정할 일이 생긴다.
- 자신이 계획한 일은 실천하도록 권유한다. 미루는 습관이 나에게는 약점이 되는 해이다.

(2) 신약구조인 경우

- 의외로 좋은 결과를 만들어가게 된다.
- 논리성, 암기력이 높아지고 성적이 향상된다.
- 인문학이나 논리에서 성적이 향상되게 된다.
- 입학사정관제나 수시로 진학을 권유한다.
- 에너지가 상승을 하면 자신이 원하는 분야로 진출하기가 쉽고 에너지가 하락을 하면 지체, 노고가 생긴다.
- 신약구조에 충, 형이 오면 경쟁력에서 약하기 때문에 계열변동이 많거나 학과변동을 꼭 하게 된다.
- 때로는 학업을 중단하는 경우가 생기거나 외국으로 방향을 전환하기도 한다.

아. 일간이 壬이고 세운 천간이 丁일 때

●壬丁合 甲木 : 배려, 희생, 나눔, 발전, 방향전환

(1) 신강구조인 경우

- 식신으로 변하니 기획력, 손재주, 창의성, 연구심이 발달하고 준비
  성이 좋아진다. 목적실현이 잘 된다.
- 입학사정관제나 수시로 진학을 하는 게 유리하고 예체능이나 아
  이와 관련된 학과와 이과에서 좋은 결과가 생긴다.
- 계획, 추진, 창의성이 높아지게 되고 성적이 향상된다.
- 식신은 미래를 준비하는 과정이고 나눔, 희생, 배려를 관장하니 친
  구관계에서 상대의 마음을 헤아리게 되고 비위를 맞추는 해이다.
- 자신을 낮추고 친화성을 바탕으로 준비하고 계획하여 목적을 실
  현하게 된다.
- 세운의 에너지가 상승을 하게 되면 성적이 향상되기도 하고 자신
  이 추구하는 학과나 대학을 진학하는데 유리하다.
- 에너지가 상승을 하는데 지지가 충, 형이 되면 다소 지체되거나 어
  려움이 있지만 자신을 더욱 견고하게 한다.
- 에너지가 하락하면 처음에 시련이 오지만 결과는 원만하게 된다.
- 에너지가 하락을 하고 충, 형이 되면 목적하는 일에서 지체가 되고
  어려움이 따른다. 한 단계 낮추거나 계열변동이 따른다.

- 여성은 이 시기에 이성에 관심이 많아지게 되고 아이와 관련된 학과에 관심을 많이 갖게 된다.

(2) 신약구조인 경우

- 힘들고 지치지만 꾸준함과 규칙적인 공부를 하면 대가가 따른다.
- 계열변동을 하게 되거나 내가 원하는 분야로 진학하는데 지체가 된다.
- 한단계 낮추어 가거나 계열을 변동하여 진학하는 경우가 많다.
- 재가 변하여 식신이 되면 준비성이 많아지고 미래를 준비하려는 생각을 많이 하게 된다.
- 신약구조이지만 에너지가 상승을 하면 다소 자신감을 갖거나 미래를 설계하며 한단계씩 접근하려고 한다.
- 식, 상은 한밤중에 학습효과가 많아지게 되므로 밤 10시에서 새벽 1시 이내에 복습을 마쳐야 한다.
- 에너지가 감소하고 충,형이 되면 전문대나 재능대 또는 이과분야로 진학하기가 쉽다.

자. 일간이 戊이고 세운 천간이 癸일 때

戊　　　　癸 세운

- 戊癸合 丙火 : 이동, 변동

(1) 신강구조인 경우

- 변한 오행이 편인에 해당한다. 학생이 재운을 만나면 수완을 발휘하나 합이 되면 본연의 역할을 하기가 어렵다.
- 자신이 추구하는 일을 실현시키려는 의욕은 강하나 일을 미루거나 생각은 높으나 몸이 잘 받쳐주지 않는다.
- 잠이 많아지거나 느긋해지는 경향이 커진다.
- 수시로 진학을 하는 게 가장 효과적이고 정시로 진학을 하게 되면 자신이 원하는 방향으로 진학하기가 힘들다.
- 남자는 이성에 관심이 많아지고 성적이 오르기 힘들다.
- 꾸준하게 반복 학습이 필요하고 윗사람(담임, 상담교사)과 대화를 많이 나누고 목표를 결정하는데 도움이 된다.
- 에너지가 상승을 하면 나름대로 계획을 세우고 시행하려 한다.

(2) 신약구조인 경우

- 재성이 인성으로 변화가 되는 해이다. 재성의 역할은 감소하고 인성의 역할이 증가하게 된다.
- 그간 성적이 오르지 않은 학생은 공부에 집중하게 되고 좋은 결과를 만들게 된다.
- 논리성, 암기력이 높아지고 성적이 향상된다.
- 윗사람의 조언이나 도움이 나에게는 기회이기도 한다.
- 수시로 진학을 하는 게 유리하다.
- 에너지가 상승을 하면 자신이 원하는 분야로 진출하기가 쉽고 에너지가 하락을 하면 지체, 노고가 생긴다.

- 신약구조에 충, 형이 오면 경쟁력에서 약하기 때문에 계열변동이 많거나 학과변동을 꼭 하게 된다.
- 때론 학업을 중단하는 경우가 생기거나 외국으로 방향을 전환하기도 한다.

차. 일간이 癸이고 세운 천간이 戊일 때

- 癸戊合 丙火 : 실현, 실리. 이동, 변동

(1) 신강구조인 경우
- 관성이 변하여 재성이 되었다. 겉으로는 합리적이고 안정을 추구하고 싶은데 생각은 이성에 더 집착을 하게 된다.
- 자연이나 과학분야에 더 흥미를 느끼고 성적이 오르게 된다. 반면에 문과분야는 노력한 만큼의 결과가 나오기 어렵다.
- 순발력과 실천성을 갖고 새벽에 공부를 하면 성적이 오른다.
- 수시로 진학을 하는 경우가 유리하고, 자신이 원하는 방향으로 소기의 목적은 이루어진다.
- 지지가 충, 형이 되면 다소 불리하지만, 에너지가 상승을 하면 목적실현이 빨리 이루어지므로 정시진학시 계열변동이 생긴다.
- 지지가 충, 형이 되고 에너지가 하락하면 경쟁력에서 약화되어 목

적을 실현하는데 어려움이 많게 된다.

(2) 신약구조인 경우

- 관성이 변하여 재성이 되면 신약구조는 공부보다 이성에 더 집착할 수 있다.
- 계열변동을 하게 되거나 내가 원하는 분야로 진학하는데 지체가 된다.
- 한 단계 낮추어 가거나 계열을 변동하여 진학하는 경우가 많다.
- 아예 진학을 포기하거나 이성친구와 동거를 시작하기도 한다.
- 신약구조이지만 에너지가 상승을 하면 다소 자신감을 갖거나 미래를 설계하며 한 단계씩 접근하려고 한다.
- 재성은 새벽형으로 공부 방식에 변화를 주어 새벽 시간대를 적극 활용하도록 권장한다.
- 에너지가 감소하고 충, 형이 되면 전문대나 계열을 변동하여 진학을 하거나 이과분야로 진출하는 경우가 많다.

4 일지가 세운과 합이 될 때

가. 합이 되어 변한 오행의 작용

합이 되어 변한 오행이 일간에게 어느 정도 작용하는가를 보면 결과에서 나타난다. 일지는 배우자의 궁이기도 하고 나의 가정사 문제와 연결되게 된다.

일지가 합이 되는 경우는 배우자로 인하여 즐거움이 생기거나 경제적으로 유익함이 오게 된다. 그렇지만 변한 오행이 일간에게 기신이 되면 처음에는 좋아도 결과에서는 좋지 않게 나타나는 게 합의 작용이다.

합은 원칙상으로 좋아야 한다. 그러나 합이 되어 변한 오행에 따라 그 작용도 달라지는데 세운의 작용력이 크기 때문에 아래와 같이 나열하였다.

(1) 비, 겁일 경우

- 배우자가 몸이 분주하거나 집안에 있기보다 외부적으로 활동을 하게 되는 해이다.
- 직업이 없는 경우는 직업을 가지려 하고 모임이나 인간관계를 형성하려고 한다.
- 재물이 지출되게 된다. 친구나 협력자, 경쟁자가 나타나는 시기이다. 사주 강약에 따라 상황이 변하게 된다.
- 직업이 있고 프리랜서나 영업, 홍보, 운수, 택배, 이사와 같이 몸을 분주하게 움직이는 직업은 이익이 실현된다. 그러나 창업이나 투기업은 손해가 따를 수 있으므로 신중해야 한다.

(2) 식, 상일 경우

- 연구, 기획, 준비를 하는 시기이고 이동이나 이사, 매매가 이루어지는 해이다. 몸이 힘들고 지치지만 이익이 실현되는 해이다. 다만 식신이면 손재주와 관계성을 가진 분야가 더 유리하고 상관은 화술과 관련성을 가진 분야는 좋다.

- 음식, 연구, 궁리, 나눔, 자녀와 관련된 업, 서비스분야는 노력한 결과가 따른다.
- 식상은 전문기술이나 제조업과 연관성을 갖고 있어 이 분야의 종사자도 즐거움이 따른다.
- 학생인 경우에는 노력한 결과보다는 다소 약해도 목적실현이 된다. 특히 이과지원자에게 유리한 해이다.

(3) 재성일 경우

- 재성은 목적을 실현하는 곳으로 유통업이나 판매업이 호황을 누리게 된다. 즉, 재성은 자신이 목적을 실현하기 위하여 노력한 결과를 만드는 해이다.
- 합이 되어 변한 오행이 재성이 되면 결과에서 이익이 실현되기 때문에 장사가 안 되는 경우라 하더라도 권리금이나 문서로 인하여 이익이 실현되게 된다. 즉, 변한 오행이 재성이 되면 결과에서는 좋게 된다.
- 학생은 신속한 결정을 할수록 좋고, 직장인은 꾸준하게 추진하면 좋고, 사업자는 노력한 결과를 창출한다.
- 다만 남자는 이 시기에 이성교제나 애인이 생기는 경우가 있고 지출을 용도에 맞지 않은 곳에 사용하기도 한다.

(4) 관성일 경우

- 관성은 안정을 추구하는 곳이며 책임감과 명예를 중시하게 된다. 관성은 일간을 극하는 관계이므로 변한 오행이 관성이 되면 투자

나 투기 또는 모험을 하면 불리하다.

◉ 학생인 경우는 정시보다 수시로 진학하도록 전략을 변경하는 것이 좋다.

◉ 직장인은 변동을 주면 불리하고 뜻하지 않게 인정을 받거나 승진을 하기도 한다.

◉ 사업자는 확장이나 투자는 불리하므로 기존 규모를 유지해 가는 게 적합하다.

(5) 인성일 경우

◉ 인성은 수용성, 정신적인 사고, 학문, 문서와 관계성을 갖고 있다.

◉ 이사, 매매, 시험, 공부에 해당하나 금전과는 직접적인 관계가 성립하지 않는다.

◉ 이 시기에는 문서변동이나 자신이 필요로 하는 분야의 자격이나 전문성을 갖추기 위한 시기이기도 하다.

◉ 학생은 성적이 향상되기도 하지만 재수를 하는 경우도 있다. 정시보다는 수시진학이 바람직하다.

◉ 직장인은 즐거움이 있지만 사업자는 문서, 계약, 수수료, 교육 분야는 원만하나 직접적인 투자를 하는 유통업이나 제조업은 큰 이익을 실현하기는 어렵다.

5 일지가 세운과 합 관계

일지는 가정사이며 배우자와 관계를 갖고 있다. 일주에 대해 먼저 살펴볼 내용은 다음과 같다.

(1) 일간이 일지를 생조하는가, 극하는가를 살펴본다.

(2) 일간과 같은 오행이 일지에 있는가!

(3) 일지가 일간을 극하고 있는가!

(4) 일지가 대운이나 세운과 합이 되고 있는가! 합이 되어 일간을 돕고 있는가! 일간에게 기신의 역할을 하고 있는가 살펴본다.

(5) 일지가 대운 또는 세운과 冲, 刑이 되는가! 공망에 해당하는가를 살펴본다.

위와 같이 일지를 기준하여 가정사 및 배우자와의 관계를 세밀하게 살펴볼 수 있다.

일지와의 관계는 대운의 작용보다는 세운의 작용이 강하게 나타나게 된다. 따라서 일지와 합이 되거나 충, 형이 되면 십성과 관계된 내용이나 육친관계에서 변화가 따른다.

▶일지가 寅이고 세운이 亥이면 寅亥合 甲木이 된다.

▶일간에게 도움이 되는 오행이면 길한 작용이 나타나게 되고 일간에게 기신에 해당되면 흉한 작용이 나타나게 된다.

가. 일간이 甲, 乙이고 일지가 寅이고 세운이 亥라면!

•신강구조에 변한 오행이 비, 겁이 되게 된다. 이때 나타나는 작용으로는 다음과 같다.

時	日	月	年	세운	구분
	甲				천간
	寅			亥	지지

❖배우자가 가정보다는 외부 활동이 많아진다.

❖친구나 인간관계를 폭넓게 사귀거나 교제를 하게 된다.

❖재물 지출이 증가하게 된다.

❖직업이 없는 경우는 직업을 갖거나 자영업을 하려고 한다.

❖투자를 하거나 모험을 하려고 한다.

❖모임이나 친목회를 결성하게 되고 단체에서 활동을 하려고 한다.

나. 일간이 丙이고 일지가 寅이며 세운 지지가 亥라면!

•일지 寅과 세운 亥가 합이 되어 甲이 되었다. 일간과는 편인에 해당하게 되는 해이다.

❖ 편인은 수용의 욕구와 생리적 욕구가 강해지는 시기이다.

❖ 편인은 정신적인 세계가 더 높아진다.

❖ 편인은 논리력, 수용력이 발달한다.

❖ 문서가 발동하게 되니 무언가 시작을 하면 잘 될 거라는 의욕이 앞
서게 된다. 이 경우 신강, 신약에 따라 좋고 나쁨이 생기지만 대체적
으로 변한 오행이 인성이 되면 금전적인 문제는 신중해야 한다는 것
을 알게 되었다. 사회적인 활동이나 근면성, 인간관계는 좋으나 돈
과는 인연이 적은 것으로 봐야 한다고 보았다.

❖ 때로는 협력자, 동업자가 나타나 서로 실익을 나누기도 하지만 때론
협력자가 경쟁자로 변하는 경우도 이 경우이다.

다. 일간이 戊이고 일지가 寅이고 세운이 亥라면!

• 寅과 亥가 합하여 甲(木)으로 편관에 해당한다. 이때 나타나는
현상에 대해 세운과의 관계를 적용하였다. 대운의 관계에서는
검증과 연구가 쉽지 않아 제외하였다.

❖ 책임감이 많아지게 되고 실천하려는 의지가 강해진다.

❖ 배우자가 일간에게 대항하려는 기질이 강하게 나타난다.

❖ 일간은 갑작스럽게 몸이 아프거나 질병이 찾아올 수 있다.

❖ 배우자가 직업을 갖거나 사회활동을 하게 된다.

❖ 가정이 화목해지거나 서로 협조를 하며 공유한다.

라. **일간이 庚이고 일지가 寅이고 세운이 亥이면 !**

- 일지 寅과 세운 亥가 합이 되어 甲(木)으로 변하여 일간으로부터는 편재에 해당하는 해이다.

- 변한 오행이 어느 정도로 작용을 하는가를 보면 결과와 관계가 있다.

- 변한 오행이 식, 상이나 재성으로 변하면 금전적인 부분에서 결과가 있고 변한 오행이 관성이나 인성이면 문서나 계약과 관계된 일이 작용하고, 변한 오행이 비, 겁이면 활동, 출장, 부지런함, 자기 노력이 바빠지는 해로 판단하였다.

時	日	月	年	세운	구분
	庚				천간
	寅			亥	지지

❖ 재산이 증가하게 된다.

❖ 배우자로 인하여 수입이 증가하는 해이다.

❖ 뜻하지 않은 재물이나 이익이 실현되게 된다.

❖ 새로운 일을 시작하거나 문서상 이익이 생기는 해이다.

❖다만 신강구조에서 수익이 창출되고 신약한 구조는 지출이 증가할
수 있다.

❖에너지가 전년도보다 상승을 하고 있으면 이익이 실현되고 에너지
가 하락을 하면 노력한 만큼 이익이 실현된다.

마. 일간이 壬이고 일지가 寅이며 세운이 亥이면!

●변한 오행이 甲이고 일간으로 부터는 식신에 해당한다.

●이 경우 한 해에는 사회생활을 통하여 어떤 결과가 나타나는가
를 연구한 것이다. 결과적으로 식신은 의, 식, 주와 관계되거나
아이와 관련된 일, 나 자신이 희생, 봉사, 나눔을 주는 역할이 식
신이다. 따라서 준비하고 결과를 만들어 가는 과정이기 때문에
결과적으로 이익이 실현되는 해로 판단하였다.

●이 해는 배려, 희생, 봉사, 나눔을 주게 되거나 무료봉사 활동
등으로 몸이 분주하다.

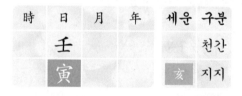

時	日	月	年	세운	구분
	壬				천간
	寅			亥	지지

❖연구, 준비, 계획하는 일이 순조롭다.

❖이익이 실현하는 해이다.

❖음식, 요리, 손과 관련된 사업, 강의에서 이익이 창출된다.

❖아이와 관련된 업종도 유익함이 많다.

❖합이 되어 변한 오행이 식신, 상관, 편재, 정재에 해당하면 금전적으

로 혜택이 있게 된다.

6 일지가 세운과 冲, 刑이 될 때

가. 冲의 論理

충(冲)의 개념은 충돌·파괴·분리되는 것을 의미하며, 인간에게는 불화·다툼·논쟁·구설이 따르게 된다. 직업에서도 이동이나 좌천·순환보직·실직 등이 생기는 해이다.

冲은 지지에 있을 때 작용력이 강하고, 월지와 冲이 되면 사회성과 연관이 된다. 일지 冲은 가정사에서 나타나는 현상과 해당 육친에게 나타나는 현상으로 볼 수 있다. 또한 역마의 冲이면 활동, 이동하면서 나타나는 상황이 발생하게 되고, 제왕의 冲이 되면 영역간의 문제로 인한 사건이 발생하게 되고, 庫의 冲이 되면 창고(통장)를 여는 상황과 같다.

(1) 역마의 충 관계

冲이란 분리·파괴·방해·발동 등의 작용이 있으니 冲의 이해도가 깊어야 한다.

① 寅 - 申 冲(역마의 충)

 • 사건 ☞ 관재, 형액, 교통사고, 시비, 이별 등의 일이 발생.

 • 질병 ☞ 간장, 담, 폐장, 대장, 골절, 수족 등의 발병.

【특징】

 • 역마의 충은 이동, 활동을 하면서 나타나는 사건이다.

●해당되는 십성이 沖이 되는 해에 영향을 받게 된다.

●결과가 빠르고 돌발적인 상황으로 나타난다. 金과 木의 沖은 목적을 이루기 위한 과정의 싸움이며 결과 이전에 변질되는 성향이다.

●시작은 잘하나 결과에서는 유시무종(有始無終)이다.

② 巳 - 亥 沖(역마의 충)

●사건 ☞ 근심, 걱정, 배신, 지체, 화재, 낙상, 정신적 고통이 따를 수 있다.

●질병 ☞ 심장, 혈압, 소장, 비뇨기, 방광, 신장.

【특징】

●사건, 사고가 주로 활동을 하면서 나타나는 현상이다.

●어떤 일이 완성되어 가는 시점의 상충으로 새로운 공간에 대한 수정, 변동, 변화를 일으키게 된다.

●정신적인 문제를 잘 일으켜서 이상, 꿈, 가치관 실현에 장해가 오는 문제가 많다.

●충의 작용은 세운에 해당할 때 작용이 가장 강하다.

(2) 제왕의 충 관계

① 卯 - 酉 沖

●사건 ☞ 인간 배신, 변동, 골절사고, 친인척 또는 부부간 불화.

●질병 ☞ 간장, 담, 폐장, 대장, 수족에 이상 발병.

【특징】

●金木의 싸움으로 무르익은 상황이나 한창 진행된 상태에서 생기

는 문제로 변화나 변동이 생기는 것으로 폭이 크다.

- 같은 공간 속에 2개의 제왕이 공간, 영역을 위한 충이다.

② 子 - 午 冲

- 사건 ☞ 계약파기, 문서사고, 가출, 수재사고, 일신의 불안정.
- 질병 ☞ 신장, 방광, 생식기, 심장, 소장, 혈압 발병.

【특징】

- 기득권을 갖기 위한 싸움이며 환경이나 공간에 대한 이동 변동의
  작용이 생긴다.
- 자신의 공간을 확보, 유지하기 위해 물러서지 않는다.

(3) 묘(고)의 충 관계

① 辰 - 戌 冲

- 방위의 충으로 내부에서 진행되는 충이다.
- 사건 ☞ 이성고민, 토지문제, 고독, 구설, 송사
- 질병 ☞ 비장, 위장, 신장, 피부, 생식기

【특징】

- 辰(土)은 일을 벌이려는 진취적인 성향을 말하게 되며 戌(土)은 현
  상황을 유지하고 지키려는 보수적인 성향을 갖게 된다.

② 丑 - 未 冲

- 사건 ☞ 형제간 불화, 사업실패, 음독, 배신, 시비구설.
- 질병 ☞ 비장, 위장, 피부, 맹장, 췌장.

【특징】

- 丑은 오래되어 사용이 정지된 것을 새것으로 고치는 경우와 같고 未는 이미 새롭게 구성된 공간을 다시 고치고 수정해야 하는 성향이다.

- 丑 − 未 冲은 현대에서는 보상 또는 재개발로 비유하므로 (財)에 해당시 재물관계가 생긴다.

PART 09

월간에 나타나는 운세

맹귀 진화정보론 II

1

월간의 작용(원국)

월간은 사회성을 나타나게 된다. 또한 청소년기가 주를 이루고 장년기도 맞이하는 시기가 바로 월주이다. 월주는 계절을 관장하고 세력을 판단하는 곳으로 인생을 살아가는 모든 사람에게는 월주를 세심하게 살펴야 하는 것이 맞다.

월간은 청소년기에 해당하고 학과와 관계성을 지니고 있다. 그렇기 때문에 일부 학자들은 월 지장간 중 투출된 오행이 월간에 있을 때 이를 가장 먼저 격국으로 취하는 것도 일리가 있다. 그만큼 월간에 속한 십성이 청소년기에 지배하는 영향이 크기 때문이다.

월주는 자신이 가지고 있는 직업에서 영향력을 지니고 있다. 따라서 세운과의 관계를 분석하여 자신이 가진 직업과의 결과를 살펴보게 된다.

세운과 월주가 沖, 刑이 되면 외부활동이나 자신이 가진 직업에서 노고, 지체가 생기게 되고 일주와 세운이 冲, 刑이 되면 자신과 관계된 일이나 가정사, 또는 배우자로 인하여 발생된 사항이 나타나게 된다.

(1) 월간이 비견일 때

- 인간관계를 필요로 하고 주변의 정보를 분석하는 시기이다.
- 뜻이 같은 경우를 찾거나 필요로 하게 되고 협력자, 동업자, 거래처, 경쟁자가 나타나는 해이다.
- 활동성과 분주함이 많아지는 시기로 몸이 바빠진다.
- 거느리는 것을 좋아하니 리더십, 조직력 그리고 추진력이 있다.
- 살펴본다는 의미는 사물이나 자연을 판단하는 기준이 남보다 빠르고 부지런해야 한다는 의미가 담겨 있다.
- 종합적으로 판단을 해보면 관색은 활동성이 강하고 부지런하다. 판단력이 빠르고 몸소 실천하는 기질이 강하며, 자신이 모든 역할을 주관해야 하니 자신감이 많아지게 된다.
- 남의 구속을 받기보다는 자유로움을 더 선호하니 활동성이 많은 분야가 적합하며, 자기중심적인 일이나 직업을 좋아하게 되는 것이다.
- 인간관계와 연관성을 가지고 있는 직업이나 여행이나 해외와 연관이 되는 분야도 적합하다.
- 직장인은 영업이나 외부활동이 많은 부서나 출장이 많은 부서가 적

합하다.

- 학생은 친구나 선배를 통하여 조언이나 정보를 접하여 반영하려고 한다.

(2) 월간이 겁재일 때

- 우직함과 충직함을 가지고 있으며 변함이 적고 맡겨진 일에는 최선을 다하는 기질이 있다.
- 남을 위해 나를 헌신하는 기질이 강하고 단순함을 좋아하며 타인과의 교제를 중시 여기게 된다.
- 구속을 싫어하고 남의 간섭을 받기보다는 자기 고유의 영역에서 많은 왕래, 출입이 많은 것을 선호하므로 모방이나 창의성보다 명분과 변함이 적은 것을 원한다.
- 학생은 친구관계를 중요시하고 활동이 많은 분야의 학과 선택이 유리하다. 또는 장인정신을 필요로 하는 분야가 적합하다. 수시로 변동을 주는 분야는 바람직하지 않다.
- 상호 협조나 유대관계를 원만하게 가지려한다. 그러면서도 기회를 엿보거나 승부욕이 강하게 작용한다.
- 남의 구속이나 억압을 받기보다는 자유로움을 추구하는 성향이 강하고 타인의 지배를 받는 것을 매우 싫어하는 유형이다.

- 몸을 많이 활용하는 직업이나 프리랜서와 같은 직업이 바람직하다.

(3) 월간이 식신일 때

- 계획성, 준비성이 남보다 우수하다. 청소년기에 해당하므로 매사 모든 일을 소신대로 밀고 나가면 좋다.
- 교육, 나눔, 봉사, 남에게 기쁨을 주는 업종, 음식, 예능, 손재주와 관계성이 있는 학과나 직업이 바람직하다.
- 예능, 체육분야에 진학하거나 직업으로 갖는 경우가 많다.
- 전문성을 갖춘 분야를 전공하도록 하는 게 바람직하다.
- 연구성과 창의성이 발달하게 된다.

(4) 월간이 상관일 때

- 상관은 표현지능과 창작지능이 발달되어 있다.
- 예능분야나 체육분야가 발달되기도 한다.
- 화술, 강의, 교육, 강사, 언론, 아나운서와 같은 분야의 직업을 갖거나

육아와 관련된 일, 사회복지 분야가 바람직하다.

- 연예인, 방송, 가수와 같은 직업도 적합하다.
- 종교분야 종사자도 적합하다.
- 생각이 발달하고 미래를 예측하는 예지력이 있으며, 친화성과 사교 성이 잠재되어 있다.
- 생각이 많고 항상 머릿속에는 새로움을 추구하려는 성향이 강하다.

(5) 월간이 편재일 때

- 평가지능과 공간지능이 발달하여 수리나 계산력이 남보다 뛰어나다.
- 배짱이 있고 기회를 잘 활용하는 기질이 내포되어 있다.
- 청소년기부터 경제적인 문제를 창출하려고 하거나 돈을 많이 벌고 싶어 하는 기질이 다분하다.
- 제품이나 완성품에 대한 가격과 판매를 통하여 얻어내려는 수익 구조에 대해 뛰어난 재질이 있다.
- 학생은 자신이 전공하는 분야가 사회에서 경제적 가치와 연관된 학과로 진학하는 경우가 매우 많다.
- 직장인은 금융과 관련된 분야로 직업을 선호하거나 자영업 종사자에게 많은 구조이다.

(6) 월간이 정재일 때

- 정재는 열심히 노력하여 결과를 얻어내는 것을 말한다.
- 자신이 전문성을 갖고 있거나 금융, 회계, 세무 등과 같이 국가의 자격을 갖추고 일정한 수입이 창출되는 것을 말한다.
- 제조업, 생산업, 판매업에 적합하며, 경제, 재무나 돈을 취급하는 외환거래, 환율차액과 관련된 부서에 적합하다.
- 직장인에게 유리하다.
- 학생은 금융, 회계, 세무, 경제학과나 자연계열에 적합하다.

(7) 월간이 편관일 때

- 월간이 편관이면 행동하고 실천하려는 기질이 강하게 작용한다.
- 책임감도 강하고 자신에게 주어진 일을 충실히 이행하려고 한다.
- 다소 조급하거나 서두르는 경향이 있다.
- 안정을 추구하려는 기질이 강하고 어려운 일을 잘 헤쳐나간다.
- 관인상생의 구조로 이루어져 있으면 문과계열로 진학자가 많고 재

생관의 구조로 이루어지면 성적이 골고루 잘 나온다.

- 명예나 사회활동을 왕성하게 하는 분야로 진출하려고 한다.

(8) 월간이 정관일 때

- 명예를 주관하게 되고 책임감과 의무감을 갖게 된다.
- 합리적이고 원칙을 고수하는 기질이 강하다.
- 도덕지능이 발달하고 규범과 합리적인 사고를 지니게 된다.
- 안정을 추구하려는 습성과 안정 속에 법을 준수하는 것을 선호한다.
- 주로 명예분야, 법률분야, 정치분야에 적합하다.
- 정관은 벼슬에 해당하므로 국가의 록과 관련된 분야나 직장이 적합하다.

(9) 월간이 편인일 때

- 재치성과 추구적인 성향이 남보다 뛰어나다.
- 순간적인 위기관리나 임기응변이 발달한다.

- 탐구나 호기심이 많고 정신적인 세계가 발달한다.
- 인식지능이 발달하고 정신세계가 넓어진다.
- 행정력이나 문과분야에서 발달하나 행동, 실천하는 데 다소 약하다.

(10) 월간이 정인일 때

- 수용하는 마음과 채우려는 마음이 강하게 작용한다.
- 기억지능과 사고지능이 발달하여 논리적이고 구체적이다.
- 이론이나 논리에 해박하나 숫자에는 약하다.
- 행정이나 교육분야로 진출하는 경우도 많고 문과 선택자가 더 많다.
- 상을 받거나 글쓰기를 좋아하며 학생 시절에 입상도 많이 할 수 있다.
- 생각이 어른스럽고 자신이 독학을 하거나 일을 하면서 공부를 하는 경우도 많다.
- 주로 직업이 행정분야와 관계성이 크다.

2
월간과 세운의 관계

월주는 사회적인 현상과 외부적인 환경을 관장하고 있다. 시기적으로는 청소년과 장년기에 접어드는 시기이기도 한다. 그래서 월지는 직업이나 청소년기에 나아가야 할 방향을 결정하는데 결정적인 역할을 하기도 하고 평생을 살아가는데 월주를 세밀하게 살펴보게 된다.

■ 월간과 합이 될 때

(1) 월간이 甲이고 세운이 己일 때

가. 월간이 甲이고 세운이 己일 때

■ 정재가 세운과 합이 되어 戊土로 변하였다.

■ 일간과 변한 오행이 어느 십성이냐에 따라 작용이 다르게 나타난다.

❖ 학생은 수리력과 목적실현을 추구하는 성향이 강하게 작용한다.

❖ 직업이 없는 경우는 직업을 갖게 되거나 사회활동에 참여한다.

❖ 직장인은 이익이 실현된다.

❖ 신규사업을 진행하거나 점포를 확장하게 된다.

❖ 기존사업자는 매출이 증가하게 된다.

☞ 다만 에너지가 전년도보다 상승하고 있고 신강구조면 유리하다. 신강구조라 해도 에너지가 감소하면 이익이 적게 된다. 신약구조라도 에너지가 상승하면 목적실현이 어느 정도 실현되나, 신약구조이면서 에너지가 하락하면 지출이 생기거나 노력에 비하여 수익이 적다.

☞ 일간에게는 편재에 해당하므로 재물, 이성에 대한 내용도 성립한다.

◉ **일간**이 甲일 때 **편재**에 해당한다. 금전적으로 이익 지향.

◉ **일간**이 乙일 때 **정재**에 해당한다. 노력한 결과 지향.

◉ **일간**이 丙일 때 **식신**에 해당한다. 준비, 계획, 전문성에서 결과 지향.

◉ **일간**이 丁일 때 **상관**에 해당한다. 계획, 준비, 강의, 아이와 관련된 직업 외에 모든 직업에서 이익이 실현된다.

◉ **일간**이 戊일 때 **비견**에 해당한다. 인간관계나 부지런함, 활동이 많아지는 해이다.

- **일간**이 乙일 때 **겁재**에 해당한다. 경쟁력을 갖추기도 하고 동업이나 협력관계를 지향한다.
- **일간**이 庚일 때 **편인**에 해당한다. 무언가 확정할 일이나 지식습득, 자격취득, 등 문서와 연관성을 지니게 된다.
- **일간**이 辛일 때 **정인**에 해당한다. 문서, 계약이 원활하게 된다.
- **일간**이 壬일 때 **편관**에 해당한다. 안정이 필요하고 뜻밖의 일, 생각지도 않은 일이 생기게 된다.
- **일간**이 癸일 때 **정관**에 해당한다. 변동, 이동, 매매, 계약과 관계된 일이 나타나게 된다.
  - ☞ 이처럼 월간이 합을 하여 일간에게 어떤 십성이냐에 따라 역할이 달라지고 직업에 따라 길, 흉이 나타나게 된다.
  - ☞ 또한 세운의 에너지가 전년도보다 상승을 할 때와 하락을 할 때 자신이 추구하는 일의 결과에서 확연하게 다르게 나타난다.
  - ☞ 이러한 고민 때문에 사주 원국을 기준하여 신강, 신약을 구분하고 중화된 사주를 원하였는지도 모른다. 용신은 변하게 되고 직업에 따라서도 정하는 방법이 달라진다는 것을 알았다.

☯ 연구점

- ■ 십성에 대해 폭넓게 이해를 하여야 한다. 예를 들어 비견인 경우라 하더라도 유년기에 해당하는 경우와 청소년인 경우, 장년기, 중년기에 따라 통변하는 방법이 달라지고, 직업에 따라 십성이 변화가 된다는 것을 알 수 있었다.
- ■ 직장인에게는 어떤 십성운이 오면 좋겠는가!

■ 사업자는 신약한 구조에 印, 比운에서 돈을 많이 벌 수 있을까!

■ 신강구조에 사업자는 식, 재, 관운에서 돈을 많이 벌 수 있을까!

나. 월간이 乙이고 세운이 庚일 때

■ 乙과 세운 庚이 합하여 庚의 작용이 강하게 나타난다.

■ 변한 오행이 일간과 어떤 관계(십성)인가를 판단해야 하며 그 작용이 다르게 나타난다.

❖ 사회활동에서 몸을 사리지 않고 공격적으로 시도하려는 성향이 강하게 나타난다.

❖ 직업의 변화나 이동이 생기기 쉽다.

❖ 건강에 이상이 오거나 병원 출입이 있는 해이다.

❖ 학생은 성적이 향상되는 경우가 많다.

❖ 직장이 없는 경우는 직장에 취직을 한다. 그러나 내가 원하는 직장은 아니다.

❖ 사업자는 규모를 확장해서는 안 되고 규모를 줄이거나 인원을 축소하는 게 유리하다.

❖ 동업이나 확장을 하면 불화가 발생한다.

❖ 군납이나 대기업을 상대로 하는 업종은 활기를 띤다.

❖ 자영업자 중 정찰제를 하는 경우 큰 기복은 없으나 이익도 크지 않다.

☞ 편관은 조급하거나 서두르는 경향이 나타나기 때문에 행동, 실천을 하
는데 신중함이 필요한 해이다.

☞ 편관은 여성에게 정부에 해당하므로 이성교제가 생기기 쉬운 해이기
도 하다.

다. 월간이 丙이고 세운이 辛일 때

월간의 입장에서는 편인의 기질이 강하게 작용하여 문서, 탐구, 호
기심, 새로운 창출을 가지려는 해이다.

■ 丙이 세운 辛과 합을 하여 壬水로 변하였다.

■ 일간과 변한 오행의 십성이 세운의 결과이다.

❖ 문서와 관련된 일이 생기는 해이다.

❖ 신약한 사주에서 학생은 성적이 향상된다. 그러나 신강구조는 두뇌
회전은 빠르나 성적은 크게 오르지 않는다.

❖ 직업이 없는 경우는 직업이 생기나 너무 기대하지 않는 게 좋다.

☞ 예능분야나 종교분야, 의학분야, 행정분야의 직업은 문서상 이익이 실
현되게 된다.

☞ 편인은 침술, 의학, 한방, 중개수수료를 받는 분야에 해당하므로 서류
를 통하여 이익이 실현된다.

라. 월간이 丁이고 세운이 壬일 때

월간 丁과 세운 壬이 합을 하여 변한 오행이 甲木이다. 일간에게는 비견에 해당한다. 이렇게 변한 오행이 세운에서는 어떤 역할을 하는지 분석한 결과를 나열하였다.

❖ 甲은 성실성과 근면성을 지니게 되니 부지런하게 움직이는 해가 된다.
❖ 비견에 해당하여 몸이 분주하고 사회활동이 많아진다.
❖ 외부활동이 분주하고 인간관계나 정보를 많이 접한다.
❖ 이 시기는 재물이 지출되는 경우가 많다.
❖ 모험이나 투자 또는 빚 보증을 서면 채무를 떠안게 되는 경우가 많다.
❖ 인간관계가 많아지고 학생은 정보분석에 분주하다.
❖ 새로운 변화나 이동을 하는 시기이다

마. 월간이 戊이고 세운이 癸일 때

■ 정인이 월간과 합이 되어 식신으로 변한다.

❖ 식신은 준비성, 계획성과 창의성이 발달하게 된다.

❖ 이익이 실현되는 해이다.

❖ 학생은 목적실현이 잘 되는 해이다.

❖ 진학생은 이과 지원자에게 혜택이 더 많다.

❖ 직장인은 승진이나 책임자의 역할을 하는 해이다.

❖ 목돈이 만들어지거나 생각지 않은 돈이 생기는 해이다.

❖ 사업자는 이익이 증가하는 해이다.

❖ 유통업, 음식업, 이미용업, 아이와 관련된 업종은 이익이 실현된다.

❖ 신규사업을 시작하는 해이고 결혼도 좋은 해이다.

바. 월간이 己이고 세운이 甲일 때

☞ 己 월간이 세운 천간 甲과 합을 하여 변한 오행이 戊土가 된다.

☞ 戊土는 신뢰, 신용, 믿음, 중용을 가지는 해이다.

■ 비견이 합이 되어 편재가 된다.

❖ 재물이 증가하는 해이다.

❖ 학생은 목적실현이 잘 되고 입학사정관제나 수시로 진학하게 된다.

❖ 직장인은 목돈이 생기거나 월급이 증가된다.

❖ 사업자는 노력한 결과가 생긴다.

❖ 신규사업을 하거나 가게를 확장 또는 증설하게 된다.

❖ 이사를 하거나 문서를 갖게 되는 경우가 많고 집을 늘려가기도 한다.

사. 월간이 庚이고 세운이 乙일 때

■ 겁재가 합이 되어 편관이 된다.

☞ 월간 庚과 세운 乙이 합을 하여 庚이 되었다.

❖ 책임감이 많아지고 솔선수범하는 해이다.

❖ 생각을 많이 하는 것을 싫어하고 행동하려는 성향이 강하다.

❖ 학생은 목적을 실현하기 위하여 최선을 다한다.

❖ 사업을 하는 경우는 서두르면 불리하고 투자, 확장은 자제해야 한다.

❖ 직장인은 책임감이 증가한다.

❖ 갑작스럽게 질병이 생기거나 병원 출입이 생긴다.

❖ 무직인 경우는 취업을 하게 된다.

❖ 정신적으로 조급해지고 마음이 불안한 해이므로 자기 수양이 필요
  한 해이다.

아. 월간이 辛이고 세운이 丙일 때

■ 식신이 합이 되어 편인이 된다.

■ 官이 印을 생하는 관계로 변하였다.

❖ 도덕지능과 인식지능이 발달하게 된다.

❖ 문서 변화나 자신이 추구하려는 일이 호전된다.

❖ 재물의 이익보다는 안정 속에 자신의 취미를 갖게 된다.

❖ 공부에 관심이 많거나 자격을 갖추기 위하여 투자한다.

❖ 직업 변동, 이직과 관계가 있고, 매매, 이사를 하기도 한다.

자. 월간이 壬이고 세운이 丁일 때

월간 壬과 세운 丁이 합을 하여 甲木이 되었다.

■ 상관이 합을 하여 비견이 된다.

❖ 몸이 분주하고 활동을 많이 하게 된다.

❖ 정보를 활용하거나 몸을 많이 움직이는 분야는 이익이 실현된다.

❖ 영업이나 프리랜서에게는 기쁨이 배가 된다. 즉, 노력한 결과가 따른다.

❖ 학생은 자기 주관을 갖고 진학한다.

❖ 직장인 중 출장이나 무역과 관계된 분야는 몸이 분주하다.

❖ 자영업 중 몸을 많이 움직이는 분야는 일이 많아진다.

❖ 편인은 재치성, 추구성, 탐구성을 나타내고 비견은 부지런함을 의
미하므로 정보를 바탕으로 문서상 이익이 실현되는 해이다.

❖ 비견은 역마와 같아 몸이 부지런해지고 정보분석이나 조직력을 나
타내므로 인간관계를 많이 구축하는 것도 효과적이다.

차. **월간이 癸이고 세운이 戊일 때**

월간 癸가 세운 戊와 합을 하여 丙火로 변하였고 일간에게는 식신에
해당한다.

■ 편재가 합을 하여 식신이 된다.

❖ 문서상 이익이 있는 해이다.

❖ 이사, 이동하는 일이 생긴다.

❖ 자녀에게 좋은 일이 생긴다.

❖ 새롭게 가게를 오픈하는 일이 생긴다.

❖ 사업을 확장하는 일이 생기기도 한다.

❖ 학생은 성적이 향상되는 해이다.

❖ 직장인은 승진이나 책임이 부여된다.

❖ 음식분야나 손재주와 관련된 분야는 이익이 따른다.

❖ 학원이나 유치원 또는 요양원, 미용실 분야에서도 호전된다.

(2) 乙 일간

가. 월간이 甲이고 세운이 己일 때

- ■ 편재가 정재로 변화가 된다.
- ❖ 활동력이 왕성하고 일이 호전된다.
- ❖ 정보분석, 홍보, 무역, 여행과 관계된 일에서 이익이 따른다.
- ❖ 인간관계가 넓어진다.
- ❖ 신규사업을 하는 해이다.
- ❖ 학생은 목적실현이 성립된다.
- ❖ 직장인은 뜻하지 않은 목돈이 생기기도 한다.
- ❖ 사업자는 처음에 지출이 되어도 이익이 실현된다.
- ❖ 정재는 일정한 수입, 규칙적인 금전으로 노력한 결과가 따른다.

나. 월간이 乙이고 세운이 庚일 때

- ■ 정관이 정관으로 변화된다.

❖ 활동력이 왕성해지고 몸도 분주해진다.

❖ 영업, 판매, 홍보, 광고, 유통에서 활발하게 움직인다.

❖ 정보력이나 조직력이 발달하고 인관관계도 넓어진다.

❖ 문서나 직업이 생기고 계약도 성사되는 시기이다.

❖ 안정을 추구하고 시험이나 자격을 취득하는 해이다.

❖ 학생은 목적실현이 잘 된다.

❖ 직장인은 승진이나 책임을 맡게 된다.

❖ 사업가는 확장이나 새로운 계약을 성사시킨다.

다. 월간이 丙이고 세운이 辛일 때

■ 편관이 정인으로 전환된다.

❖ 표현지능이 발달한다.

❖ 언론, 방송, 음악, 화술, 스피치, 강사, 교육, 홍보, 예술, 종교분야에
서 많은 인재나 수익이 창출된다.

❖ 행정분야나 문서운이 있는 해이다.

❖ 중개업, 수수료, 변호와 관계된 직업에서도 수익이 증가한다.

❖ 이동이나 이사운이 있게 된다.

❖ 학생은 성적이 향상되고 목적실현이 순조롭다.

❖ 사업자에게도 이익이 실현된다.

❖ 직장인은 이동수가 있거나 다른 부서로 전환하는 해이다.

라. 월간이 丁이고 세운이 壬일 때

■ 정인이 겁재로 전환된다.

❖ 경쟁지능이 강화되는 해이다.

❖ 조직력, 친화력이 증가하게 된다.

❖ 인간관계를 중요시하게 되고 협력자나 동업을 하기도 한다.

❖ 활동이 많아지기도 하고 주변의 사람과 융화를 이루어 간다.

❖ 학생은 노력한 결과보다 다소 낮추어 진학을 하게 된다.

❖ 직장인은 지출이 증가할 수 있거나 부동산에 투자하기도 한다.

❖ 사업자는 처음에 이익이 있으나 지출이 많아지는 해이다.

❖ 이 시기는 규모를 다소 줄이거나 확장이나 신규사업은 자제하는 해
  이다.

마. 월간이 戊이고 세운이 癸일 때

■ 편인이 상관으로 전환된다.

❖ 정재는 설계지능을 주관하고 상관은 표현지능이 발달한다.

❖ 정재는 실리성과 노력을 한 결과이고 상관은 언어표현, 화술, 미래 준비, 친화를 바탕으로 한 분야를 통하여 결과를 만드는 곳이다.

❖ 학생은 자신이 원하는 방향에서 수정하거나 한 단계 낮추어 진학을 하게 된다.

❖ 다만 예능분야로 진학을 하는 경우는 유리하게 작용한다.

❖ 직장인은 노력한 결과가 있는 해이다. 때론 다른 부서나 순환보직 이 이루어지는 경우도 있다.

❖ 사업자는 광고, 홍보를 통하여 이익이 창출되는 해이다.

❖ 언론, 방송, 육영사업, 종교, 광고, 교육사업, 화술업, 음식업, 유흥업 에서 유리한 해이다.

바. 월간이 己이고 세운이 甲일 때

■ 겁재가 정재로 전환된다.

❖ 평가지능과 설계지능이 발달하게 된다.

❖ 재성은 금전과 관련이 되고 남성은 여성도 관련이 있다.

❖ 여학생은 자신이 계획하는 일이 순조롭다. 남학생은 생각보다 성적 이 향상되지 않거나 한 단계 낮추어 가게 된다.

❖ 남학생은 성적이 잘 오르지 않는 이유는 이성문제가 발생하기 때문이다.

❖ 사업을 하는 경우는 재물이 증가한다. 다만 재성이 형, 충이 되지 않아야 한다.

❖ 직장인은 변동을 주면 불리하고 지속적으로 근무하는 게 유리하다.

❖ 재성운에서는 노력한 결과가 있기 때문에 부지런하고 새벽을 여는 업종이 유리하다.

사. 월간이 庚이고 세운이 乙일 때

■ 비견이 정관으로 작용한다.

❖ 정관은 합리성과 도덕지능이 발달하며 책임감이 많아진다.

❖ 학생은 성적이 향상되고 노력을 한다.

❖ 직장인은 승진이나 팀장 등 책임이 많아진다.

❖ 사업자는 생각보다 수입이 약하다. 다만 정찰제나 군납, 대기업을 상대하거나 면세업과 관련된 업종은 좋다.

❖ 사업자는 계약이 증가하거나 문서상 이익이 실현되게 된다.

❖ 일반인은 계약이나 매매가 성립되는 시기이다.

아. 월간이 辛이고 세운이 丙일 때

■ 상관이 정인으로 작용한다.

❖ 편관은 책임성을 바탕으로 실천하는 기질이 발달한다.

❖ 명예나 안정을 최우선으로 하기 때문에 자신의 몸이 분주하다.

❖ 문서운이 있고 신규사업이나 직업이 구해지는 시기이다.

❖ 시험운이 있고 학생은 목적실현이 잘 된다.

❖ 직장인은 행정분야 종사자에게 기쁨이 있다.

❖ 사업자는 계약이나 서류상 유익함이 있거나 체결된다.

❖ 이 시기에 거래가 성사되기 쉽고 뜻하지 않은 계약이 이루어지거나 매매가 원활하게 이루어진다.

❖ 국가시험이나 각종 문서와 관계된 일에서는 성사가 잘 된다.

자. 월간이 壬이고 세운이 丁일 때

■ 식신이 겁재로 전환된다.

❖ 기억지능과 수용지능을 관장하는 곳이 인성이고 겁재는 활동성과

부지런함을 나타낸다.

❖ 여러 정보를 분석하여 문서화하는 경우이다.

❖ 동업이나 협력자가 생기는 해이기도 하다.

❖ 학생은 자신의 목적에서 한 단계 낮추어 진학하는 게 유리하다.

❖ 직장인은 변동을 주기보다는 그대로 있는 것이 유리하다.

❖ 사업자는 투자나 투기를 해서는 불리하고 확장하는 것도 불리하다.

❖ 시험 준비를 하는 경우는 여러 유형의 정보를 접하는 것이 바람직
하다.

❖ 문서와 관련된 분야에서는 계약이 잘 성립되고 이사나 변동을 주게
된다.

차. 월간이 癸이고 세운이 戊일 때

■ 정재가 상관으로 전환된다.

❖ 편인은 재치와 추구적 성향이 강하여 인식지능이 발달하고 상관은
표현지능이 발달한다.

❖ 정신세계가 높고 추측이나 미래지향성을 가지고 있는 해이다.

❖ 무언가 확정을 하기 위한 해이다.

❖ 이동이나 변동운이 오는 해이고 부득이한 경우로 인한 변동이 생긴다.

❖ 학생은 내가 희망하는 학교나 학과에서 수정할 일이 생긴다.

❖ 사업자는 상반기에는 고전할 수 있지만 하반기에는 호전된다.

❖ 매매시에는 내가 원하는 가격을 받기가 다소 힘들다.

❖ 직장인은 변동수가 생기는 해이다. 변동을 주는 것보다 현 근무처에 있는 것이 효율적이다.

❖ 말이 많아지는 해이므로 가급적 말을 아끼는 것이 좋다.

❖ 교육, 강의, 봉사, 변호, 중개업, 강사, 언론, 방송분야는 기쁨이 많아진다.

(3) 丙 일간

가. 월간이 甲이고 세운이 己일 때

■ 상관이 식신으로 전환된다.

❖ 도식(盜食)이라는 표현을 쓰게 된다.

❖ 하는 일마다 어려움이 따르거나 시련이 올 수 있다.

❖ 전문성을 갖고 있는 분야나 자격을 갖고 일을 하는 분야는 원만하다.

❖ 이 해는 창업이나 확장은 다소 불리하고 손해가 날 수 있으니 신중을 기하는 것이 좋다.

❖ 학생은 계획하는 일을 수정하거나 자신이 희망하는 학과를 진학하는데 노고, 지체가 따른다.

❖ 직장인은 현업에 만족해야 한다. 움직이거나 직장을 그만두면 손해
   가 많다.
❖ 사업자는 지출이 증가하거나 매출이 감소하는 해이다.
❖ 편식을 하는 경우가 많거나 남의 물건에 탐을 내거나 밤거리를 헤
   매는 경우가 많다.

나. 월간이 乙이고 세운이 庚일 때

■ 편재가 편재로 전환된다.
❖ 정인은 기억지능과 수용지능, 그리고 정신적인 세계가 발달한다.
   편재는 평가지능이 좋아지는 해이다.
❖ 문서상 이익이 실현되거나 매매, 거래가 원활해지는 시기이다.
❖ 학생은 목적실현이 잘 되고 이과분야의 지원자에게는 결과가 좋다.
❖ 직장인은 좋은 결과나 성과급이나 목돈이 생기는 해이다.
❖ 사업자는 이익이 증가하고 매출도 증가하는 해이다.
❖ 노력한 결과가 나타나게 되고 행정, 문서, 교육분야에서 혜택이 많
   은 해이다.
❖ 매매, 이사, 결혼운에서도 좋은 해이다.

다. 월간이 丙이고 세운이 辛일 때

■ 정재가 편관으로 전환된다.

❖ 자존지능과 행동지능이 발달하는 해이다.

❖ 주변으로부터 인기가 있고 인간관계가 넓어진다.

❖ 활동성이 강하고 책임감이 강해지나 조급해 하면 불리하다.

❖ 정의감과 불의를 보면 참지 못하고 행동하려는 성향이 강하다.

❖ 모든 일을 진행하는데 서두르기보다는 신중함이 필요하다.

❖ 학생은 한 단계 낮추어 가는 것이 유리하다.

❖ 직장인은 책임감과 사명감이 강해져 인정을 받는다.

❖ 뜻하지 않은 질병이나 사고를 조심해야 하는 해이다.

❖ 사업자는 지출이 증가하는 해이므로 투자나 확장은 불리하다.

라. 월간이 丁이고 세운이 壬일 때

■ 편관이 편인으로 전환된다.

❖ 경쟁성과 인식지능이 발달하는 해이므로 자격을 취득하거나 문서,

행정과 관련된 일은 좋다.

❖ 몸이 부지런해지고 활동도 많은 해이나 금전적으로는 어려움이 따르는 해이다.

❖ 문서관리나 행정을 보는 경우는 실수할 일이 생기니 신중해야 한다.

❖ 정보교류나 인간관계를 잘 형성하면 협력자나 도움이 따른다.

❖ 학생은 수시로 진학을 하는 것이 유리하고 정시진학시에는 자신이 원하는 학과를 선택하기가 어렵다.

❖ 규칙적인 생활이나 잠을 줄이거나 게으름을 피우지 않아야 한다.

❖ 직장인은 몸이 분주하고 재치성이 발달하는 해이다.

❖ 사업자는 계약은 원만하나 실속면에서는 만족하기 어렵다.

마. 월간이 戊이고 세운이 癸일 때

■ 정관이 비견으로 전환된다.

❖ 식신은 연구성, 준비성, 계획성을 지니고 있고, 비견은 자존지능과 활동성이 강하다.

❖ 처음에는 일이 잘 진행되고 분주하지만 금전적인 면에서는 큰 실익이 없다.

❖ 몸을 많이 활용하는 분야나 연구분야, 자격을 갖춘 분야의 직장은 좋지만 자영업자에게는 겉으로는 실속이 있는 것 같지만 노력에 비

하여 이익이 적다.

❖ 학생은 성적이 향상되어도 대학 진학에서는 한 단계 낮추는 경우가
많다.

❖ 직장인은 영업이나 광고, 홍보, 출장, 택배, 운수업과 관계된 분야는
원만하다.

❖ 주로 이시기에 직장변동이나 새로운 창업을 준비하는 경우가 많다.

❖ 사업자는 노력한 결과가 있으나 큰 이익은 기대하지 않는 것이 좋다.

바. 월간이 乙이고 세운이 甲일 때

■ 편인이 식신으로 전환된다.

❖ 계획, 준비성과 친화성을 바탕으로 인간관계를 잘 구축하려 한다.

❖ 화술과 관련이 있는 직업이나 손재주와 관계가 많은 업종이 유리한
해이다.

❖ 이동이나 변동이 따르는 해이다.

❖ 자격증을 준비하거나 새로운 전환을 모색하는 해이다.

❖ 직장인은 변동이 있게 된다.

❖ 사업자 중 유통업이나 요식업, 음식업이 좋은 해이다.

❖ 방송, 언론, 연구소, 요양, 복지사업, 아이들과 관련이 있는 직종은
즐거움이 많은 해이다.

사. 월간이 庚이고 세운이 乙일 때

■ 정인이 편재로 작용된다.

❖ 편재는 공간지능과 평가지능이 발달하게 된다.

❖ 금전과 관계된 해이므로 어느 업종을 하든 수익이 창출된다.

❖ 학생은 입학사정관제나 수시로 진학을 하는 것이 유리하다.

❖ 직장인은 목적실현이 잘 되고 이익이 있는 해이다.

❖ 사업자는 매출이 증가하고 노력의 결과가 있다.

❖ 남성은 이 시기에 이성친구나 애인이 생기는 해이다.

❖ 신규사업을 하거나 사업을 확장하려고 한다.

❖ 유통업이나 완성된 제품을 취급하는 분야에서 이익이 크다.

아. 월간이 辛이고 세운이 丙일 때

■ 비견이 편관으로 작용한다.

❖ 정재는 설계지능이 발달하고 노력을 많이하는 지능이 발달하고, 편관은 행동, 실천하는 지능이 발달하게 된다.

❖ 학생은 자신이 정한 목표를 이루기 위해 실천하게 되고 목적이 실현된다.

❖ 직장인은 책임감이 증가하거나 승진을 하는 해이다. 또는 푼돈을 모아 목돈을 만드는 시기이다.

❖ 사업자는 노력한 결과가 있게 되지만, 확장은 신중해야 한다.

❖ 신규사업이나 창업은 보류하는 것이 좋다. 처음에는 돈이 될 듯하지만 결과적으로는 지출이 증가하게 되는 해이다.

❖ 국가를 상대로 하는 업종이나 대기업에 납품이나 계약을 체결하는 경우는 분주하다.

자. 월간이 壬이고 세운이 丁일 때

時	日	月	年	세운	구분
丙	壬			丁	천간
					지지

■ 겁재가 편인으로 전환한다.

❖ 관인상생이 되면 직접적인 재물보다는 간접적인 재물로 판단한다.

❖ 문서취급이나 계약관계, 행정분야를 담당하는 경우는 좋다.

❖ 자격을 갖춘 업종이나 행정, 수수료, 정찰제, 계약부서는 분주해지는 시기이다.

❖ 학생은 노력을 하여도 자신이 희망하는 학교나 학과를 선택하는데 신중해지거나 낮추어 진학하는 해이다.

❖ 호기심과 남의 물건에 관심이 많아진다. 즉, 도벽이 생기기 쉬운 해

이다.

❖ 정신적인 세계는 높아지나 일을 미루거나 보류하는 경우가 많다.

❖ 직장인은 변동을 주기보다 현재의 상태에서 최선을 다하는 게 좋다.

❖ 사업자는 확장이나 투자는 불리하고 현 상태를 유지하도록 한다.

차. 월간이 癸이고 세운이 戊일 때

■ 식신이 비견으로 전환한다.

❖ 합리성과 도덕성이 발달하고 자아의 욕구가 강해지는 해이다.

❖ 법률, 행정, 활동, 분주함이 오는 해이므로 몸이 바쁠수록 혜택이 많아진다.

❖ 학생은 정보활용이나 기회를 잘 포착하여 목적실현이 잘 된다.

❖ 이 시기에 정시진학보다는 입학사정관제나 수시로 진학을 유도한다.

❖ 직장인은 몸이 분주하고 출장이나 여행을 갈 일이 생긴다.

❖ 사업자는 계약이 증가하거나 무역, 해외, 지방으로 출장이 많아지거나 책임이 부여된다.

❖ 사법, 법률자문, 변호, 언론, 경제, 명예직, 군인, 경찰에게는 승진이나 책임자로 발탁되기도 한다.

❖ 이 시기에 투자는 신중해야 한다. 다만 몸을 많이 활용하는 업종은 원만하다.

(4) 丁 일간

가. 월간이 甲이고 세운이 己일 때

■ 식신이 상관으로 전환한다.

❖ 정인은 문서, 행정, 시험, 이사, 매매와 관련이 있으며, 기억지능과 수용성이 발달하게 되고, 상관은 예술성과 언어지능이 발달하게 된다.

❖ 강의, 화술, 언론, 중개업, 교사, 유치원, 강사, 광고업, 영업직에서는 계약이 증가하고 매출이 늘어난다.

❖ 이사를 하게 되거나 문서를 쥐는 해이다.

❖ 학생은 성적이 향상되고 미래를 계획하게 되며, 수시로 진학하는 해이다.

❖ 예, 체능분야로 진학하는 학생은 유익함이 있게 된다.

❖ 직장인은 승진을 하여 책임자의 역할을 수행하거나 다른 부서로 전근하는 경우가 많다.

❖ 사업자는 계약이 원활하고 이익이 따른다. 다만 생각은 신중하게 하고 언어에 유의해야 한다. 구설이 따를 수 있는 해이다.

나. 월간이 乙이고 세운이 庚일 때

時	日	月	年		세운	구분
	丁	乙			庚	천간
						지지

■ 정재가 정재로 전환한다.

❖ 편인은 임기응변과 재치를 주관하고 인식, 이해지능이 발달한다.

❖ 정재는 노력한 일정한 수입이며 설계지능이 발달하는 해이다.

❖ 무언가 확정을 하려고 하는데 생각이나 마음은 신속하게 움직이고
  싶은데 행동으로 결정을 하는 데에는 매우 신중해진다.

❖ 학생은 자신이 희망하는 학과를 선택하는데 신중하다 기회를 놓치
  는 해이다.

❖ 정시로 진학을 하면 불리한 해이다.

❖ 직장인은 매매나 이사를 하기도 한다. 직장 변동은 불리한 해이다.

❖ 사업자는 노력한 결과가 있는 해이다.

❖ 편인은 돈을 지출하게 되고 호기심이나 구매충동이 발생되게 되므
  로 도벽이나 소매치기를 조심해야 한다.

다. 월간이 丙이고 세운이 辛일 때

時	日	月	年		세운	구분
	丁	丙			辛	천간
						지지

■ 편재가 정관으로 전환한다.

❖ 활동이 분주하고 책임감과 사명감이 부여되는 해이다.

❖ 이사, 문서운이 있는 해이다

❖ 학생은 목적실현이 이루어지는 해이다.

❖ 직장인은 승진이나 책임자에 이르는 해이다. 특히 영업, 외근, 출장, 행정분야에서 즐거움이 있다.

❖ 사업자는 거래가 많아지게 되거나 계약 성사가 원활한 해이다.

❖ 신규사업은 신중해야 하는 해이다. 신규사업자는 정찰제나 가격변동이 적은 업종이나 행정업무와 관련된 분야는 원만하다.

❖ 계약, 매매, 승진과 관련이 많은 해이며, 노력한 결과가 생긴다.

라. 월간이 丁이고 세운이 壬일 때

時	日	月	年
	丁	丁	

세운	구분
壬	천간
	지지

■ 정관이 정인으로 전환한다.

❖ 문서와 관련이 있거나 시험, 공부, 이사, 결혼이 있는 해이다.

❖ 열정이 많아지고 문서상 혜택이 있는 해이며 매매나 거래가 활발해진다.

❖ 계약이 순조롭거나 많아지는 해이고 무역이나 해외매출이 증가하는 해이다.

❖ 학생은 정보를 활용하여 진학하는 시기이고 수시로 진학을 권장한다.

❖ 직장인은 변동을 주기보다는 현 상태를 유지하는 것이 유리하다.

❖ 사업자는 계약이 활발해지는 해이다.

마. 월간이 戊이고 세운이 癸일 때

■ 편관이 겁재로 전환한다.

❖ 재물이 지출되거나 이익이 감소되는 해이다.

❖ 구설수나 말로 인하여 손해를 보는 해이다.

❖ 이 시기는 투자나 확장을 신중해야 하고 정보분석이나 시장조사를 하는 것이 유리하다.

❖ 직장생활자는 몸이 바쁘지만 노력한 결과는 미약한 해이다.

❖ 사업자는 규모를 줄이거나 확장은 자제해야 한다.

❖ 학생은 한 단계 낮추어 진학을 하거나 자신이 가장 자신 있는 분야로 조기에 진학하도록 권장한다.

❖ 신규사업은 다음 해를 기약하는 것이 더 바람직하다.

바. 월간이 己이고 세운이 甲일 때

■ 정인이 상관으로 전환한다.

❖ 연구지능과 표현지능이 발달하는 해이다.

❖ 전문성이나 손재주 또는 고객에게 기쁨을 주는 분야에서는 희망이
있는 해이다.

❖ 음식, 미용, 봉사, 연구, 표현력, 언론, 방송, 종교, 강사분야에서 능
력을 발휘하는 해이다.

❖ 이동이나 변동이 생기고 명퇴나 구조조정에 해당하는 경우가 많은
해이다.

❖ 직업변동이나 업종, 변동을 주는 해이다.

❖ 학생은 한 단계 낮추어 진학을 하는 것이 좋다.

❖ 사업가는 확장이나 투자는 신중해야 한다.

❖ 직장인은 변동이 따르는 해이다. 신중하게 처신해야 한다.

사. 월간이 庚이고 세운이 乙일 때

時	日	月	年		세운	구분
	丁	庚			乙	천간
						지지

■ 편인이 정재로 전환된다.

❖ 자신이 노력한 결과가 나타나는 해이다.

❖ 매매시는 이익이 실현되는 해이다.

❖ 부동산을 구입하거나 처분할 경우 이익이 실현된다.

❖ 학생은 수시로 진학을 하도록 권장한다.

❖ 결혼이나 이성 운이 생기게 된다.

❖ 직장인은 금전적으로 혜택이 있거나 내 집을 장만하는 시기이다.

❖ 사업자 중 제조업이나 가격변동이 적은 업종은 꾸준하게 매출이 증가한다.

❖ 신규사업을 시작하거나 직업이 없는 사람은 직장이 생기는 해이다.

아. 월간이 辛이고 세운이 丙일 때

■ 겁재가 정관으로 전환한다.

❖ 편재는 평가지능이 발달하게 되고, 정관은 윤리의식과 책임감이 강해진다.

❖ 편재는 금전과 관계성을 지니고 있으며, 정관은 문서, 명예를 주관하니 매매나 계약에서 이익이 실현되는 해이다.

❖ 정관은 여성에게 결혼운이 있는 해이고 훌륭한 이성을 만나는 해이다.

❖ 학생은 목적실현이 잘 되는 해이다

❖ 직장인은 승진이나 책임자의 역할을 맡게 된다.

❖ 정치인은 명예가 따르게 된다.

❖ 사업가는 계약이 증가하고 목적실현이 잘 된다.

❖ 소송, 매매, 계약에서 유리함이 많은 해이다.

■ 비견이 정인으로 전환한다.

❖ 문서상 이익이 있거나 계약이 원활하게 체결된다.

❖ 직장인은 승진이나 책임을 맡게 된다.

❖ 교육, 행정, 사법, 법률과 같은 분야는 이익 실현이 잘 된다.

❖ 학생은 성적이 향상되고 목적실현이 잘 된다.

❖ 상을 받거나 각종 대회에 나가면 상위 입상이 이루어지는 해이다.

❖ 이사 또는 매매가 원활하게 이루어진다.

❖ 자영업을 하는 경우는 계약이 원만하게 체결되는 시기이다. 그러나 큰 이익이 실현되는 해는 아니다.

차. 월간이 癸이고 세운이 戊일 때

■ 상관이 겁재로 전환한다.

❖ 활동이 많아지고 협력자나 경쟁자가 생기는 해이다.

❖ 무역, 외환, 운수업, 물류업, 도로교통과 관련된 업종은 몸이 분주해

진다.

❖ 이동이나 변화가 생기는 해이다.

❖ 학생은 정보 교류를 하거나 친구들과의 관계를 중시하기도 한다.

❖ 학생은 조기에 대학을 진학하도록 권장한다.

❖ 직장인 중 활동이 많은 분야는 인정을 받거나 승진운이 있다.

❖ 사업가는 노력에 비하여 수익이 감소될 수 있거나 다른 데 투자를 하는 경우도 있다.

❖ 창업은 보류하는 것이 유리하다.

❖ 투기나 모험은 불리한 해이다.

(5) 戊 일간

가. 월간이 甲이고 세운이 己일 때

■ 겁재가 비견으로 전환한다.

❖ 노력을 많이 하거나 실천을 해야 이익이 실현되는 시기이다.

❖ 책임감이 많아지고 솔선수범 하려 하며 정보 활용이나 실천을 하게 된다.

❖ 신강구조인 경우는 이직을 하거나 책임자로 발탁되기도 한다.

❖ 몸을 분주하게 움직이는 분야는 고객이 많아지게 된다.

❖ 활동을 많이 하거나 외근직은 일이 많아진다.

❖ 학생은 많은 친구들과 교류하거나 정보를 파악하는 해이다. 때로는 공부보다 친구들과 관계를 중시한다.

❖ 이 시기에 가출을 하기도 하고 동거를 하기도 한다.

❖ 직장인은 변동을 주면 불리하고 솔선수범해야 하는 시기이다.

❖ 사업자는 업종에 따라 차이가 많다. 행정 분야보다는 활동이 많은 분야, 무역, 국제통상, 외교, 홍보, 광고, 영업, 운수, 물류와 같이 부지런하게 움직이는 분야는 좋은 해이다.

❖ 비견은 역마와 같아 출장이나 외근직에게 좋은 해이다.

나. 월간이 乙이고 세운이 庚일 때

時	日	月	年		세운	구분
戊		乙			庚	천간
						지지

■ 식신이 식신으로 전환한다.

❖ 문서, 계약, 연구, 특허, 손재주와 관계된 분야에서는 이익이 증가하게 된다.

❖ 법률, 사무직 분야에서 승진이나 혜택이 많은 해이다.

❖ 이동이나 변화를 주기도 하고 이사를 해도 좋은 해이다.

❖ 직장인에게는 이익이 증가하고 승진이나 책임자의 역할이 주어지기도 한다.

❖ 학생은 자신이 추구하는 방향으로 진학을 하거나 수시로 진학하는

해이다.

❖ 때론 이성이 다가오는 해이므로 가출, 동거를 하는 경우도 종종 있다.

❖ 사업자 중 제조업이나 손기술과 관련되거나 연구하는 분야에서는 이익이 증가하는 해이다.

❖ 문서를 계약하거나 매매가 원활한 해이고 신규사업이나 투자를 하는 해이다.

다. 월간이 丙이고 세운이 辛일 때

■ 상관이 편재로 전환한다.

❖ 문서가 동하여 재물로 변하게 되는 해이다.

❖ 계약이 이루어지면 이익이 발생하게 된다.

❖ 부동산을 취득하거나 자기 사업을 하는 경우 노력의 결과가 있다.

❖ 학생은 자신이 희망하는 학과를 조기에 진학하도록 권장한다.

❖ 사업자나 자영업자는 문서나 계약이 원활하고 금전적으로 흑자를 보는 해이다.

❖ 점포를 계약하거나 정리하더라도 이익이 실현된다.

❖ 수수료를 받는 업종, 변호, 행정, 법률과 같은 분야도 좋은 해이다.

❖ 창업을 하기도 하고 확장을 하는 해이다.

❖ 화술과 관련이 많은 해이다.

라. 월간이 丁이고 세운이 壬일 때

- 편재가 편관으로 전환한다.
- ❖ 정인은 기억지능이 발달하고 서류나 행정과 관계되고 편관은 실천하는 해이다.
- ❖ 자신이 책임감을 갖고 행동하고 실천하는 해이다.
- ❖ 학생은 성적이 향상되고 조기에 진학을 하게 된다.
- ❖ 직장인은 승진이나 포상을 받게 되는 해이다.
- ❖ 사업자는 규모를 줄이거나 구조조정이 필요한 해이다.
- ❖ 자영업자는 점포를 정리하거나 다른 업종으로 전환을 하게 된다.
- ❖ 이 해에 신규사업을 하게 되면 지출이 증가하므로 오픈하는 것은 신중해야 한다.
- ❖ 신약한 구조는 질병이 갑작스럽게 생기거나 병원 출입이 생긴다.

마. 월간이 戊이고 세운이 癸일 때

- 정재가 편인으로 전환한다.

❖ 몸이 분주하고 갈 곳이 많은 해이다.

❖ 여러 정보를 통하여 매매나 계약이 체결되는 해이다.

❖ 다만 손실이 따를 수 있거나 내가 원하는 가치를 받기 어렵다.

❖ 학생은 조기에 진학을 하는 것이 유리하다. 너무 신중하면 재수를 하려고 한다.

❖ 직장인은 변동을 주기보다는 현 상태를 유지하는 것이 좋다.

❖ 신규사업은 신중해야 한다.

바. 월간이 己이고 세운이 甲일 때

■ 편관이 비견으로 작용한다.

❖ 활동이 많아지고 몸도 분주해진다.

❖ 인간관계, 협력할 일이 생기는 해이다.

❖ 친목, 화합, 모임이나 단체에 가입하거나 참여를 많이 한다.

❖ 지출이 증가하게 되는 시기이다.

❖ 현재 하던 일을 멈추고 업종을 전환하거나 다른 곳으로 이동을 하는 해이다.

❖ 학생은 정보를 활용하는 결과가 있다.

❖ 직장인 중 영업이나 홍보, 광고, 출장, 여행업이나 몸을 많이 움직이는 직업은 더욱 바빠진다.

❖ 사업자는 지출이 증가하기 때문에 자금관리를 잘 해야 하는 해이다.

사. 월간이 庚이고 세운이 乙일 때

■ 정관이 식신으로 전환된다.

❖ 연구한 결과나 제조업분야에서는 기쁨이 많은 해이다.

❖ 신약한 구조는 질병이나 몸이 많이 지치는 해이다.

❖ 연구직이나 특허, 발명, 아이디어, 음식분야, 아이와 관련이 되는 분
야는 나의 노력에 따라 기쁨이 증가하는 해이다.

❖ 학생은 조기에 진학을 권장한다. 입학사정관제나 수시진학이 더 바
람직한 해이다.

❖ 직장인은 이직하기도 하지만 책임자의 역할을 하기도 하는 해이다.

❖ 사업자는 이익이 증가하는 해이다.

아. 월간이 辛이고 세운이 丙일 때

■ 편인이 편재로 전환한다.

❖ 상관생재로 이루어지는 해이다.

❖ 상관은 표현력과 언어지능이 발달하고 재성은 공간지능과 분석지능이 발달하게 된다.

❖ 사업을 진행하는 경우는 이익이 실현되는 해이다.

❖ 모든 분야에서 노력한 결과가 있게 된다.

❖ 방송, 언론, 종교, 강사, 교사, 변호, 중개인, 음식업, 연구분야에서는 기쁨이 많게 된다.

❖ 재물이 모이거나 증가하는 해이다.

❖ 이사, 매매, 판매업, 유통업자는 좋은 결과가 있는 해이다.

자. 월간이 壬이고 세운이 丁일 때

■ 정인이 편관으로 전환한다.

❖ 행동하고 실천하려는 기질이 강하다.

❖ 노력을 하는 만큼 효과도 있다.

❖ 문서와 관련하여 변동이 생기는 해이다.

❖ 질환이 찾아올 수 있는 시기이다.

❖ 남성은 책임감이 많아지고 여성은 남편문제로 근심이 있거나 신경 쓸 일이 많다.

❖ 학생은 목적실현을 하기 위하여 전념을 다하며 결과도 증가한다.

차. 월간이 **癸**이고 세운이 **戊**일 때

■ 비견이 편인으로 전환한다.

❖ 재물은 지출이 늘어나는 형국과 같다. 이런 경우 문서와 관계성이 크다.

❖ 문서와 관계된 일이 생기거나 공부를 하거나 각종 자격증을 취득하거나 자신에게 부족한 부분을 채우는 데 투자하는 시기이기도 하다.

❖ 이동수나 직업상 변동을 주는 경우도 많다.

❖ 학생은 점차 성적이 호전된다.

❖ 직장인은 부업이나 투잡을 하기도 한다.

❖ 사업자는 확장을 하거나 다른 곳으로 이동하기도 한다.

(6) 己 일간

가. 월간이 **甲**이고 세운이 **己**일 때

■ 비견이 합을 하여 겁재로 전환한다.

❖ 활동이 분주해지고 협력자나 조언자 또는 경쟁자가 나타나는 시기이다.

❖ 새롭게 오픈하거나 창업을 하는 경우도 있고 다른 곳으로 이동을 하기도 한다.

❖ 직장인은 책임감이 많아지게 되는 경우와 독립하여 자신의 사업을 추구하기도 한다.

❖ 사업을 하는 경우에는 정보, 인간관계와 관련된 분야는 이익이 실현된다. 다만 금전관리를 잘해 나가야 한다.

❖ 운동선수나 예, 체능분야로 진학하는 학생은 목적실현이 잘 된다.

❖ 의욕이 증가하기 때문에 자만하거나 게으르게 되면 좋은 기회를 잃게 된다.

ㄴ. 월간이 乙이고 세운이 庚일 때

■ 상관이 합을 하여 상관으로 전환한다.

❖ 주로 말, 표현, 예술, 종교와 관련 있는 업종의 이익이 실현되는 해이다.

❖ 교육, 강의, 방송, 언론, 아이와 관련 있는 직업 종사자는 인정을 받는 해이다.

❖ 학생은 노력한 결과보다 한 단계 낮추어 대학을 선정하거나 조기에

진학을 권장한다.

❖ 직장인은 변화가 찾아오거나 부서변동 또는 순환보직이 생기는 해
이고 때론 구조조정에 속하기도 한다.

❖ 직장인 중 출장, 여행, 문화, 고전과 관련 있는 업종은 즐거움이 많
고 상담하는 업종도 인정을 받는다.

❖ 사업자는 이동이나 변동이 따르게 된다.

다. 월간이 丙이고 세운이 辛일 때

■ 식신이 합을 하여 정재로 전환한다.

❖ 문서가 이익으로 전환된다.

❖ 새롭게 창업을 하거나 확장을 하는 시기이다.

❖ 노력한 결과에서 이익이 실현된다.

❖ 학생은 이과분야로 진학하는 경우가 유리하고 소기의 목적이 실현
된다.

❖ 직장인은 상을 받거나 책임이 증가하게 된다.

❖ 전문직이나 기능직, 음식, 아이 관련 업종은 좋은 해이다.

❖ 사업자는 노력한 결과가 있다.

라. 월간이 丁이고 세운이 壬일 때

■ 정재가 합을 하여 정관으로 전환한다.

❖ 문서가 동하여 안정을 추구하려고 한다.

❖ 공직자나 행정분야 종사자는 승진이나 책임자의 역할이 주어진다.

❖ 문서 매매나 계약 등에서 유익함이 생긴다.

❖ 학생은 소기의 목적을 실현하는 해이다.

❖ 직장인은 혜택이나 유익함이 있는 해이다.

❖ 사업자는 계약이 증가하거나 행정상 이익이 실현된다.

❖ 자영업자는 문서상 변화가 오기도 한다.

마. 월간이 戊이고 세운이 癸일 때

■ 편재가 합을 하여 정인으로 전환한다.

❖ 노력한 결과나 활동한 대가가 있는 해이다.

❖ 활동이 많거나 몸이 분주한 분야에서는 이익이 실현된다.

❖ 출장, 영업, 광고, 물류업과 관련된 업종은 이익이 실현된다.

❖ 결과가 창출되는 시기이므로 학생은 목적을 실현하고 직장인은 경제적으로 여유가 있는 해이고 사업자는 매출이 증가하는 해이다.

❖ 신규사업을 시작하기도 하고 확장을 하기도 한다.

바. 월간이 己이고 세운이 甲일 때

■ 정관이 합을 하여 겁재로 전환한다.

❖ 활동이 많아지고 부지런할수록 목적실현이 잘 되는 해이다.

❖ 자신이 계획하고 구상한 일을 추진하는 해이다.

❖ 협력, 동업과 연관성이 있고 계약이 원활하게 이루어진다.

❖ 이 시기에 금전적으로는 지출이 증가하게 되는 해이다.

❖ 인간관계나 조직, 책임자의 역할자는 좋은 해이다.

❖ 몸을 많이 활용하는 업종은 더 바빠지는 해이다.

❖ 학생은 수시로 진학을 권장한다. 다만 한 단계 낮추어 진학을 해야 한다.

❖ 직장인 중 기능직이 유리한 해이다.

❖ 사업자는 몸을 많이 움직이는 업종이 더 유리한 해이다.

사. 월간이 庚이고 세운이 乙일 때

■ 편관이 합을 하여 상관으로 작용한다.

❖ 이동, 변동이 발생하는 해이다.

❖ 직업의 변화나 이사를 하는 경우가 많다.

❖ 직장인은 자리변동이나 구조조정에 해당하는 경우도 있고, 직장을 그만두고 사업을 시작하기도 한다.

❖ 언론, 방송, 음악, 표현, 홍보, 강의는 오히려 좋아지는 해이다.

❖ 학생은 한 단계 낮추어 진학하는 게 유리하고 수시로 진학을 권장한다. 정시진학에서는 경쟁률이 높아지고 고전할 수 있다.

❖ 직장인은 가급적 변동을 두기보다 현 상태를 유지하는 게 바람직하다.

❖ 사업자는 힘은 들지만 노력한 결과가 있다.

❖ 아이와 관련된 일, 강의, 희생, 봉사, 서비스업종은 신규사업을 하기도 한다.

❖ 충이나 형에 해당하면 몸이 아프거나 수술을 받는 경우도 있다.

아. 월간이 辛이고 세운이 丙일 때

■ 정인이 합을 하여 정재로 변화된다.

❖ 이익이 실현되는 해이다.

❖ 노력한 결과가 생기는 해이다.

❖ 자신이 연구하거나 준비한 분야로 창업을 하거나 시작하는 해이며 목적실현이 순조로운 해이다.

❖ 학생은 자신이 계획하는 방향으로 실현이 되는 해이다.

❖ 직장인은 승진이나 연봉이 상승되는 해이다.

❖ 사업가나 자영업자도 이익이 실현되는 해이다. 특히 손으로 하는 업이나 의식주와 관련된 분야는 재물이 실현된다.

❖ 식신은 전문성이나 제조업, 아이와 관련된 분야에 해당하므로 이 분야의 업종도 호전되는 해이다.

☞ 다만 지지가 충, 형이 되면 노고가 따르고 이익 실현이 지체된다.

자. 월간이 壬이고 세운이 丁일 때

■ 편인이 합을 하여 정관으로 전환된다.

❖ 계약 또는 문서와 관련되는 해이다.

❖ 거래가 순조롭고 매매나 매도에서 원활하게 작용하는 해이다.

❖ 관성은 안정을 추구하려는 기질이 강하므로 돈보다 먼저 안정에 초점을 맞추게 된다.

❖ 세운과는 편인이지만 편인이 정재와 합을 하여 정관이 되니 행정, 직장, 문서취급자나 정찰제를 운영하는 자영업은 호전되는 해이다.

❖ 직장인은 승진이나 중책을 맡기도 하는 해이다.

❖ 학생은 목적실현이 되는 해이다.

❖ 자영업자는 업종에 따라 차이가 있게 된다. 군납이나 대기업을 상대로 하는 경우는 거래가 활발하나 개인사업자는 다소 어려움이 있는 해이다.

❖ 문서 변동, 매매, 이사를 하는 해이다.

차. 월간이 癸이고 세운이 戊일 때

時	日	月	年	세운	구분
己	癸			戊	천간
					지지

■ 겁재가 합을 하여 정인으로 전환한다.

❖ 문서와 관련된 내용으로 이익이 생기는 해이다.

❖ 자영업을 하는 경우는 처음에 이익이 있어도 결과에서는 만족하기 어렵다.

❖ 사업이나 점포를 정리하기도 하고 기간이 만료되어 다른 곳으로 이사를 가기도 한다.

❖ 매매나 이사를 하기에 원만한 해이다.

❖ 돈이 지출되지만 상대적으로 문서를 갖게 되는 해이다.

❖ 학생은 목적을 빨리 가지려고 하며 수시로 진학하는 게 유리하다.

❖ 직장인은 변동을 주는 것보다 현 상태를 유지하는 것이 유리하다.

(7) 庚 일간

가. 월간이 甲이고 세운이 己일 때

■ 정인이 합을 하여 편인이 된다.

❖ 처음에는 재물에 대한 이익이 있어도 결과에서는 약하다.

❖ 이 경우 점포를 정리하거나 규모를 줄이거나 업종을 전환하는 경우
가 많다.

❖ 갑작스럽게 점포 정리를 하거나 다른 곳으로 이동을 하게 된다.

❖ 행정분야는 거래나 계약이 잘 이루어지나 자영업자는 다소 고전하
거나 지출이 증가할 수 있다.

❖ 학생도 이 시기에는 신중하게 진로를 결정하게 되고 정시진학은 불
리하다.

❖ 직장인은 현 상태를 유지하는 것이 적합하다.

❖ 사업자는 자금관리에 만전을 기해야 한다. 투자나 확장은 신중해야
한다.

나. 월간이 乙이고 세운이 庚일 때

■ 비견이 합을 하여 비견으로 전환한다.

❖ 노력을 많이 해도 결과는 만족하기 어렵다.

❖ 몸이 바쁘고 인간관계는 넓어진다.

❖ 금전적으로는 지출이 증가하게 되는 해이다.

❖ 학생은 기회를 잘 활용하게 되는 해이다.

❖ 직장인은 분주한 해가 된다.

❖ 사업자는 자신이 움직이고 활동하는 해이다.

❖ 몸이 바빠지는 시기이므로 자신이 활동한 결과가 있다. 다만 금전 관리를 신중하게 해야 하는 시기이다.

다. 월간이 丙이고 세운이 辛일 때

■ 겁재가 합을 하여 식신으로 변한다.

❖ 편관은 행동하고 실천하는 역할을 하고 책임감을 다하려고 한다. 다만 직접적인 금전관계는 신중해야 한다.

❖ 편관이 합을 하여 식신이 되면 결과에서는 이익이 창출되게 된다.

❖ 자신이 연구하거나 준비한 내용에 결과가 있다. 식신은 의식주와 아이들과 관련이 있는 십성으로 이 업종은 결과가 좋게 나타난다.

❖ 학생도 노력한 결과가 있고 이과분야가 더 유리하게 작용한다.

❖ 직장인도 중책을 맡거나 승진 또는 자신이 아이디어나 연구, 창의성, 기획한 분야에서 좋은 결과를 얻게 된다.

❖ 사업자도 결과가 있다. 다만 행동하고 실천하는 경우에 한한다.

라. 월간이 丁이고 세운이 壬일 때

■ 식신이 합을 하여 편재로 전환한다.

❖ 문서가 동하여 재물로 변하게 된다.

❖ 이 해는 매매나 거래상 이익이 실현되고 신규사업이나 확장을 해도 무난한 해이다.

❖ 학생은 목적실현이 조기에 이루어지기 때문에 입학사정관제나 수시로 진학하는 해이다.

❖ 직장인은 승진이나 팀의 책임자 역할을 하거나 중책을 맡게 된다. 연봉이 상승하거나 목돈이 들어오는 해이다.

❖ 사업자는 확장, 계약성사, 거래활발, 목적실현이 다른 해보다도 잘 된다.

❖ 매매와 관련된 일에서 순조롭고 금전적 혜택을 받게 된다.

❖ 신규사업이나 창업, 개업을 많이 하는 해이다.

마. 월간이 戊이고 세운이 癸일 때

■ 상관이 합을 하여 편관으로 작용한다.

❖ 편인은 호기심, 재치, 정신적인 세계와 연관을 갖고 있으며 편관은 행동하고 실천하려는 기질이 강한 해이다.

❖ 연구분야나 재치, 언론, 행정과 관련된 직장이나 업종에서는 인정을 받는다.

❖ 사업자나 자영업자는 다소 금전적으로 힘들어지는 해이다. 투자나 확장시 손해가 발생할 수 있다.

❖ 학생은 생각은 높고 공부시 서두르는 경향이 많아지는 해이다. 정시보다는 수시로 진학을 권장한다.

❖ 직장인은 책임감이 많아지나 신약구조인 경우는 건강상 병원 출입이 생기는 해이다.

❖ 사업자는 현 상태를 유지하거나 정리하는 일이 생기는 해이다. 이 시기에 창업이나 확장은 손실이 많이 따른다.

바. 월간이 己이고 세운이 甲일 때

■ 편재가 합을 하여 편인으로 전환한다.

❖ 무언가 확정할 일이 생기는 해이다. 주로 문서, 이사, 결혼, 택일과 관계된 일이 생기는 해이다.

❖ 세운과의 관계에서는 편재에 해당하지만 합이 되어 변한 오행이 편인이 되면 실제적으로 큰 이익을 기대하기 어려운 해이다.

❖ 노력에 비하여 수익은 감소되는 해이다. 다만 정리를 하는 과정에서 권리금이나 이익은 어느 정도 실현된다.

❖ 자영업을 하는 경우는 자금관리에 신경을 써야 하는 해이다. 특히 충이 되면 노력에 비하여 결과가 약하게 나타난다.

❖ 학생은 노력의 결과가 다소 약하지만 지체되더라도 결과는 있다.

❖ 직장인은 변동보다는 그대로 유지하는 것이 더 바람직하다.

❖ 정신적인 세계는 더 발달되나 행동, 실천하는 데는 늦기 때문에 일을 벌리면 지출이 증가하는 해이다.

사. 월간이 庚이고 세운이 乙일 때

■ 정재가 합을 하여 비견으로 전환된다.

❖ 활동성, 자존지능이 발달하게 되고 몸이 분주해진다.

❖ 인간관계 형성이나 친목, 화합을 하는 해이다.

❖ 리더십, 자아실현이 강한 해이다.

❖ 금전적으로 지출이 증가할 수 있는 해이다.

❖ 몸을 많이 움직이거나 출장, 여행, 운수업 계통은 몸이 바빠진다.

❖ 노력한 결과만큼 금전적인 혜택은 만족하기 힘들다. 투자나 모험, 신규사업은 신중해야 한다.

❖ 학생은 한단계 낮추어 진학을 하거나 조기에 진학을 권장한다.

❖ 직장인은 분주한 해이다.

❖ 사업자는 인간관계를 잘 구축하면 훗날 이익이 실현된다.

아. 월간이 辛이고 세운이 丙일 때

■ 편관이 합을 하여 식신으로 전환된다.

❖ 몸이 부지런해지고 의욕도 증가하는 해이다.

❖ 활동하고 노력한 결과가 나타나는 해이다.

❖ 연구, 분석, 기획하는 일에서 이익이 실현된다.

❖ 몸을 많이 활용하거나 아이와 관련된 업종, 연구분야에서는 실적이 향상되는 해이다.

❖ 이동이나 변동이 따르는 해이다.

❖ 음식, 연구, 아이와 관련된 업종이나 제조업은 일이 많아지는 해이다.

자. 월간이 壬이고 세운이 丁일 때

■ 정관이 합을 하여 편재로 전환한다.

❖ 자신이 노력한 분야에서 결과가 창출되는 해이다.

❖ 식신생재의 해로 업종과 관계없이 이익이 증가하게 된다.

❖ 제조업, 연구분야, 교육분야, 아이관련업은 분주함과 이익이 증가
   하는 해이다.

❖ 학생은 목적실현이 되고, 직장인은 연봉이 상승되고, 연구직은 실
   적이 향상되고, 사업자 중 유통업은 이익이 증대되는 해이다.

❖ 다만 충이나 형이 되면 질병이 생기거나 송사가 있는 해이다.

❖ 신규사업을 하거나 이동, 변화를 주기도 하는 해이다.

차. 월간이 癸이고 세운이 戊일 때

■ 편인이 합을 하여 편관으로 전환된다.

❖ 변동이나 이사 또는 매매가 이루어지는 해이다.

❖ 노력에 비하여 이익이 적은 해이다.

❖ 직업변동이나 구조조정 또는 이직(移職)이 오는 해이다.

❖ 갑작스런 질병이나 우환이 생기는 해이다.

❖ 부득이한 경우로 이사나 매매를 하게 되는 해이다.

❖ 학생은 한 단계 낮추거나 시행착오가 생기는 해이다.

❖ 직장인은 변동이 생기거나 승진이 잘 안 되는 해이다. 이로 인하여
   마음에 상처를 받는 해이다.

❖ 신규사업이나 이동은 불리한 해이다.

❖ 자영업자는 긴축경영을 하거나 규모를 확장하면 불리한 해이다.

◉ 월간은 사회활동을 관장하게 되고 직업과도 많은 관계를 지니고 있다. 월간이
   세운과 합을 하여 변한 오행이 일간에게 어떤 영향을 미치는가를 분석한 결과
   현재 자신이 하고 있는 일에서 결과를 나타내게 된다는 것을 알았다.

◉ 어떤 사람은 열심히 일을 하고도 그만한 대가를 받지 못하는 경우와 적게 노력
   을 해서 많은 가치를 창출하는 경우를 볼 수 있다. 또한 변한 오행이 어떤 십성
   으로 변하느냐에 따라 결과가 달라지는 것이 바로 월간이었다.

◉ 월간이 세운과 합이 되는 경우가 10년에 한 번 나타나지만 대운이 월간과 합
   을 할 경우는 그 작용이 10년씩 간다는 것도 지속적인 연구를 해야 할 것이다.

◉ 본서에서는 세운이 합을 할 때 나타나는 작용을 위주로 나열하였다.

(8) 辛 일간

가. 월간이 甲이고 세운이 己일 때

- ■ 편인이 합을 하여 정인으로 전환한다.
- ❖ 문서, 행정, 교육, 수수료를 취급하는 것은 이익이 있는 해이다.
- ❖ 매매가 이루어지는 해이고 이사, 변동이 따른다.
- ❖ 직접적인 자영업자는 지출이 생기는 해이다.
- ❖ 일을 시작하면 처음에는 이익이 있으나 결과에서는 지출이 더 증가한다.
- ❖ 일정한 수입이나 월급생활자는 원만한 해이다.
- ❖ 학생은 목적실현이 이루어지는 해이다.
- ❖ 직장인은 상을 받거나 인정을 받는 해이다.
- ❖ 사업자는 문서, 계약이 원활히 이루어지고 이익이 증가하는 해이다.

나. 월간이 乙이고 세운이 庚일 때

■ 겁재가 합을 하여 겁재로 전환한다.

❖ 이직이나 변동이 오는 해이기도 하고 동업이나 협력자를 만나는 해이다.

❖ 처음에는 수입이 증가하여 이익이 있어도 결과에서는 지출이 더 많게 된다.

❖ 신규사업이나 투자는 불리하다. 이 시기에는 욕심을 버리고 노력한 결과만 있기를 바라는 것이 좋다.

❖ 몸이 분주한 해이다. 동업은 손실이 발생할 수 있다.

❖ 뜻하지 않게 친구의 도움으로 이익이 실현되는 경우도 있다. 다만 신약구조인 경우가 유리하다.

❖ 충이나 형이 되면 배신, 구설, 불화가 생기는 해이다.

❖ 학생은 신속한 결정과 조기에 진학을 권장한다.

❖ 동업을 하는 업종은 금전관계를 투명하게 운영해야 불신이 생기지 않는다.

다. 월간이 丙이고 세운이 辛일 때

■ 비견이 합을 하여 상관으로 전환한다.

❖ 문서나 계약 또는 연구분야 외에 음식, 아이들과 관련된 분야, 제조분야에서 이익이 실현된다.

❖ 직장인은 승진하여 부서의 책임자가 되기도 한다.

❖ 새로운 변화나 이동이 생기는 해이다.

❖ 노력한 결과가 나타나는 해이기도 하다.

❖ 학생은 자신이 원하는 방향으로 목적이 잘 이루어진다.

❖ 몸이 부지런해지고 외부활동이 분주해지는 시기이다.

❖ 활동이 많은 분야에서는 더욱 활발하게 움직인다. 노력한 결과가
있는 해이다.

❖ 이동, 변화가 생기기도 하는 해이다.

라. 월간이 丁이고 세운이 壬일 때

■ 상관이 합을 하여 정재로 전환한다.

❖ 문서나 거래가 활발하게 되고 이익이 실현되는 해이다.

❖ 학생은 수시로 진학하는 해이다.

❖ 직장인은 연봉이 향상되거나 목돈이 들어오기도 하는 해이다.

❖ 수수료를 받는 분야는 이익이 실현된다.

❖ 일간과 세운이 상관에 해당하여 이동이나 변동이 생기는 해이다.

❖ 사회활동을 통하여 경제적인 문제에서는 이익이 실현되는 해이다.

❖ 연구, 제조업, 특허, 발명, 생산업, 아이와 관련된 업종은 결과가 있
는 해이다.

마. 월간이 戊이고 세운이 癸일 때

時	日	月	年	세운	구분
辛		戊		癸	천간
					지지

■ 식신이 합을 하여 정관으로 전환한다.

❖ 매매, 계약과 관련된 일은 성사가 잘 되는 해이다.

❖ 관인의 구조는 문서와 연관성이 크고 시험이나 자격을 취득하는데 더 바람직한 해이다.

❖ 정찰제나 국가, 대기업에 납품하는 분야는 거래가 성립되고 일이 잘 풀리는 해이다.

❖ 교육분야나 행정과 관련된 분야도 좋은 해이다.

❖ 자영업을 하는 경우는 직접적인 이익은 적은 해이다.

❖ 이사를 하기도 하고 다른 곳으로 점포를 옮기는 등 변화를 주는 해이다.

❖ 일간과 세운의 관계를 보면 식신에 해당하고, 월간과 세운의 관계는 합을 하여 정관이 되게 된다. 즉, 일간의 입장에서 판단하는 내용과 월간은 현재 자신이 가지고 있는 직업에 의한 결과를 나타내게 된다.

❖ 정관은 명예나 안정을 추구하려는 기질이 강한 해가 되고 식신은 자신을 희생하거나 미래를 준비하는 과정으로 방법을 궁리하는 시기로 보면 된다.

바. 월간이 己이고 세운이 甲일 때

■ 정재가 전환하여 정인이 된다.

❖ 일간과 세운의 관계는 정재이다. 노력한 결과가 있게 되는 해이다. 월간과 세운의 관계는 합이 되어 戊土로 변화가 되었고 일간과는 정인에 해당하게 된다.

❖ 자신이 추구하는 일이 계약이 이루어지거나 호전되는 해이다.

❖ 이동이나 이사 매매와 관련된 일이 생긴다.

❖ 교육분야나 행정분야는 일이 호전되는 해이다.

❖ 이사, 변동이 생기기도 하는 해이다.

❖ 교육사업, 수수료를 받는 분야, 행정분야는 거래가 활발해지는 해이다.

❖ 자영업자는 금전적으로 어려움이 생기는 해이고 변동이나 매매를 하기도 한다.

❖ 학생은 성적이 향상되기도 하고 상을 받는 해이다.

❖ 직장인은 승진이나 인정을 받는 해이다.

사. 월간이 庚이고 세운이 乙일 때

■ 편재가 전환하여 겁재가 된다.

❖ 일간과 세운의 관계는 편재에 해당한다. 돈을 많이 확보하고 싶은 해이다. 월간과 세운이 합을 하여 庚金에 해당하니 사회활동은 현재의 직업에서 볼 때 겁재에 해당한다.

❖ 현재 하고 있는 일의 결과는 겁재의 성향이 결과에 반영되게 된다.

❖ 몸이 분주하고 활동량이 증가하는 해이다.

❖ 기능직이나 전문직은 몸이 더 바빠지는 해이다.

❖ 금전이 지출되는 해이지만 다른 것을 얻게 되는 해이다.

❖ 투자는 신중해야 하고 모험이나 보증도 신중해야 한다.

❖ 직장인은 변동이 생기거나 책임을 많이 부여받는 해이다.

❖ 투자나 동업은 불리한 해이다.

아. 월간이 辛이고 세운이 丙일 때

■ 정관이 전환하여 상관이 된다.

❖ 일간 辛과 세운 丙이 합을 하여 상관이 되니 새로운 창출이나 전환을 맞이하는 해이다.

❖ 상관은 연구와 궁리를 많이 하는 해이고 변화, 이동, 이사를 통하여 방법을 강구하는 해이다.

❖ 월간과 세운이 합을 하여 상관이 되니 결과에서는 유익함이 있는

해이다.

❖ 자신이 노력한 결과가 있는 해이다.

❖ 자영업이나 몸을 많이 움직이는 분야에서 그 결과가 늦게 나타난다.

❖ 연구분야, 손재주, 제조업, 아이와 관련된 직업은 즐거움이 많은 해
   이다.

❖ 학생도 정보를 얻은 만큼 혜택이 주어지고 결과도 좋은 해이다.

❖ 직장인은 승진이나 책임자의 역할이 주어지기도 한다.

❖ 이동이나 변화가 생기는 해이다.

자. 월간이 壬이고 세운이 丁일 때

■ 편관이 전환하여 정재가 된다.

❖ 일간과 세운의 관계는 편관이다. 편관은 행동, 실천하는 해이고 성
   급해지는 시기이기도 하다. 월간과 세운이 합을 하여 일간에게는 정
   재에 해당한다. 결과가 있는 해이다.

❖ 처음에는 노고가 따르지만 결과에서는 이익이 실현되는 해이다

❖ 갑작스런 사고나 질병을 유의해야 하므로 서두르면 불리한 해이다.

❖ 상관생재가 되면 주로 강의, 교육, 예술과 같은 분야에서 좋은 일이
   많이 생기는 해이다.

❖ 세운과 일간과는 편관에 해당하지만 편관의 작용이 월간과 합을 하

면 사회적인 일에서는 좋게 작용을 하게 된다. 다만 나는 편관운에 해당하므로 급해지거나 서두르는 경향이 나타날 수 있다.

❖ 세운을 판단할 때 두가지로 분류해서 판단해야 한다. 일간과 세운의 관계에 대해 살펴보게 되는데 나 자신의 일을 세운과 비교하는데 월간은 사회활동을 주관하게 되므로 월간과 합이 되면 외부로부터의 작용이 변하게 된다.

따라서 월간이 합이 되면 사회적인 요소에서는 변화가 온다. 세운과 월간이 합이 되는 경우가 많지 않기 때문에 주로 일간과 세운과의 관계에 대해 주로 간명을 하게 된다.

차. 월간이 癸이고 세운이 戊일 때

時	日	月	年	세운	구분
辛	癸			戊	천간
					지지

■ 정인이 전환하여 정관이 된다.

❖ 일간과 세운이 정인에 해당하여 문서와 관련된 일이나 계약, 이사 등과 관련이 있는 해이다.

❖ 월간과 세운이 합을 하여 변한 오행이 丙火이다. 火가 일간에게 어떤 영향을 제공하는가를 살펴야 한다.

❖ 일간에게는 정관이 되니 사회적인 일에서 명예나 안정을 추구하게 되고, 계약이나 승진 또는 책임이 더 중하게 된다.

❖ 일간인 나는 더 안정을 추구하려는 성향이 나타나는 해이고, 그것

이 문서로 변하니 직장인에게는 유리하고 자영업은 상대적으로 지출이 증가하기도 하고 매매를 하기도 한다.

❖ 겉으로는 이익이 실현된 것 같은데 결과에서는 만족하지 못하게 나온다는 것을 알 수 있었다.

❖ 학생은 신중하여 기회를 놓치는 경우가 있거나 미루다 정시에서 진학을 하는 경우가 많다.

❖ 월간은 사회활동이며 내가 현재 하고 있는 일에 대한 결과를 보는 곳이다.

❖ 월간이 세운과 합이 되지 않는 경우는 그대로 월간과 세운의 관계를 기준하여 판단하면 된다.

(9) 壬 일간

가. 월간이 甲이고 세운이 己일 때

■ 정관이 합을 하여 편관으로 전환된다.

❖ 일간과 세운은 정관에 해당한다.

❖ 정관은 안정을 추구하고 싶어하는 해이다. 직장인은 좋은 해이지만 사업자는 다소 고전을 하거나 어려움이 따르는 해이다.

❖ 식신은 연구지능에 해당하고 편관은 실천지능이 발달하는데 사회

활동에서는 책임감을 갖고 주어진 일을 잘 소화하는 해이다.

❖ 명예분야나 직장인은 승진이나 책임자의 역할이 주어지는 해이다.

❖ 학생은 조기에 진학하도록 권장한다.

❖ 사업자는 처음에 이익이 실현되나 결과에서는 만족하기 어려운 해이다.

❖ 이동이나 변동을 하면 몸이 그만큼 고되고 지치는 해이므로 신중하게 변동을 주는 것이 좋다.

나. 월간이 乙이고 세운이 庚일 때

時	日	月	年	세운	구분
壬	乙			庚	천간
					지지

■ 월간 상관이 세운 庚과 합을 하여 편인으로 전환된다.

❖ 일간과 세운의 관계는 편인이다. 무엇을 확정하거나 갈망하는 해이다. 주로 배움, 자격, 전문성을 갖고 싶어하는 해이다.

❖ 월간과 세운이 합을 하여 일간에게 편인이 된다. 현재의 직업에서 변화를 주고 싶어하거나 다른 방법을 모색하는 해이다.

❖ 직업에서는 만족함이 감소하게 되거나 지출이 증가하는 해이다.

❖ 문서 변동이나 이사를 하는 경우가 생기게 된다.

❖ 계약이나 문서와 관련이 있지만 직접적인 금전과는 다소 거리가 있는 해이다.

❖ 자신의 미래를 위해 전문지식을 습득하거나 자격을 갖추는 해이다.

❖ 학생은 수시로 진학을 권장하는 것이 좋다.

❖ 직장인은 변동을 주기보다는 현상태를 유지하는게 좋은 해이다. 주로 이 시기에 직장변동이 생기게 되거나 구조조정에 해당할 수 있다.

❖ 사업자는 사업을 정리하거나 변화를 주게 되며 이익이 감소하는 해이다.

다. 월간이 丙이고 세운이 辛일 때

■ 편재가 세운 辛과 합을 하여 비견으로 전환하였다.

❖ 일간과 세운의 관계는 정인이고, 월간과 세운은 합이 되어 비견이 되는 해이다.

❖ 몸이 분주하고 갈곳이 많은 해이다. 노력에 비하여 금전적인 면에서는 약하게 작용하나 인간관계나 대외적인 문제에서는 능력을 인정받는다.

❖ 매매, 이사, 신규사업을 시작하기도 하는 해이다.

❖ 문서의 변동이나 이사를 하는 해이다.

❖ 몸이 부지런하고 활동이나 정보를 활용하려고 하는 해이다.

❖ 노력을 많이 해도 이익이 적은 해이다.

❖ 행정, 수수료, 중개역할을 하는 업종은 좋으나 일반적인 자영업은 고전을 하는 해이다.

❖ 학생은 수시로 진학을 하면 유리하고 정시진학시 시행착오가 생기거나 지체되는 일이 많다.

라. 월간이 丁이고 세운이 壬일 때

■ 정재가 세운 壬과 합을 하여 식신으로 변화가 된다.

❖ 일간으로는 비견이 합을 하여 식신으로 전환되니 이익이 실현되는 해이다.

❖ 현재 하고 있는 일에서 자신감과 의욕이 생기고 결과가 있게 된다.

❖ 직업이 없는 사람은 직업이 생기고 신규로 창업을 하기도 한다.

❖ 이사나 매매 등의 일이 생기기도 하고 이익도 생긴다.

❖ 학생은 목적이 실현되고 자신이 원하는 방향으로 나아가는 해이다.

❖ 영업, 활동, 광고, 언론 등에 종사하는 직장인은 승진이나 즐거움이 찾아오는 해이다.

❖ 사업자는 자신이 활동하는 만큼 계약이 성사되고 매출이 증가하는 해이다.

마. 월간이 戊이고 세운이 癸일 때

■ 편관이 세운 癸와 합을 하여 편재로 변화가 된다.

❖ 일간과 세운이 겁재에 해당되고 월간과 세운의 관계는 합을 하여 편재가 된다.

❖ 몸이 분주하고 활동이 많은 해이며 분주함 속에 이익이 실현되는 해이다.

❖ 학생은 목적을 실현하는 해이고 수시로 진학을 하면 좋다.

❖ 직장인에게도 이익이 실현되는 해이다.

❖ 사업자도 분주한 만큼 결과가 있는 해이다.

❖ 특히 활동이 많은 업종이나 무역업, 유통업도 이익이 실현된다.

❖ 월간은 나의 직업이나 사회활동을 통하여 얻어지는 과정으로 결과적으로 좋은 결과가 만들어진다.

바. 월간이 己이고 세운이 甲일 때

■ 정관이 세운 甲과 합이 되어 편관으로 전환한다.

❖ 일간과 세운의 관계가 식신이고 월간과는 합이 되어 편관으로 전환하였다.

❖ 이동, 변동, 이사를 할 수 있는 해이다.

❖ 행동, 실천, 책임감이 많아지는 해이므로 직장인은 승진이나 사명감이 더 많아진다.

❖ 학생은 연구, 준비, 계획하는 일이 순조로운 해이다.

❖ 사업자는 처음에는 순조로워도 결과에서는 만족하기 힘들다.

☞ 신강구조인 경우는 성과가 있지만 신약구조인 경우는 명예나 책임은 많아지지만 금전적인 분야는 만족하기 어려운 해이다.

❖ 월간이 합을 하여 변한 오행이 일간에게 도움이 될 경우는 만족한 성과를 얻을 수 있으나 변한 오행이 일간에게 도움이 되지 못하면 노력한 결과가 약하게 나타나게 된다.

사. 월간이 庚이고 세운이 乙일 때

時	日	月	年	세운	구분
壬	庚			乙	천간
					지지

■ 편인이 세운 乙과 합이 되어 편인이 된다.

❖ 일간과 세운의 관계는 상관이며 월간과 세운이 합이 되어 편인으로 전환하였다.

❖ 사회활동에서 추구적인 성향과 호기심이 많아지는 해이고 문서, 공부, 자격취득, 이동, 변화가 생기는 해이다.

❖ 학생은 자신이 원하는 방향에서 한단계 낮추어 진학을 하게 되고, 때론 중도에 포기를 하는 경우도 있다.

❖ 직장인은 변동이나 이직을 하는 해이다.

❖ 사업자도 변화를 모색하게 되거나 매매, 정리, 구조조정, 매출감소 등이 생기는 해이다.

❖ 교육이나 의학분야 또는 노인과 연관된 업종, 종교분야는 상대적으로 좋아지는 해이다.

☞ 신강, 신약의 구조에 따라 차이가 있지만 대체적으로 직접적인 재물과는 인연이 적은 해이다.

아. 월간이 辛이고 세운이 丙일 때

時	日	月	年
	壬	辛	

세운	구분
丙	천간
	지지

■ 정인이 세운 丙과 합이 되어 비견이 된다.

❖ 일간과 세운의 관계는 편재이다. 나 자신에게는 재물에 해당한다.

❖ 재물과 인연이 되는 해이기도 하지만 사회활동을 보면 합이 되어 비견으로 전환이 되니 외부활동이 많고 몸이 분주해지는 해이다.

❖ 신규 투자나 협력자 또는 경쟁자가 생기는 해이다.

❖ 학생은 조기에 진학을 하는 것이 유리한 해이다. 입학사정관제나 수시로 진학하면 좋다.

❖ 직장인은 몸이 바쁘고 출장이나 외국 출입이 많아지는 해이다. 그

러한 부서가 아닌 경우에도 책임이 주어지게 된다.

❖ 사업자는 분주하게 활동하고 노력한 결과가 오는 해이다.

❖ 사회활동을 왕성하게 하는 해이지만 신규 투자나 보증은 신중해야
하는 해이다.

자. 월간이 壬이고 세운이 丁일 때

■ 비견이 세운 丁과 합이 되어 식신으로 전환한다.

❖ 일간과 세운의 관계는 정재에 해당한다. 월간과 세운은 합이 되어
식신에 해당하니 재성의 뿌리로 변하여 이익이 실현되는 해이다.

❖ 노력의 결과가 있는 해이다. 금전적으로 이익이 실현되거나 준비한
결과가 나타나는 해이다

❖ 이동이나 변화를 주기도 하는 해이다.

❖ 신규사업이나 확장을 하기도 한다.

❖ 이사. 매매, 거래 성립이 잘 되는 해이다.

❖ 학생은 수시로 진학을 하는 것이 유리하다.

❖ 직장인은 승진이나 책임자로 발탁되는 경우와 자신이 계획한 것이
채택되거나 기술개발이 이루어지는 해이다.

❖ 사업자는 이익이 실현되는 해이다.

차. 월간이 癸이고 세운이 戊일 때

- 겁재가 세운 戊와 합이 되어 편재로 전환한다.
- ❖ 일간과 세운의 관계에서는 편관에 해당한다.
- ❖ 월간과 세운의 관계에서는 편재가 되니 사회활동을 통하여 이익이 실현되는 해이다.
- ❖ 관을 상대로 하거나 대기업과 연관성을 가진 분야에서 큰 이익이 실현되는 해이다.
- ❖ 신규사업은 신중해야 하고 신약구조는 질병이나 갑작스런 사고가 생길 수 있는 해이다.
- ❖ 자신이 하고 있는 분야에서 처음에는 고전하더라도 결과는 이익이 되는 해이다.
- ❖ 학생은 소기의 목적을 실현하는 해이다.
- ❖ 직장인은 승진이나 책임이 가중된다.
- ❖ 사업자는 투자나 모험을 하면 불리하고 현재 하는 일에 최선을 다하면 이익이 실현되는 해이다.

(10) 癸 일간

월간은 사회적인 요소들이 내재되어 있고 자신이 가지고 있는 직업에 대한 내용을 알기 위함이다.

가. 월간이 甲이고 세운이 己일 때

時	日	月	年	세운	구분
癸	甲			己	천간
					지지

■ 상관이 세운 己와 합이 되어 정관이 된다.

❖ 일간과 세운의 관계는 편관에 해당한다. 편관은 행동하고 실천하는 해이기도 하지만 건강과 관계된 해이기도 하다.

❖ 월간과 세운의 합이 되어 일간에게는 정관이 된다. 안정을 추구하는 해이다.

❖ 학생은 소기의 목적이 실현되나 처음에는 고전을 하는 경우가 많다.

❖ 직장인은 승진이나 중책을 맡기도 한다.

❖ 사업을 하는 경우는 경제적으로 부담이 오는 해이다.

❖ 신규사업이나 확장을 하면 금전적으로 어려움이 오는 해이다.

❖ 변동을 주기보다는 현재의 직업에 최선을 다하는 것이 가장 좋은 해이다.

❖ 이동이나 이사, 매매를 하기도 하는 해이다.

나. 월간이 乙이고 세운이 庚일 때

時	日	月	年	세운	구분
癸	乙			庚	천간
					지지

■ 식신이 세운 庚과 합이 되어 정인이 된다.

❖ 일간 癸와 세운 庚의 관계는 정인이다. 매매, 이사, 변화를 주거나 문서와 관계된 일이 생기는 해이다.

❖ 월간과 세운이 합을 하여 일간에게는 정인에 해당하니 계약이 원활하고 문서로 인한 이익이 실현되는 해이다.

❖ 자신이 부족한 것을 채우고 싶어하는 해로 종교를 갖기도 하고 공부를 하는 해이기도 하다.

❖ 학생은 목적실현이 잘 되는 해이다.

❖ 직장인은 상을 받거나 능력을 인정받는다.

❖ 사업자는 교육, 행정, 수수료와 관계된 분야는 수익이 증가하나 일반 자영업은 변동, 매매, 이사를 하는 해이기도 하다.

❖ 재물과는 다소 인연이 적은 해이므로 욕심이나 투기를 하게 되면 손해가 가중되는 해이다.

❖ 변호사, 중개사, 학원 등은 신규로 창업을 하는 해이기도 하다. 다만 교육, 행정과 관계된 분야는 좋지만 일반 자영업자는 손실이 따르는 해이다.

다. 월간이 丙이고 세운이 辛일 때

■ 정재가 세운 辛과 합이 되어 겁재가 된다.

❖ 일간과 세운의 관계는 편인에 해당한다. 월간과 세운이 합을 하여 일간에게는 겁재에 해당한다. 겁재는 활동, 출장, 분주함이 내포되어 몸이 분주하고 활동이 많아지는 해이다.

❖ 문서와 관련된 일이나 부족함을 채우는 해이다.

❖ 공부나 자격을 준비하기도 한다.

❖ 외부활동은 인간관계나 친목, 리더십을 발휘하는 해이다.

❖ 몸을 많이 활용하는 직업이거나 부지런히 움직이는 업종, 출장이나 무역과 관련된 업종은 몸이 바쁘다.

❖ 학생은 수시로 진학을 하면 좋다.

❖ 직장인은 활동이나 영업, 광고, 생산직은 몸이 분주해지며 노력한 결과가 있는 해이다.

❖ 신규사업은 다음 해에 시작하는 것이 바람직하다.

❖ 사업자는 광고, 홍보, 메스컴을 활용하거나 무역에서 이익이 실현된다.

❖ 행정과 관련된 일이나 종교, 의학분야는 계약이 잘 성사되는 해이다.

라. 월간이 丁이고 세운이 壬일 때

時	日	月	年	세운	구분
癸	丁			壬	천간
					지지

■ 편재가 세운 壬과 합을 하여 상관으로 전환한다.

❖ 癸 일간과 세운 壬의 관계는 겁재이다. 몸이 바빠지거나 가정보다

는 사회활동을 더 많이 하는 해이다.

❖ 월간 丁과 세운이 합을 하여 상관이 되니 자신의 직업이 화술, 강의, 교육, 방송, 유치원, 학원분야에서는 인기가 좋아진다.

❖ 경쟁력이 생기고 의욕도 좋아지나 금전적으로는 지출이 증가하는 해이다.

❖ 투자나 보증, 모험, 쉽게 돈을 벌려고 하면 불리하고 전문성을 갖고 노력하면 결과가 있다.

❖ 직업적으로 이동이나 이직이 생길 수 있는 해이다.

❖ 학생은 조기에 진학하는 것이 유리한 해이다.

❖ 직장인은 변동이 생기는 해이다.

❖ 사업은 업종에 따라 차이가 많으나 운수, 택배, 물류, 선입선출, 판매업, 몸을 많이 움직이는 업종은 호전된다.

❖ 신규사업이나 확장은 불리하고 광고나 홍보는 효과를 보는 해이다.

마. 월간이 戊이고 세운이 癸일 때

■ 정관이 세운 癸와 합을 하여 정재로 전환한다.

❖ 癸 일간과 세운의 관계가 비견에 해당한다. 몸이 바빠지고 활동이 많아지는 해이다.

❖ 외부활동이 많아지거나 직업을 갖기도 하는 해이다.

❖ 새로운 일을 시작하거나 협력할 일이 생기는 해이다.

❖ 월간이 세운과 합이 되어 재로 변하니 이익이 실현되는 해이다.

❖ 학생은 경쟁력이 생기고 의욕이 증가하는 해이다.

❖ 직장인은 몸이 바쁜 해이다.

❖ 사업자는 결과가 있는 해이다.

❖ 신규사업이나 확장, 이동을 하더라도 원만한 해이다.

바. 월간이 己이고 세운이 甲일 때

■ 상관이 월 己와 合을 하여 정관으로 전환한다.

❖ 일간 癸와 세운의 관계는 상관에 해당한다. 갑작스런 일이나 질병, 뜻하지 않은 일이 생기는 해이다.

❖ 자신이 하고 있는 분야는 정관이 되니 명예, 공무원, 직장인은 승진이나 책임이 많이 부여되는 해이다.

❖ 정찰제, 중개역할자, 제조업, 법률과 관련된 일은 즐거움이 많아지는 해이다.

❖ 자신의 직업에서 변화가 생기는 해이다.

❖ 책임감과 실천력이 많아지는 해이다. 문서나 거래에서 이익이 실현되는 해이다.

❖ 신규사업은 신중해야 하는 해이다.

❖ 학생은 목적실현이 되는 해이다.

❖ 직장인은 직장에서 능력을 인정받거나 책임이 가중된다.

❖ 사업자는 확장이나 투자는 신중해야 하는 해이다.

사. 월간이 庚이고 세운이 乙일 때

■ 정인이 세운 乙과 합을 하여 정인이 된다.

❖ 일간 癸와 세운의 관계는 식신에 해당한다. 연구, 노력, 준비하는 일에서는 순조롭고 무언가를 시작하고 싶은 해이다.

❖ 결혼, 문서, 계약 성사, 매매 순조, 의식주 관련업, 연구, 발명, 음식, 아이와 관계된 업종과 계약을 위주로 하는 업종은 성사가 이루어지는 해이다.

❖ 이동, 변동이 있는 해이다.

❖ 직업을 갖거나 외부활동을 하는 해이다.

❖ 학생은 자신이 계획하는 대로 목적실현이 잘 되는 해이다.

❖ 직장인은 기쁨이 많아지고 상을 받거나 윗사람의 혜택, 배려가 있는 해이다.

❖ 사업자는 거래가 증가하거나 거래가 활발하고 문서상 이익이 실현되는 해이다.

아. 월간이 辛이고 세운이 丙일 때

時	日	月	年	세운	구분
癸	辛			丙	천간
					지지

- ■ 편인이 세운 丙과 합을 하여 겁재로 전환한다.
- ❖ 일간과 세운의 관계는 정재에 해당한다. 설계를 세우고 목표를 정하면 결과가 이루어지는 해이다.
- ❖ 자신의 직업에서는 활동이 많아지고 해외나 출장이 많아지는 해이고 인간관계를 잘 구축하려고 하는 해이다.
- ❖ 서로 협력이나 동업을 하려는 해도 이 시기이다.
- ❖ 활동이 많아지고 친목이나 사회활동을 많이 하는 해이다.
- ❖ 재물과 관계되는 해이고 활동이 많아지므로 노력한 결과가 나타난다.
- ❖ 동업이나 협력자가 증가하는 해이다.
- ❖ 학생은 입학사정관제나 수시로 진학을 하면 좋은 해이다.
- ❖ 직장인은 몸이 분주하거나 활동이 많아지게 되고 출장이나 외근이 많아진다.
- ❖ 사업자는 외부활동이 많아진다.

자. 월간이 壬이고 세운이 丁일 때

時	日	月	年	세운	구분
癸	壬			丁	천간
					지지

■ 겁재가 세운 丁과 합을 하여 상관으로 전환한다.

❖ 일간과 세운의 관계는 편재이다. 목적을 추구하고 싶은 해이다. 冲이 되면 정신적으로 조급해지고 서두르거나 투자를 하려고 한다. 신중하도록 하는 해이다.

❖ 월간과 세운이 합이 되어 木으로 변화되니 일간에서는 직업상 이동이나 변화를 주고 싶어한다.

❖ 변한 오행이 상관이 되면 언론, 방송, 광고, 홍보, 영업분야의 직업과 아이 교육, 강의, 상담직은 이익이 실현되는 해이다.

❖ 학생은 정시보다 수시로 진학을 하는 것이 유리하고 정시진학시 시행착오가 생기는 해이다.

❖ 직장인은 변동이나 이직 또는 권고사직을 할 수 있는 해이므로 변동을 주면 시련이 많이 생기는 해이다.

❖ 자영업은 음식, 인테리어, 건축, 상담, 복지분야, 방송, 변호, 강의, 중개인과 같이 상담분야는 좋은 해이다.

❖ 노력한 결과가 있지만 투기나 투자는 신중해야 한다.

차. 월간이 癸이고 세운이 戊일 때

■ 비견이 세운 戊와 합을 하여 정재로 전환한다.

❖ 세운과의 관계는 정관이다. 합리적, 일률적, 정찰제, 법률, 행정과

관계된 일이나 매매, 계약과 관계된 해이다.

❖ 자신이 가진 직업에서는 금전적으로 이익이 실현되는 해이다.

❖ 학생은 자신이 계획하는 대로 실현이 된다.

❖ 직장인은 승진이나 중책을 맡게 되거나 상을 받는 해이다.

❖ 자영업자는 노력한 결과가 생기는 해이다.

❖ 이동이나 변동, 문서 변화, 이사, 매매가 잘 이루어지는 해이다.

❖ 월간은 자신이 가진 직업에서 유익함이 생기는 해이다.

❖ 노력한 결과가 있는 해이다.

❖ 이사, 매매, 변동이 생기는 해이고 결과가 있다.

☞ 일간, 일지, 월간, 월지 중에서 합이 되면 그 작용은 얼마나 될까? 고민을 안 할 수가 없다. 그간의 임상한 결과를 보면 작용이 50%에 가깝다는 것을 알 수 있었다.

합의 개념은 드러나지 않는 실체이지만 어떤 일을 하게 될 때 생각이나 마음을 합리적으로 가지려 하고 행동, 실천을 하는데 긍정적인 요소들이 더 지배하게 된다.

☞ 합이 되어 변한 오행이 재물에 해당하는 것인지, 활동이나 명예와 관련된 내용인지 분석해야 한다.

☞ 천간은 생각이나 마음이 움직이게 되고 지지는 그 결과를 나타내게 된다.

☞ 재물과 관련된 십성으로는 식신, 상관, 편재, 정재로 변화되면 실속이 증가하게 되고 재성이라도 합이 되어 다른 오행으로 변하면 처음에는 좋으나 결과에서는 큰 이익이 실현되기 어렵다.

☞ 이렇게 합이 되어 변한 오행이 세운에서 작용이 강하게 나타나므로 일의 당면성에 대한 결과를 예측할 수 있다.

맹크 진화정보론 II

PART 10
학과 분석

1

일간을 기준한 학과 분석

교육대생만을 대상으로 연구한 결과를 수록한 책이다.

1 甲 일간과 학과 관계

설문에 응답을 한 342명 중 甲 일간에 해당하는 학생이 41명으로 11.98%에 해당하였다. 41명을 세부적으로 나누어 어느 학과로 진학률이 높은가를 분석한 결과 다음과 같았다.

구 분	교육학과	인 원	%	대 비	비 고
일간 甲	초등교육	10	24.39	전체 인원 대비 11.98%	
	국어교육	2	4.88		
	영어교육	2	4.88		
	수학교육	6	14.63		
	과학교육	3	7.32		
	컴퓨터교육	5	12.19		
	음악교육	0			
	체육교육	2	4.88		
	미술교육	1	2.44		
	유아교육	3	7.32		
	윤리교육	3	7.32		
	사회교육	4	9.73		
	특수교육	0			
	중국어교육	0			
	상담심리교육	0			
	교육학과	0			
		41			

甲 일간은 초등교육과로 진학한 학생이 10명으로 24.39%를 나타냈고, 그다음으로 수학교육과 진학자가 6명으로 14.63%를 나타냈다.

❷ 乙 일간과 학과 관계

설문에 응답을 한 342명 중 乙 일간에 해당하는 학생이 36명으로 10.53%에 해당하였다. 36명을 세부적으로 나누어 어느 학과로 진학률이 높은가를 분석한 결과 다음과 같았다.

구 분	교육학과	인 원	%	대 비	비 고
	초등교육	1	2.78		
	국어교육	1	2.78		
	영어교육	5	13.89		
	수학교육	4	11.11		
	과학교육	1	2.78		
	컴퓨터교육	1	2.78		
	음악교육	4	11.11		
일간 乙	체육교육	6	16.67	전체 인원 대비 10.53%	
	미술교육	2	5.56		
	유아교육	3	8.33		
	윤리교육	3	8.33		
	사회교육	2	5.56		
	특수교육	2	5.56		
	중국어교육	0			
	상담심리교육	0			
	교육학과	1	2.78		
		36	100		

乙 일간은 체육교육과에 진학자가 6명으로 16.67%를 나타냈고, 그 다음으로 영어교육과에 5명이 응답하여 13.89%에 해당하였다.

3 丙 일간과 학과 관계

설문에 응답을 한 342명 중 丙 일간에 해당하는 학생이 27명으로 7.89%에 해당하였다. 27명을 세부적으로 나누어 어느 학과로 진학률이 높은가를 분석한 결과 다음과 같았다.

구 분	교육학과	인 원	%	대 비	비 고
일간 丙	초등교육	4	14.82	전체 인원 대비 7.89%	
	국어교육	1	3.70		
	영어교육	3	11.11		
	수학교육	0			
	과학교육	3	11.11		
	컴퓨터교육	5	18.52		
	음악교육	2	7.41		
	체육교육	2	7.41		
	미술교육	1	3.70		
	유아교육	3	11.11		
	윤리교육	0			
	사회교육	2	7.41		
	특수교육	1	3.70		
	중국어교육	0			
	상담심리교육	0			
	교육학과	0			
		27	100		

丙 일간은 컴퓨터교육과 진학자가 5명으로 18.52%에 해당하였고, 그다음으로 초등교육과가 4명으로 14.82%에 해당하였다.

4 丁 일간과 학과 관계

설문에 응답을 한 342명 중 丁 일간에 해당하는 학생이 45명으로 13.16%에 해당하였다. 45명을 세부적으로 나누어 어느 학과로 진학률이 높은가를 분석한 결과 다음과 같았다.

구 분	교육학과	인 원	%	대 비	비 고
일간 丁	초등교육	10	22.22	전체 인원 대비 13.16%	
	국어교육	4	8.90		
	영어교육	3	6.67		
	수학교육	4	8.90		
	과학교육	6	13.33		
	컴퓨터교육	2	4.44		
	음악교육	2	4.44		
	체육교육	2	4.44		
	미술교육	2	4.44		
	유아교육	2	4.44		
	윤리교육	2	4.44		
	사회교육	2	4.44		
	특수교육	0			
	중국어교육	0			
	상담심리교육	0			
	교육학과	4	8.90		
		45	100		

丁 일간은 초등교육과가 10명으로 22.22%에 해당하였고, 그다음으로 과학교육과에 6명으로 13.33%에 해당하였다.

5 戊 일간과 학과 관계

설문에 응답을 한 342명 중 戊 일간에 해당하는 학생이 38명으로 11.11%에 해당하였다. 38명을 세부적으로 나누어 어느 학과로 진학률이 높은가를 분석한 결과 다음과 같았다.

구 분	교육학과	인 원	%	대 비	비 고
일간 戊	초등교육	10	26.32	전체 인원 대비 11.11%	
	국어교육	4	10.52		
	영어교육	0			
	수학교육	6	15.79		
	과학교육	5	13.16		
	컴퓨터교육	3	7.89		
	음악교육	3	7.89		
	체육교육	3	7.89		
	미술교육	0			
	유아교육	0			
	윤리교육	0			
	사회교육	0			
	특수교육	2	5.27		
	중국어교육	0			
	상담심리교육	0			
	교육학과	2	5.27		
		38	100		

戊 일간인 경우에는 초등교육과로 진학하는 비율이 매우 높았다. 10명으로 26.32%에 해당하였다. 그다음으로 수학교육과가 6명으로 15.79%로 나타났다.

6 己 일간과 학과 관계

설문에 응답을 한 342명 중 己 일간에 해당하는 학생이 34명으로 9.94%에 해당하였다. 34명을 세부적으로 나누어 어느 학과로 진학률이 높은가를 분석한 결과 다음과 같았다.

구 분	교육학과	인 원	%	대 비	비 고
일간 己	초등교육	2	5.88	전체 인원 대비 9.94%	
	국어교육	3	8.82		
	영어교육	3	8.82		
	수학교육	5	14.71		
	과학교육	1	2.94		
	컴퓨터교육	1	2.94		
	음악교육	3	8.82		
	체육교육	6	17.65		
	미술교육	4	11.77		
	유아교육	2	5.88		
	윤리교육	4	11.77		
	사회교육	0			
	특수교육	0			
	중국어교육	0			
	상담심리교육	0			
	교육학과	0			
		34	100		

己 일간에서는 체육교육과에 6명이 진학하여 17.65%에 해당하였고, 그다음으로 수학교육과가 5명으로 14.71%에 해당하였다. 다른 학과도 고른 진학률이 나왔고 예·체능계열인 미술교육과도 4명이 진학하였다.

7 庚 일간과 학과 관계

설문에 응답을 한 342명 중 庚 일간에 해당하는 학생이 36명으로 10.53%에 해당하였다. 36명을 세부적으로 나누어 어느 학과로 진학률이 높은가를 분석한 결과 다음과 같았다.

구 분	교육학과	인 원	%	대 비	비 고
일간 庚	초등교육	6	16.67	전체 인원 대비 10.53%	
	국어교육	4	11.11		
	영어교육	0			
	수학교육	5	13.88		
	과학교육	2	5.56		
	컴퓨터교육	4	11.11		
	음악교육	2	5.56		
	체육교육	3	8.33		
	미술교육	0			
	유아교육	0			
	윤리교육	2	5.56		
	사회교육	4	11.11		
	특수교육	0			
	중국어교육	0			
	상담심리교육	0			
	교육학과	4	11.11		
		36	100		

庚 일간에는 36명에 해당하였고 진학률이 높은 학과로는 초등교육과와 수학교육과가 높게 나타났다. 초등교육과는 6명이고 수학교육과는 5명으로 나타났다.

8 辛 일간과 학과 관계

설문에 응답을 한 342명 중 辛 일간에 해당하는 학생이 28명으로 8.19%에 해당하였다. 28명을 세부적으로 나누어 어느 학과로 진학률이 높은가를 분석한 결과 다음과 같았다.

구 분	교육학과	인 원	%	대 비	비 고
일간 辛	초등교육	1	3.57	전체 인원 대비 8.19%	
	국어교육	2	7.14		
	영어교육	2	7.14		
	수학교육	2	7.14		
	과학교육	4	14.29		
	컴퓨터교육	4	14.29		
	음악교육	3	10.72		
	체육교육	0			
	미술교육	1	3.57		
	유아교육	2	7.14		
	윤리교육	2	7.14		
	사회교육	0			
	특수교육	0			
	중국어교육	1	3.57		
	상담심리교육	0			
	교육학과	4	14.29		
		28	100		

辛 일간은 28명에 해당하였고 과학교육과, 컴퓨터교육과가 4명씩 나타났으며 교육학과로도 4명에 해당하였다. 교육학과는 추후 전공과목이 세분화되기 때문에 적용하지 않았다.

⑨ 壬 일간과 학과 관계

설문에 응답을 한 342명 중 壬 일간에 해당하는 학생이 25명으로 7.31%에 해당하였다. 25명을 세부적으로 나누어 어느 학과로 진학률이 높은가를 분석한 결과 다음과 같았다.

구 분	교육학과	인 원	%	대 비	비 고
일간 壬	초등교육	2	8.00	전체 인원 대비 7.31%	
	국어교육	0			
	영어교육	1	4.00		
	수학교육	5	20.00		
	과학교육	0			
	컴퓨터교육	0			
	음악교육	4	16.00		
	체육교육	4	16.00		
	미술교육	1	4.00		
	유아교육	3	12.00		
	윤리교육	1	4.00		
	사회교육	2	8.11		
	특수교육	0			
	중국어교육	0			
	상담심리교육	0			
	교육학과	2	8.00		
		25	100		

壬 일간으로는 25명이 진학하였다. 수학교육과에 5명이 진학하였으며 음악, 체육교육과로 각각 4명씩 진학하였다. 壬 일간은 예·체능에서 다른 일간에 비하여 진학률이 높은 것으로 나타났다.

10 癸 일간과 학과 관계

설문에 응답을 한 342명 중 癸 일간에 해당하는 학생이 32명으로 9.36%에 해당하였다. 32명을 세부적으로 나누어 어느 학과로 진학률이 높은가를 분석한 결과 다음과 같았다.

구 분	교육학과	인 원	%	대 비	비 고
일간 癸	초등교육	7	21.88	전체 인원 대비 9.36%	
	국어교육	0			
	영어교육	3	9.38		
	수학교육	1	3.12		
	과학교육	5	15.63		
	컴퓨터교육	1	3.12		
	음악교육	1	3.12		
	체육교육	2	6.25		
	미술교육	1	3.12		
	유아교육	3	9.38		
	윤리교육	2	6.25		
	사회교육	2	6.25		
	특수교육	0			
	중국어교육	0			
	상담심리교육	0			
	교육학과	4	12.5		
		32	100		

癸 일간에서는 초등교육과가 7명으로 21.88%에 해당하였고, 그다음으로 과학교육과가 5명으로 15.63%에 해당하였다.

일간을 기준하여 살펴본 이유는 교육대에 진학하는 학생이 어느 일간이 많은가를 분석하기도 하였고 일간과 세분화된 학과와는 어떤 연관성이 있는가를 살펴보기 위함이었다.

② 격국을 기준한 학과 분석

1 비견격과 학과

구분	학과	인원	%	비고
비견격	초등교육과	4	17.39	전체 인원 대비 6.73%
	국어	1	4.35	
	영어	1	4.35	
	수학	3	13.05	
	과학	2	8.69	
	컴퓨터	1	4.35	
	음악	1	4.35	
	체육	2	8.69	
	미술	1	4.35	
	유아	0		
	윤리	1	4.35	
	교육	2	8.69	
	사회	4	17.39	
	특수	0		
	중국어	0		
	상담심리	0		
		32	100	

비견격에 해당하는 학생은 초등교육과와 사회교육과에 각각 4명씩 진학하여 17.39%를 나타냈다. 그다음으로 수학교육과에 3명이 진학하여 13.05%를 나타냈다.

교대를 진학하는 학생들에게 격국을 통하여 자신에게 가장 적합한 학과를 선택하는데 상담자료로 활용할 수 있다.

2 겹재격과 학과

구 분	학 과	인 원	%	비 고
겹 재 격	초등교육과	4	13.33	전체 인원 대비 7.09%
	국어	2	6.67	
	영어	3	10	
	수학	1	3.33	
	과학	7	23.34	
	컴퓨터	2	6.67	
	음악	4	13.33	
	체육	1	3.33	
	미술	2	6.67	
	유아	0		
	윤리	1	3.33	
	교육	3	10	
	사회	0		
	특수	0		
	중국어	0		
	상담심리	0		
		30	100	

　겹재격에 해당하는 학생은 과학교육과에 7명이 진학하여 23.34%를 나타냈고, 그다음으로는 초등교육과와 음악교육과에 각각 4명씩 진학하여 13.33%를 나타냈다.

③ 식신격과 학과

구분	학 과	인원	%	비 고
식 신 격	초등교육과	6	15.79	전체 인원 대비 11.11%
	국어	4	10.53	
	영어	1	2.63	
	수학	4	10.53	
	과학	0		
	컴퓨터	4	10.53	
	음악	2	5.26	
	체육	4	10.53	
	미술	1	2.63	
	유아	5	13.16	
	윤리	2	5.26	
	교육	3	7.89	
	사회	1	2.63	
	특수	0		
	중국어	1	2.63	
	상담심리	0		
		38	100	

　식신격에 해당하는 학생은 초등교육과에 6명이 진학하여 15.79%를 나타냈고, 그다음으로는 유아교육과에 5명이 진학하여 13.16%를 나타냈다. 그 외에도 국어교육, 수학교육, 체육교육과에서 각각 4명씩 진학하여 다른 격국보다 **식신격**에 해당하는 학생이 고른 진학을 보였다.

4 상관격과 학과

구 분	학 과	인 원	%	비 고
상 관 격	초등교육과	4	11.11	전체 인원 대비 10.53%
	국어	3	8.33	
	영어	1	2.78	
	수학	6	16.66	
	과학	2	5.56	
	컴퓨터	2	5.56	
	음악	0		
	체육	3	8.33	
	미술	3	8.33	
	유아	2	5.56	
	윤리	3	8.33	
	교육	3	8.33	
	사회	2	5.56	
	특수	1	2.78	
	중국어	0		
	상담심리	1	2.78	
		36	100	

　　상관격에 해당하는 학생은 수학교육과에 6명이 진학하여 16.66%를 나타냈고, 그다음으로는 초등교육과에 4명이 진학하여 11.11%를 나타냈다. 그 외에도 국어, 체육, 미술, 윤리에서도 각각 3명씩 진학하여 **상관격**에 해당하는 경우에는 다양한 학과와 융합이 되고 있었다.

5 편재격과 학과

구분	학과	인원	%	비고
편 재 격	초등교육과	3	9.68	**전체 인원 대비 9.06%**
	국어	2	6.45	
	영어	3	9.68	
	수학	7	22.58	
	과학	1	3.22	
	컴퓨터	3	9.68	
	음악	3	9.68	
	체육	3	9.68	
	미술	1	3.23	
	유아	1	3.22	
	윤리	2	6.45	
	교육	1	3.23	
	사회	1	3.22	
	특수	0		
	중국어	0		
	상담심리	0		
		31	100	

편재격에 해당하는 학생은 수학교육과에 7명이 진학하여 22.58%를 나타냈다. 초등교육과, 영어, 컴퓨터, 음악, 체육교육과도 고르게 진학하였다. 격국은 직업과 관계성을 가장 많이 지니고 있으며 직업은 곧 자신이 전공한 학과와 연계성을 띄고 있기 때문에 역학자로서는 꼭 확인하고 연구해 보고 싶었던 내용이었다.

6 정재격과 학과

구 분	학 과	인 원	%	비 고
정 재 격	초등교육과	4	9.09	전체 인원 대비 12.87%
	국어	0		
	영어	3	6.82	
	수학	4	9.09	
	과학	2	4.55	
	컴퓨터	3	6.82	
	음악	6	13.64	
	체육	5	11.35	
	미술	1	2.27	
	유아	4	9.09	
	윤리	3	6.82	
	교육	6	13.64	
	사회	3	6.82	
	특수	0		
	중국어	0		
	상담심리	0		
		44	100	

정재격에 해당하는 학생은 44명으로 12.87%에 해당하였다. 상위에 해당하는 학과로는 음악교육과와 아직 학과를 배정받지 않은 교육학과가 각각 6명으로 13.64%를 나타냈다.

교육학과로 기재한 학생은 추후 자신이 가장 적성에 맞는 학과를 선택하겠지만 설문응답에 기록한 대로 교육학과로 남겨두었다.

⑦ 편관격과 학과

구분	학과	인원	%	비고
편 관 격	초등교육과	4	11.44	전체 인원 대비 10.23%
	국어	2	5.71	
	영어	1	2.85	
	수학	2	5.71	
	과학	3	8.57	
	컴퓨터	4	11.44	
	음악	2	5.71	
	체육	6	17.14	
	미술	1	2.85	
	유아	5	14.29	
	윤리	4	11.44	
	교육	0		
	사회	1	2.85	
	특수	0		
	중국어	0		
	상담심리	0		
		35	100	

　　편관격에 해당하는 학생은 전체 응답자 중 10.23%에 해당하였다. 상위 학과로는 체육교육과가 6명으로 17.14%에 해당하였다. 그다음으로는 유아교육과가 5명으로 14.29%를 나타냈다.

　　편관격에 해당하는 학생이 주로 문과와 관련있는 교육학과 진학률이 높다는 것을 표를 통하여 알 수 있었다.

8 정관격과 학과

구분	학과	인원	%	비고
정관격	초등교육과	10	37.04	전체 인원 대비 7.89%
	국어	0		
	영어	3	11.12	
	수학	1	3.70	
	과학	2	7.41	
	컴퓨터	3	11.12	
	음악	1	3.70	
	체육	1	3.70	
	미술	2	7.41	
	유아	1	3.70	
	윤리	0		
	교육	1	3.70	
	사회	1	3.70	
	특수	1	3.70	
	중국어	0		
	상담심리	0		
		27	100	

정관격에 해당하는 학생은 7.89%에 해당하여 평균보다 낮은 수치를 보였다. 가장 많은 진학률을 보인 학과로는 10명이 진학한 초등교육과로 37.04%를 나타내어 가장 높게 나왔다.

9 편인격과 학과

구분	학 과	인원	%	비고
편인격	초등교육과	10	27.77	전체 인원 대비 10.53%
	국어	4	11.11	
	영어	3	8.33	
	수학	4	11.11	
	과학	3	8.33	
	컴퓨터	3	8.33	
	음악	2	5.56	
	체육	1	2.78	
	미술	0		
	유아	1	2.78	
	윤리	2	5.56	
	교육	1	2.78	
	사회	2	5.56	
	특수	0		
	중국어	0		
	상담심리	0		
		36	100	

편인격에 해당하는 학생은 10.53%에 해당하여 평균치를 넘어섰다. 진학률이 높은 학과로는 초등교육과에 진학한 학생이 10명으로 27.77%를 나타냈다. 그다음으로 국어교육과가 11.11%에 해당하였다.

10 정인격과 학과

구 분	학 과	인 원	%	비 고
정 인 격	초등교육과	4	9.52	전체 인원 대비 12.28%
	국어	3	7.14	
	영어	3	7.14	
	수학	6	14.29	
	과학	8	19.05	
	컴퓨터	1	2.38	
	음악	3	7.14	
	체육	4	9.52	
	미술	1	2.38	
	유아	2	4.77	
	윤리	1	2.38	
	교육	2	4.77	
	사회	3	7.14	
	특수	1	2.38	
	중국어	0		
	상담심리	0		
		42	100	

정인격에 해당하는 학생은 12.28%에 해당하여 다른 격국보다 높게 나타났다. 과학교육과에 8명이 진학하여 19.05%를 나타냈고, 그다음 으로는 수학교육과에 6명으로 14.29%에 해당하였다.

전체적으로 고른 진학률을 보이고 있다.

PART 11

분석의 결과

맹그로브숲과 정보론 II

1

時 분석

남 134		121명 58.17%		87명 41.83%
여 208	63명 47.01%		71명 52.98%	
342	남	여	남	여
설문응답	시(時)를 기록한 학생		시(時)를 기록하지 않은 학생	

설문응답자 342명 중 남학생이 134명으로 시를 기록한 경우가 63명으로 47.01%에 해당하였고, 시를 기록하지 않는 학생이 71명으로 52.98%로 나타났다. 여학생은 응답자 208명 중 시를 기록한 경우가 121명으로 58.17%였고, 시를 기록하지 않은 경우가 87명으로 41.83%에 해당하였다.

남·여를 포함하여 시를 기록한 학생이 184명으로 53.80%이고, 시를 기록하지 않는 학생이 158명으로 46.19%에 해당하였다.

이처럼 시를 기록하지 않은 학생도 대학을 진학하였다.

태어난 시를 몰라도 진학계열이나 학과에 대한 정보를 제공해 줄 수 있는 방안이 모색되어야 한다.

명리학에서는 태어난 시를 모르면 운명을 판단할 수 없다는 논리는 맞지 않는다고 본다. 다만 평생운이나 노후에 대한 내용을 알기 위해서는 시가 있어야만 더 정확하겠지만 학과에서는 시를 몰라도 진학을 하고 있다는 것에 대해 더 많은 연구가 진행되어야 할 것이다.

2
일간 분석

일간	甲	乙	丙	丁	戊	己	庚	辛	壬	癸
인원	41	36	27	45	38	34	36	28	25	32
%	11.98	10.52	7.89	13.16	11.11	9.94	10.53	8.19	7.31	9.36

　　교대에 진학한 학생을 대상으로 어느 일간이 진학률이 높았는가를 분석하였다. 그 결과 丁 일간이 45명으로 13.16%에 해당하였고 그다음으로는 甲 일간이 41명으로 11.98%에 해당하였다.

　　교대에 진학한 학생 중 일간이 가장 적은 경우는 壬 일간으로 25명에 7.31%에 해당하였다. 丁 일간과는 20명이나 차이가 났다.

3

격국 분석

격국	인원	%	비고
비견	23	6.73	❶ ⇩
겁재	30	8.77	
식신	38	11.11	
상관	36	10.53	
편재	31	9.06	
정재	44	12.87	① ⇧
편관	35	10.23	
정관	27	7.89	
편인	36	10.53	
정인	42	12.28	②
계	342		

　　격국을 분석한 결과 **정재격**에 해당하는 경우가 44명으로 **12.87%**에 해당하였고, 그다음으로 **정인격**이 42명에 **12.28%**에 해당하였다. 교육대생은 대체적으로 **정인격**과 관계성이 있을 것이라는 내용에 근접한 결과가 나왔다.

교육과 관계성이 적은 격국으로는 **비견격**으로 23명에 6.73%를 보였다.

연구점

다만 앞으로 연구할 내용은 **정관격**에 해당하는 경우이다. **정관격**도 명예와 연관성이 크기 때문에 많을 것이라고 예상하였지만 27명으로 **비견** 다음으로 낮게 나타났다.

4
격국과 전공의 관계

격국에 따른 전공 차이 분석

구 분		격 국										전 체
		비견	겁재	식신	상관	편재	정재	편관	정관	편인	정인	
유아	N	0	0	5	2	2	4	4	1	2	2	22
	%	0.0	0.0	12.8	6.1	6.9	8.9	12.9	3.6	5.4	4.7	6.4
국어	N	1	2	5	2	2	0	1	0	3	2	18
	%	3.8	6.5	12.8	6.1	6.9	0.0	3.2	0.0	8.1	4.7	5.3
수학	N	3	3	5	5	6	6	3	1	3	3	38
	%	11.5	9.7	12.8	15.2	20.7	13.3	9.7	3.6	8.1	7.0	11.1
영어	N	1	2	1	1	3	3	1	3	5	4	24
	%	3.8	6.5	2.6	3.0	10.3	6.7	3.2	10.7	13.5	9.3	7.0
과학	N	2	5	1	3	2	2	3	1	2	9	30
	%	7.7	16.1	2.6	9.1	6.9	4.4	9.7	3.6	5.4	20.9	8.8
컴퓨터	N	1	2	3	2	2	6	3	3	3	2	27
	%	3.8	6.5	7.7	6.1	6.9	13.3	9.7	10.7	8.1	4.7	7.9
미술	N	1	2	0	2	1	1	1	2	2	0	12
	%	3.8	6.5	0.0	6.1	3.4	2.2	3.2	7.1	5.4	0.0	3.5
음악	N	1	4	2	0	3	5	2	1	2	3	23
	%	3.8	12.9	5.1	0.0	10.3	11.1	6.5	3.6	5.4	7.0	6.7
체육	N	3	2	4	2	2	4	4	3	2	4	30
	%	11.5	6.5	10.3	6.1	6.9	8.9	12.9	10.7	5.4	9.3	8.8
초등	N	5	3	7	4	3	4	4	9	7	6	52
	%	19.2	9.7	17.9	12.1	10.3	8.9	12.9	32.1	18.9	14.0	15.2
교육	N	3	4	2	3	2	3	0	1	1	3	22
	%	11.5	12.9	5.1	9.1	6.9	6.7	0.0	3.6	2.7	7.0	6.4
윤리	N	1	1	2	3	0	3	4	1	3	2	20
	%	3.8	3.2	5.1	9.1	0.0	6.7	12.9	3.6	8.1	4.7	5.8
사회	N	4	0	1	2	1	3	1	1	2	2	17
	%	15.4	0.0	2.6	6.1	3.4	6.7	3.2	3.6	5.4	4.7	5.0
특수	N	0	0	0	1	0	0	0	1	0	1	3
	%	0.0	0.0	0.0	3.0	0.0	0.0	0.0	3.6	0.0	2.3	0.9
성악	N	0	0	0	0	0	1	0	0	0	0	1
	%	0.0	0.0	0.0	0.0	0.0	2.2	0.0	0.0	0.0	0.0	0.3
심리	N	0	1	1	1	0	0	0	0	0	0	3
	%	0.0	3.2	2.6	3.0	0.0	0.0	0.0	0.0	0.0	0.0	0.9
전체	N	26	31	39	33	29	45	31	28	37	43	342
	%	100	100	100	100	100	100	100	100	100	100	100.0
카이제곱값		113.274(p=.913)										

교대 학생들의 격국에 따라 전공의 비율에 유의한 차이가 있는지 판단하기 위해, 격국과 전공의 교차표를 산출하였다.

비겁격에서는 초등(19.2%), 사회(15.4%), 수학(11.5%), 체육(11.5%), 교육(11.5%) 등의 순으로 나타났다.

겁재격에서는 과학(16.1%), 음악(12.9%), 교육(12.9%), 수학(9.7%), 초등(9.7%) 등의 순으로 나타났다.

식신격에서는 초등(17.9%), 유아(12.8%), 국어(12.8%), 수학(12.8%), 체육(10.3%) 등의 순으로 나타났다.

상관격에서는 수학(15.2%), 초등(12.1%), 과학(9.1%), 윤리(9.1%) 등의 순으로 나타났다.

편재격에서는 수학(20.7%), 영어(10.3%), 음악(10.3%), 초등(10.3%) 등의 순으로 나타났다.

정재격에서는 수학(13.3%), 컴퓨터(13.3%), 음악(11.1%) 등의 순으로 나타났다.

편관격에서는 유아(12.9%), 체육(12.9%), 초등(12.9%), 윤리(12.9%)가 비교적 높게 나타났다.

정관격에서는 초등(32.1%)이 매우 높은 비중을 보였으며, 다음으로 영어(10.7%), 컴퓨터(10.7%), 체육(10.7%)이 높게 나타났다.

편인격에서는 초등(18.9%), 영어(13.5%)가 비교적 높게 나타났다.

정인격에서는 과학(20.9%), 초등(14.0%)의 비중이 상대적으로 높게 나타났다.

5

월지 십성 분석

월 지	인 원	%	비 고
비견	42	12.28	
겁재	28	8.19	
식신	34	9.94	
상관	27	7.89	
편재	28	8.19	
정재	40	11.69	
편관	37	10.82	
정관	36	10.53	
편인	31	9.06	
정인	39	11.40	
계	342		

　　교대를 진학한 학생의 구조를 월지 십성을 기준하여 분석한 결과 **비견**에 해당하는 경우가 42명으로 12.28%에 해당하였다. 가장 낮은 경우는 월지가 **상관**에 해당하는 학생은 상대적으로 교육대에는 가장 낮은 숫자가 나왔다. **상관**이 27명으로 7.89%에 해당하였으며 **비견**과의 인원수에서는 15명의 차이가 있었다.

6

일간과 학과의 관계

학 과	일 간									
	甲	乙	丙	丁	戊	己	庚	辛	壬	癸
초등교육	10	1	4	10	10	2	6	1	2	7
국어교육	2	1	1	4	4	3	4	2	0	0
영어교육	2	5	3	3	0	3	0	2	1	3
수학교육	6	4	0	4	6	5	5	2	5	1
과학교육	3	1	3	6	5	1	2	4	0	5
컴퓨터	5	1	5	2	3	1	4	4	0	1
음악	0	4	2	2	3	3	2	3	4	1
체육	2	6	2	2	3	6	3	0	4	2
미술	1	2	1	2	0	4	0	1	1	1
유아	3	3	3	2	0	2	0	2	3	3
윤리	3	3	0	2	0	4	2	2	1	2
사회	4	2	2	2	0	0	4	0	2	2
교육학	0	2	0	4	2	0	4	4	2	4
특수교육	0	0	1	0	2	0	0	0	0	0
중국어	0	0	0	0	0	0	0	1	0	0
상담심리	0	1	0	0	0	0	0	0	0	0
집계	41	36	27	45	38	34	36	28	25	32
%	11.98	10.53	7.89	13.16	11.11	9.94	10.53	8.19	7.30	9.36

(1) 甲 일간에서는 초등교육학과로 진학률이 높게 나타났다.

(2) 乙 일간은 체육교육학과로 진학률이 높았다.

(3) 丙 일간은 컴퓨터교육학과로 진학자가 많았다.

(4) 丁 일간과 戊 일간은 초등교육학과로 진학자가 많았다.

(5) 己 일간은 체육학과로 진학자가 많았다.

(6) 庚 일간은 초등교육학과에 진학자가 많았다.

(7) 壬 일간은 수학교육학과가 높았다.

(8) 癸 일간은 초등교육학과가 많았다.

초등교육학과로 진학한 학생이 53명으로 15.49%에 해당하였다.

일간과 전공의 관계

일간에 따른 전공 차이 분석

전공		일 간										전 체
		갑	을	병	정	무	기	경	신	임	계	
유아	N	4	2	3	2	0	2	1	2	3	3	22
	%	9.5	5.7	11.1	4.4	0.0	6.1	2.7	7.1	12.0	9.4	6.4
국어	N	1	0	1	4	4	2	4	2	0	0	18
	%	2.4	0.0	3.7	8.9	10.5	6.1	10.8	7.1	0.0	0.0	5.3
수학	N	5	5	0	4	6	5	5	2	5	1	38
	%	11.9	14.3	0.0	8.9	15.8	15.2	13.5	7.1	20.0	3.1	11.1
영어	N	3	5	3	4	0	3	0	2	1	3	24
	%	7.1	14.3	11.1	8.9	0.0	9.1	0.0	7.1	4.0	9.4	7.0
과학	N	4	1	3	5	5	1	2	4	0	5	30
	%	9.5	2.9	11.1	11.1	13.2	3.0	5.4	14.3	0.0	15.6	8.8
컴퓨터	N	5	1	5	3	3	1	4	4	0	1	27
	%	11.9	2.9	18.5	6.7	7.9	3.0	10.8	14.3	0.0	3.1	7.9
미술	N	1	2	1	1	0	4	0	1	1	1	12
	%	2.4	5.7	3.7	2.2	0.0	12.1	0.0	3.6	4.0	3.1	3.5
음악	N	0	4	2	2	3	3	2	3	4	0	23
	%	0.0	11.4	7.4	4.4	7.9	9.1	5.4	10.7	16.0	0.0	6.7
체육	N	2	6	2	2	3	6	3	0	4	2	30
	%	4.8	17.1	7.4	4.4	7.9	18.2	8.1	0.0	16.0	6.3	8.8
초등	N	10	1	4	10	10	2	5	1	3	6	52
	%	23.8	2.9	14.8	22.2	26.3	6.1	13.5	3.6	12.0	18.8	15.2
교육	N	0	3	0	4	2	0	4	3	1	5	22
	%	0.0	8.6	0.0	8.9	5.3	0.0	10.8	10.7	4.0	15.6	6.4
윤리	N	4	2	0	2	0	4	3	2	1	2	20
	%	9.5	5.7	0.0	4.4	0.0	12.1	8.1	7.1	4.0	6.3	5.8
사회	N	3	2	2	2	0	0	4	0	2	2	17
	%	7.1	5.7	7.4	4.4	0.0	0.0	10.8	0.0	8.0	6.3	5.0
특수	N	0	0	1	0	2	0	0	0	0	0	3
	%	0.0	0.0	3.7	0.0	5.3	0.0	0.0	0.0	0.0	0.0	0.9
성악	N	0	0	0	0	0	0	0	0	0	1	1
	%	0.0	0.0	0.0	0.0	0.0	0.0	0.0	0.0	0.0	3.1	0.3
심리	N	0	1	0	0	0	0	0	2	0	0	3
	%	0.0	2.9	0.0	0.0	0.0	0.0	0.0	7.1	0.0	0.0	0.9
전체	N	42	35	27	45	38	33	37	28	25	32	342
	%	100	100	100	100	100	100	100	100	100	100	100.0
카이제곱값						175.350(p=.011)						

교대 학생들의 일간에 따라 전공의 비율에 유의한 차이가 있는지 판단하기 위해, 일간과 전공의 교차표를 산출하였다.

　　먼저 일간이 甲인 학생은 초등(23.8%), 수학(11.9%), 컴퓨터(11.9%)가 상대적으로 높게 나타났으며, 乙인 학생은 체육(17.1%), 수학(14.3%), 영어(14.3%)가 비교적 높게 나타났다.

　　丙인 학생은 컴퓨터(18.5%), 초등(14.8%), 유아(11.1%), 영어(11.1%), 과학(11.1%) 등의 순으로 나타났으며, 丁인 학생은 초등(22.2%), 과학(11.1%)이 비교적 높게 나타났다.

　　戊인 학생은 초등(26.3%)이 매우 높게 나타났으며, 다음으로 수학(15.8%), 과학(13.2%), 국어(10.5%) 등의 순으로 나타났다. 己인 학생은 체육(18.2%), 수학(15.2%), 미술(12.1%), 윤리(12.1%) 등의 순으로 나타났으며, 庚인 학생은 수학(13.5%), 초등(13.5%), 국어(10.8%), 컴퓨터(10.8%), 교육(10.8%), 사회(10.8%)가 비교적 높게 나타났다.

　　辛인 학생은 과학(14.3%), 컴퓨터(14.3%), 음악(10.7%), 교육(10.7%)이 높게 나타났으며, 壬인 학생은 수학(20.0%), 음악(16.0%), 체육(16.0%), 유아(12.0%), 초등(12.0%) 순으로 나타났다. 癸인 학생은 초등(18.8%), 과학(15.6%), 교육(15.6%)이 비교적 높게 나타났다.

　　이들의 비율이 일간별로 유의한 차이를 보이는지 통계적으로 검증하기 위해 카이제곱 검정을 실시하였다. 그 결과 카이제곱값은 175.350, 유의수준은 0.011로 나타나, 일간별로 교대 학생들의 전공선택은 유의한 차이가 있는 것으로 판단되었다($x2$=175.350, $p < .05$).

일간에 따른 전공계열 차이 분석

전공		일간										전체
		갑	을	병	정	무	기	경	신	임	계	
인문	N	25	12	13	24	14	13	17	9	10	16	153
	%	59.5	34.3	48.1	53.3	36.8	39.4	45.9	32.1	40.0	50.0	44.7
이공	N	14	7	8	12	14	7	11	10	5	7	95
	%	33.3	20.0	29.6	26.7	36.8	21.2	29.7	35.7	20.0	21.9	27.8
예체능	N	3	12	5	5	6	13	5	4	9	4	66
	%	7.1	34.3	18.5	11.1	15.8	39.4	13.5	14.3	36.0	12.5	19.3
특수교육	N	0	3	1	4	4	0	4	3	1	5	25
	%	0.0	8.6	3.7	8.9	10.5	0.0	10.8	10.7	4.0	15.6	7.3
미정	N	0	1	0	0	0	0	0	2	0	0	3
	%	0.0	2.9	0.0	0.0	0.0	0.0	0.0	7.1	0.0	0.0	0.9
전체	N	42	35	27	45	38	33	37	28	25	32	**342**
	%	100	100	100	100	100	100	100	100	100	100	100.0
카이제곱값		59.473(p=.008)										

다음으로 교대 학생들의 일간에 따라 전공계열의 비율에 유의한 차이가 있는지 판단하기 위해, 일간과 전공계열의 교차표를 산출하였다.

갑은 인문(59.5%), 이공(33.3%), 예체능(7.1%) 순으로 나타났다.

을은 인문(34.3%), 예체능(34.3%), 이공(20.0%), 특수교육(8.6%) 순으로 나타났다.

병은 인문(48.1%), 이공(29.6%), 예체능(18.5%), 특수교육(3.7%) 순으로 나타났다.

정은 인문(53.3%), 이공(26.7%), 예체능(11.1%), 특수교육(8.9%) 순으로 나타났다.

무는 인문과 이공이 36.8%, 예체능이 15.8%, 특수교육이 10.5% 순으로 나타났다.

기는 인문(39.4%), 예체능(39.4%), 이공(21.2%) 순으로 나타났다.

경은 인문(45.9%), 이공(29.7%), 예체능(13.5%), 특수교육(10.8%) 순으로 나타났다.

신은 이공(35.7%), 인문(32.1%), 예체능(14.3%), 특수교육(10.7%) 순으로 나타났다.

임은 인문(40.0%), 예체능(36.0%), 이공(20.0%), 특수교육(4.0%) 순으로 나타났다.

계는 인문(50.0%), 이공(21.9%), 특수교육(15.6%), 예체능(12.5%) 순으로 나타났다.

甲, 丁, 癸는 인문의 비율이 비교적 높았고 戊, 辛에서는 이공의 비율이 상대적으로 높았다. 한편 乙, 己, 壬은 예체능의 비율이 비교적 높았고, 癸에서는 특수교육학의 비율이 상대적으로 높았다.

이들의 비율이 일간별로 유의한 차이를 보이는지 통계적으로 검증하기 위해 카이제곱 검정을 실시하였다. 그 결과 카이제곱값은 59.473, 유의수준은 0.008로 나타나, 일간별로 교대 학생들의 전공선택은 유의한 차이가 있는 것으로 판단되었다($x2=59.473$, $p<.05$).

9

격국과 학과

학 과	격 국									
	비견	겁재	식신	상관	편재	정재	편관	정관	편인	정인
초등교육	4	4	6	4	3	4	4	10	10	4
국어교육	1	2	4	3	2	0	2	0	4	3
영어교육	1	3	1	1	3	3	1	3	3	3
수학교육	3	1	4	6	7	4	2	1	4	6
과학교육	2	7	0	2	1	2	3	2	3	8
컴퓨터	1	2	2	2	3	3	4	3	3	1
음악	1	4	2	0	3	6	2	1	2	3
체육	2	1	4	3	3	5	6	1	1	4
미술	1	2	1	3	1	1	1	2	0	1
유아	0	0	5	2	1	4	5	1	1	2
윤리	1	1	2	3	2	3	4	0	2	1
사회	4	0	1	2	1	3	1	1	2	3
교육학	2	3	3	3	1	6	0	1	1	2
특수교육	0	0	0	1	0	0	0	1	0	1
중국어	0	0	1	0	0	0	0	0	0	0
상담심리	0	0	0	1	0	0	0	0	0	0
집계	23	30	38	36	31	44	35	27	36	42
%	6.73	8.77	11.11	10.53	9.06	12.87	10.23	7.89	10.53	12.28

(1) **비견격**에 해당하는 학생은 초등교육과 사회교육학과에 진학자가 다소 높게 나타났다.

(2) **겁재격**은 과학교육학과에서 높았다.

(3) **식신격**은 초등교육학과에서 비중이 높았다.

(4) **상관격**은 수학교육학과가 높았다.

(5) **편재격**은 수학교육학과가 높았다.

(6) **정재격**은 교육학과와 음악교육학과가 높게 나타났다.

(7) **편관격**은 체육교육학과가 높았다.

(8) **정관격**은 초등교육학과가 높았다.

(9) **편인격**도 초등교육학과가 높았다.

(10) **정인격**은 과학교육학과가 높게 나타났다.

이와 같이 격국을 통해서 학과와의 관계를 살펴볼 수 있었다. 앞으로 다른 대학의 계열도 학과별로 분석할 필요성을 가졌지만 계열은 9개 이지만 학과는 대략적으로 450개의 학과가 있어 통계분석을 실시하려 면 최소한 12,000명이 설문응답을 해야만 어느정도 자료가 나올 수 있 게 된다. 그만큼 명리학에서 설문조사를 실시하여 결과를 얻어낸다는 것이 얼마나 어려운지를 매번 설문조사를 실시하면서 느끼는 바이다.

10

격국과 계열과의 관계

격국에 따른 계열 차이 분석

전공		일 간										전 체
		비견	겁재	식신	상관	편재	정재	편관	정관	편인	정인	
인문	N	12	8	21	14	11	17	15	15	22	18	153
	%	46.2	25.8	53.8	42.4	37.9	37.8	48.4	53.6	59.5	41.9	44.7
이공	N	6	10	9	10	10	14	9	5	8	14	95
	%	23.1	32.3	23.1	30.3	34.5	31.1	29.0	17.9	21.6	32.6	27.8
예체능	N	5	8	6	4	6	11	7	6	6	7	66
	%	19.2	25.8	15.4	12.1	20.7	24.4	22.6	21.4	16.2	16.3	19.3
특수 교육	N	3	4	2	4	2	3	0	2	1	4	25
	%	11.5	12.9	5.1	12.1	6.9	6.7	0.0	7.1	2.7	9.3	7.3
미정	N	0	1	1	1	0	0	0	0	0	0	3
	%	0.0	3.2	2.6	3.0	0.0	0.0	0.0	0.0	0.0	0.0	0.9
전체	N	26	31	39	33	29	45	31	28	37	43	342
	%	100	100	100	100	100	100	100	100	100	100	100.0
카이제곱값		26.898(p=.864)										

앞서 격국은 전공과는 유의미한 관계가 없는 것으로 판단되었다. 하지만 전공계열은 격국에 따라 유의한 차이가 있는지 확인하기 위하여 교차표를 산출하였다.

유아, 국어, 영어, 초등, 중등, 윤리, 사회, 중국어, 상담심리 전공은 인문계열로 포함하였으며 수학, 과학, 컴퓨터 전공은 이공계열로 미술, 음악, 체육 전공은 예체능계열로, 교육 및 특수교육은 특수교육계열로 분류를 하여 카이제곱 검정을 실시하였다.

먼저 **비견격**에서는 인문(46.2%), 이공(23.1%), 예체능(19.2%), 특수교육(11.5%) 순으로 나타났다. 반면에 **겁재격**에서는 이공(32.3%), 인문(25.8%), 예체능(25.8%), 특수교육(12.9%) 순으로 나타났다. **식신격**에서는 인문이 과반이 넘는 53.8%로 나타났으며, 이공(23.1%), 예체능(15.4%), 특수교육(5.1%) 순으로 나타났다.

상관격에서는 인문(42.4%), 이공(30.3%), 예체능(12.1%), 특수교육(12.1%) 순으로 나타났으며, **편재격**에서는 인문(37.9%), 이공(34.5%), 예체능(20.7%), 특수교육(6.9%) 순으로 나타났다. **정재격**에서는 인문(38.7%), 이공(31.1%), 예체능(24.4%), 특수교육(6.7%) 순으로 나타났고, **편관격**에서는 인문(48.4%), 이공(29.0%), 예체능(22.6%) 순으로 나타났다. **정관격**에서는 인문이 반이 넘는 53.6%로 나타났으며, 다음으로 예체능(21.4%), 이공(17.9%), 특수교육(7.1%) 순으로 나타났다. **편인격**에서는 인문이 59.5%로 매우 높은 비중을 보였으며, 다음으로 이공(21.6%), 예체능(16.2%), 특수교육(2.7%) 순으로 나타났다. 마지막으로 **정인격**에서는 인문이 41.9%, 이공이 32.6%, 예체능이 16.3%, 특수교육이 9.3%로 나타났다.

이들의 비율이 격국별로 유의한 차이를 보이는지 통계적으로 검증하기 위해 카이제곱 검정을 실시하였다. 그 결과 카이제곱값은 26.898, 유의수준은 0.864로 나타내었다($p > .05$).

11

일간과 진학년도 분석

구 분	진학년도(십성)										비 고
	비견	겁재	식신	상관	편재	정재	편관	정관	편인	정인	
甲	1	0	0	0	3	23	3	4	7	0	41
乙	0	0	1	0	20	2	2	2	0	9	36
丙	1	1	1	13	2	3	5	1	0	0	27
丁	3	0	28	4	3	3	1	3	0	0	45
戊	3	22	3	3	6	0	0	0	0	1	38
己	14	3	4	6	0	5	0	0	1	1	34
庚	5	4	7	0	0	0	0	0	6	14	36
辛	1	3	2	4	0	0	0	0	17	1	28
壬	5	0	0	0	0	1	3	12	1	3	25
癸	1	4	0	0	1	0	17	3	2	4	32
집계	34	37	46	30	35	37	31	25	34	33	342
%	9.94	10.82	13.45	8.77	10.23	10.82	9.06	7.31	9.94	9.65	

일간을 기준하여 진학년도와의 관계를 살펴본 결과 다음과 같은 결과가 나타났다.

(1) 甲 일간은 진학년도가 정재일 때 진학률이 높은 것으로 나타났다. 41명 중 23명이 진학하여 56.09%에 해당하였다.

(2) 乙 일간은 36명 중 편재운에 20명이 진학하여 55.56%에 해당하였다.

(3) 丙 일간은 27명 중 상관운에 13명이 진학하여 48.15%에 해당하였다.

(4) 丁 일간은 45명 중 식신운에 28명이 진학하여 62.22%에 해당하였다.

(5) 戊 일간은 38명 중 겁재운에 22명이 진학하여 57.89%에 해당하였다.

(6) 己 일간은 34명 중 비견운에 14명이 진학하여 41.18%에 해당하였다.

(7) 庚 일간은 36명 중 정인운에 4명이 진학하여 38.89%에 해당하였다.

(8) 辛 일간은 28명 중 편인운에 17명이 진학하여 60.71%에 해당하였다.

(9) 壬 일간은 25명 중 정관운에 12명이 진학하여 48%에 해당하였다.

(10) 癸 일간은 32명 중 편관운에 17명이 진학하여 53.13%에 해당하였다.

일간별로 진학년도와의 관계를 분석한 결과 새로운 내용을 발견하였다. 지금까지는 사주 강약을 통하여 용신운에 진학률이 높을 것이라고 생각했으나 실제 검증결과를 보면 그렇지 않았다.

木 일간은 일간이 극을 하는 경우(재성)에 진학률이 높았고, 火 일간은 식상운에 진학률이 높게 나타났다. 土 일간은 비겁운에 진학률이 높았고, 金 일간은 인성운에, 水 일간은 관성운에 진학률이 높게 나타난 것을 확인하였다.

12
월간(원국)과 학과 분석

학과	월간										집계
	비견	겁재	식신	상관	편재	정재	편관	정관	편인	정인	
초등교육	5	3	9	3	6	7	4	5	6	5	53
국어교육	1	4	3	3	2	2	2	1	1	2	21
영어교육	1	1	3	5	4	2	0	2	2	2	22
수학교육	5	4	2	2	4	7	5	5	1	3	38
과학교육	2	7	2	5	2	1	1	5	2	3	30
컴퓨터	3	3	2	2	1	1	3	5	3	3	26
음악	0	4	1	3	2	2	2	5	3	2	24
체육	6	1	2	2	2	2	3	4	4	4	30
미술	1	0	0	3	2	1	1	2	2	1	13
유아	0	2	5	1	2	1	1	3	5	1	21
윤리	0	2	0	3	0	0	5	5	3	1	19
사회	2	4	1	1	4	1	1	5	2	1	22
교육학	0	4	3	0	2	1	4	1	2	1	18
특수교육	0	1	0	0	0	0	1	1	0	0	3
중국어				1							1
상담심리		1									1
집계	26	41	33	34	33	28	33	49	36	29	342
%	7.60	11.98	9.65	9.94	9.65	8.19	9.65	14.33	12.41	8.48	0

월간을 십성으로 분류하여 학과와의 관계를 살펴보았다. 월간 십성이 어느 학과에 진학률이 높았는가를 분석한 자료로 다음과 같이 정리하였다.

(1) 월간이 **비겹**인 경우는 체육교육학과에 6명이 진학하였고 그다음으로 초등교육과, 수학교육학과였다.

(2) 월간이 **겹재**인 경우는 과학교육으로 나타났다.

(3) 월간이 **식신**인 경우는 초등교육으로 나타났다.

(4) 월간이 **상관**인 경우는 영어교육, 과학교육으로 나타났다.

(5) 월간이 **편재**인 경우는 초등교육으로 나타났다.

(6) 월간이 **정재**인 경우는 초등교육, 수학교육으로 나타났다.

(7) 월간이 **편관**인 경우는 수학교육, 윤리교육으로 나타났다.

(8) 월간이 **정관**인 경우는 골고루 배치되어 있었다.

(9) 월간이 **편인**인 경우는 초등교육으로 나타났다.

(10) 월간이 **정인**인 경우는 초등교육으로 나타났다.

❶ 초등교육과에 가장 진학률이 높은 월간으로는 **식신**이었다.

❷ 국어교육과에 진학이 많은 월간은 **겹재**에 해당하였다.

❸ 영어교육과에는 월간이 **상관**인 경우가 많았다.

❹ 수학교육과는 월간이 **정재**인 경우가 많았다.

❺ 과학교육과는 월간이 **겹재**인 경우가 많았다.

❻ 컴퓨터교육과는 월간이 **정관**인 경우가 많았다.

❼ 음악교육과는 월간이 **정관**인 경우가 많았다.

❽ 체육교육과 월간이 **비견**인 경우가 많았다.

❾ 미술교육과 월간이 **상관**인 경우가 많았다.

❿ 유아교육과는 월간이 **식신**인 경우가 많았다.

⓫ 윤리교육과 월간이 **편관**, **정관**인 경우가 많았다.

⓬ 사회교육과 월간이 **정관**인 경우가 많았다.

위와 같이 월간을 기준한 경우와 학과를 기준하여 살펴보았다.

월간은 청소년기이기도 하지만 사회활동과 연관성이 크기 때문에 살펴볼 필요성이 있었다.

격국을 정할 경우도 월지를 기준하여 투간된 것이 월간에 있을 때 작용력이 크기 때문에 연구할 필요성을 가졌다.

13

격국과 진학년도 관계

1 비견격

구 분		세 운										비 고
		진학년도										
		비견	겁재	식신	상관	편재	정재	편관	정관	편인	정인	
甲	3											
乙	1											
丙	2											
丁	3											
戊	5	1	4	4	2	2	2	2	1	4	1	23
己	3	4.35%	17.39%	17.39%	8.69%	8.69%	8.69%	8.69%	4.35%	17.39%	4.35%	
庚	3											
辛	3											
壬	0											
癸	0											
집계		1	4	4	2	2	2	2	1	4	1	23

비견격을 일간별 분석한 결과 戊 일간이 비견격이 가장 많았다.

비견격에 해당하는 학생이 대학을 진학하는 해와의 관계를 십성으로 분석한 결과 세운이 겁재에 해당하거나, 식신에 해당하는 경우, 편인에 해당하는 경우에 진학자가 다소 높게 나타났다. **비견격**은 342명 중 23명으로 분류되었고 6.72%에 해당하였다.

② 겁재격

구 분		세 운										비 고
		진학년도										
		비견	겁재	식신	상관	편재	정재	편관	정관	편인	정인	
甲	5											
乙	1											
丙	1											
丁	1	5	6	1	2	1	7	2	3	0	3	30
戊	5											
己	10	16.67%	20%	3.33%	6.67%	3.33%	23.33%	6.67%	10%		10%	
庚	2											
辛	0											
壬	2											
癸	3											
집계		5	6	1	2	1	7	2	3	0	3	30

겁재격을 일간별 분석한 결과 己 일간이 겁재격에 가장 많았다.

겁재격에 해당하는 학생이 대학을 진학하는 해와의 관계를 십성으로 분석한 결과 세운이 정재에 해당하거나, 겁재에 해당하는 경우, 비견에 해당하는 경우에 진학자가 다소 높게 나타났다. **겁재격**은 342명 중 30명으로 분류되었고 8.77%에 해당하였다.

3 식신격

구분		세운										비고
		진학년도										
		비견	겁재	식신	상관	편재	정재	편관	정관	편인	정인	
甲	6											
乙	3											
丙	2											
丁	4											
戊	3	5	4	2	4	2	3	4	5	3	6	38
己	3	13.15%	10.53%	5.26%	10.53%	5.26%	7.89%	10.53%	13.15%	7.89%	15.79%	
庚	2											
辛	5											
壬	5											
癸	5											
집계		5	4	2	4	2	3	4	5	3	6	38

식신격을 기준하여 분석한 결과 甲 일간이 다소 높았다.

세운과의 관계를 살펴본 결과 정인운에 진학률이 높게 나왔고, 그다음으로 비견운과 정관운이 높은 것으로 나타났다.

이처럼 **식신격**에 해당하는 경우가 교대 진학시 참고할 수 있는 내용이기에 나열하였다.

4 상관격

구분		세 운										비 고
		진학년도										
		비견	겁재	식신	상관	편재	정재	편관	정관	편인	정인	
甲	7											
乙	1											
丙	1											
丁	10											
戊	3	1	3	10	3	2	4	5	1	5	2	36
己	4	2.78%	8.33%	27.78%	8.33%	5.56%	11.11%	13.89%	2.78%	13.89%	5.56%	
庚	1											
辛	4											
壬	2											
癸	3											
집계		1	3	10	3	2	4	5	1	5	2	36

　　상관격에 해당하는 학생이 진학하는 해에 대해 분석한 결과 식신운에 해당할 때 진학률이 높게 나왔다. 10명으로 27.38%에 해당하였다. 일간으로는 丁 일간이 많은 것으로 나타났다.

⑤ 편재격

구 분		세 운										비 고
		진학년도										
		비견	겁재	식신	상관	편재	정재	편관	정관	편인	정인	
甲	5											
乙	4											
丙	3											
丁	3											
戊	4	4	1	2	6	4	4	0	4	4	2	31
己	1	12.90%	3.23%	6.45%	19.35%	12.90%	12.90%		12.90%	12.90%	6.45%	
庚	3											
辛	2											
壬	5											
癸	1											
집계		4	1	2	6	4	4	0	4	4	2	31

편재격에 해당하는 경우에 대해 분석해 보았다.

甲 일간과 壬 일간이 편재격에 해당하는 경우가 많았다.

편재격에 해당하는 학생이 진학년도를 십성으로 분류하여 분석한 결과 상관운에 해당할 때 진학률이 높게 나왔다.

6 정재격

구분		세운										비고
		진학년도										
		비견	겁재	식신	상관	편재	정재	편관	정관	편인	정인	
甲	6											
乙	9											
丙	3											
丁	3											
戊	1	6	4	4	3	8	3	2	2	8	4	44
己	1	13.63%	9.09%	9.09%	6.82%	18.18%	6.82%	4.55%	4.55%	18.18%	9.09%	
庚	10											
辛	5											
壬	4											
癸	2											
집계		6	4	4	3	8	3	2	2	8	4	44

정재격에 해당하는 학생은 대학을 진학하는 년도가 편재운에 유리하였고, 그다음으로 편인운에서 진학률이 높게 나타났다.

정재격에 해당하는 학생 중 庚 일간에 해당하는 학생이 10명으로 가장 많았고, 그다음으로 乙 일간이었다.

7 편관격

구분		세운										비고
		진학년도										
		비견	겁재	식신	상관	편재	정재	편관	정관	편인	정인	
甲	0											
乙	6											
丙	3											
丁	5											
戊	3	4	2	5	3	3	4	5	4	0	5	35
己	5	11.42%	5.71%	14.29%	8.57%	8.57%	11.42%	14.29%	11.42%		14.29%	10.23%
庚	4											
辛	1											
壬	3											
癸	5											
집계		4	2	5	3	3	4	5	4	0	5	35

편관격에 해당하는 학생은 전체 342명 중 35명으로 10.24%에 해당
하였다.

진학년도가 십성으로 식신, 편관, 정인운일 때 진학자가 많은 것으
로 나타났다. 세운이 편인운일 때는 약하게 작용하는 것으로 볼 수 있
었다.

8 정관격

구분		세운										비 고
		진학년도										
		비견	겁재	식신	상관	편재	정재	편관	정관	편인	정인	
甲	4											
乙	4											
丙	3											
丁	7											
戊	4	0	4	7	2	5	2	2	2	0	3	27
己	0		14.81%	25.93%	7.41%	18.52%	7.41%	7.41%	7.41%		11.11%	7.89%
庚	1											
辛	0											
壬	1											
癸	3											
집계		0	4	7	2	5	2	2	2	0	3	27

정관격에 해당하는 학생이 27명으로 7.89%에 해당하였다.

진학년도를 기준하여 식신운일 때 7명이 진학하여 25.93%였고, 편재운일 때 5명으로 18.52%를 나타냈다.

정관격에 해당하는 학생이 진학년도가 편인운일 때와 비견운일 때는 작용이 약하게 나타났다. 따라서 정관격은 진학년도가 비견이거나 편인운에 해당할 때 교대 진학에는 신중해야 한다고 볼 수 있었다.

구 분		세 운										비 고
		진학년도										
		비견	겁재	식신	상관	편재	정재	편관	정관	편인	정인	
甲	2											
乙	4											
丙	7											
丁	5											
戊	3	3	3	5	4	4	4	5	1	2	5	36
己	4	8.33%	8.33%	13.89%	11.11%	11.11%	11.11%	13.89%	2.78%	5.56%	13.89%	10.53%
庚	5											
辛	0											
壬	0											
癸	6											
집계		3	3	5	4	4	4	5	1	2	5	36

　　편인격에 해당하는 학생이 36명으로 10.53%를 나타냈고 세운과의 관계를 분석한 결과 식신, 편관, 정인에 해당할 때 진학률이 높았다. 각각 5명으로 13.89%에 해당하였다.

　　편인격에 해당하는 일간은 丙 일간이 많았다. 상대적으로 辛, 壬, 癸 일간이 적은 것으로 조사되었다.

⑩ 정인격

구분		세운										비고
		진학년도										
		비견	겁재	식신	상관	편재	정재	편관	정관	편인	정인	
甲	3											
乙	3											
丙	2											
丁	4											
戊	7	5	6	6	1	4	4	4	2	8	2	42
己	3	11.90%	14.29%	14.29%	2.38%	9.52%	9.52%	9.52%	4.76%	19.05%	4.76%	12.28%
庚	5											
辛	8											
壬	3											
癸	4											
집계		5	6	6	1	4	4	4	2	8	2	42

정인격에 해당하는 경우는 전체인원 중 12.28%에 해당하였다.

세운이 편인운에 해당할 때 8명이 진학하여 19.05%를 나타냈고, 겁재, 식신운에서 각각 6명이 진학하여 14.29%를 나타냈다.

정인격에 해당하는 경우 戊 일간이 가장 많았다.

위 내용과 같이 격국을 기준하여 대학을 진학하는 세운과의 관계를 살펴보았다.

격국과 세운과의 관계가 어떤 경우일 때 유리한가를 살펴볼 수 있는 기회가 된다는 것도 하나의 연구가 될 수 있다고 판단하였다.

PART 12

설문응답에 대한 결과

멍리 진화정보훈 II 닌험

전공 선택 방법

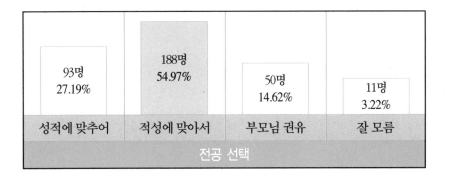

93명 27.19%	188명 54.97%	50명 14.62%	11명 3.22%
성적에 맞추어	적성에 맞아서	부모님 권유	잘 모름
전공 선택			

전공을 선택하는데 있어 어떤 방법으로 선택하였는가에 대한 응답에서 성적에 맞추어 전공을 선택한 경우가 93명으로 27.19%에 해당하였다. 반면 조기에 자신의 적성을 찾아 진학한 경우가 188명으로 54.97%에 해당하였다.

학생들이 대학 진학을 하면서 전공 선택을 하는데 적성에 맞아 선택하였다는 것은 흥미적성이나 조기에 자신이 가장 잘하는 분야를 발견하였다고 볼 수 있다. 이제는 대학을 진학하는 학생들에게 흥미, 적성에 맞아 학과를 선택한다는 것을 의미 있게 새겨보아야 하며, 학부모도 변화가 되어야 한다는 것을 알게 하는 내용이었다.

가령 학생이 국어, 영어, 수학을 잘할 때 이 중 성적이 가장 좋은 것을 선택할 것인가에서 꼭 그렇지 않다는 것으로 판단하였다. 앞으로 학부과정에서는 문과, 이과를 구별하지 않고 대학에 진학하여 자신에게 더 적합한 분야로 갈 수 있도록 하는 시대가 곧 다가올 것이다.

그렇지만 그보다 먼저 우선시되어야 할 것이 중·고등학교에서부터 흥미나 적성을 조기에 발견하고 이를 전문화할 필요성이 있다고 판단하였다.

2
대학 진학 방법

입학사정관	수시 1차	수시 2차	정시
13명 3.80%	25명 7.31%	22명 6.43%	282명 82.46%

대학 진학

교대 진학자인 경우 정시로 진학한 경우가 282명으로 82.46%에 해당하였다. 입학사정관제나 수시로 진학한 경우는 60명으로 17.55%에 해당하였다.

교육대의 특성상 정시진학자가 많은 것을 알 수 있었다.

일반대학에서는 입학사정관제나 수시로 대학을 진학하는 비율이 53%에 해당하였고, 정시진학률은 47%에 해당하여 상대적으로 차이를 보였다. 그만큼 학과별로 입학사정관제나 수시로 차이를 나타내고 있었다.

학과 변동 유무

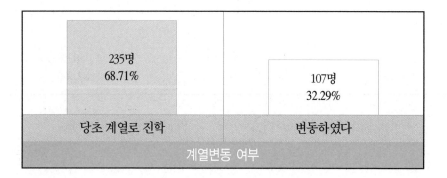

235명 68.71%	107명 32.29%
당초 계열로 진학	변동하였다
계열변동 여부	

　자신이 계획한 계열로 진학을 했는지, 아니면 계열을 변동하여 진학을 하였는가를 살펴보게 되었다.

　대체적으로 계열변동을 하는 경우가 자신의 성적을 기준하여 목표하는 대학을 가는 경우가 많게 된다. 다른 대학을 통해서도 계열변동이 어떤 경우에 많았는가를 분석한 결과 정시로 진학을 하는 경우에 계열변동률이 매우 높게 나타났었다.

　경인교대생들도 정시로 진학한 경우가 282명에 해당하였고, 계열을 변동하여 진학한 경우가 107명으로 32.29%에 해당하였다. 이렇게 계열변동을 한 이유가 자신이 좋아하고 전공하고 싶은 분야가 있었으나, 1차 명문대로 가서 자신의 전공을 살리려고 하였지만 상대평가에 의하여 입성하지 못한 경우가 매우 많았다. 부득이 차선책으로 선택한 곳이 교육학과인 경우가 많았다.

이렇게 정시로 진학한 경우는 계열변동률이 높았는데 일반대학은 더 많은 학생들이 계열변동이 있었다는 것을 알 수 있었다.

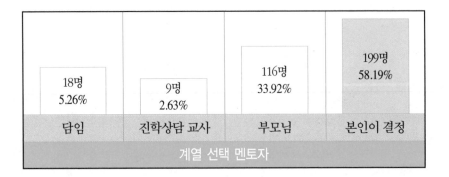

18명 5.26%	9명 2.63%	116명 33.92%	199명 58.19%
담임	진학상담 교사	부모님	본인이 결정
계열 선택 멘토자			

계열과 학과를 선택하는데 일반적으로 담임이나 진학상담 교사가 그 역할을 해줄 것이라 생각하게 된다. 그러나 실제 담임이나 진학상담 교사는 제시형일 수밖에 없다.

시대가 날로 변하여 입학원서를 쓸 경우 과거에는 담임이 작성해 주었고 대학을 진학하였지만, 지금은 각 대학마다 제시하는 방법이 다양하여 담임이나 진학상담 교사가 정보를 다 알지 못하게 되고 정보가 있더라도 학생들이 다른 계열을 선택하는 경우가 더 많다고 한다(진학상담 교사, 담임들과 토론한 결과 자료이다!).

여기서도 재학생을 대상으로 설문응답을 받은 결과 담임의 조언에 동의하여 진학한 경우가 18명으로 5.26%에 해당하였다.

중·고등학교에 배치되어 있는 진학상담 교사의 조언을 듣고 진학한 경우는 담임의 조언보다 훨씬 못 미치는 9명으로 2.63%에 해당하였다. 과연 현실의 교육현장에서 진학상담 교사들이 어떠한 방법으로 학생들의 진로상담에 도움이 되는지 많은 연구가 필요하다.

진로에 대해 의견을 그나마 나누고 결정한 경우가 부모님이라고 응답한 비율이 116명으로 33.92%에 해당하였고, 본인이 결정한 경우는 199명으로 58.19%에 해당하였다.

명문대학교인 서울대나 이화여대인 경우를 보면 자신이 진로를 결정한 경우가 서울대는 70.92%로 나타났고, 이화여대는 56.27%에 해당하였다.

이처럼 계열을 선택하는데 자신이 결정하는 이유는 첫째가 자신이 가장 높은 성적을 기준할 수밖에 없고, 둘째는 메스컴이나 많은 정보를 자신이 분석하여 내리는 경우가 훨씬 효과적이라는 응답을 하였다. 담임이나 상담교사와는 대화가 잘 이루어지지 않으면 마음의 문을 닫아버리게 되어 진로를 결정하는데 크게 기대하지 않는다는 것이 대다수 학생들의 발언 내용이었다.

5
진로 선택의 중요성

　본 설문응답을 받으려는 취지는 대다수의 학생들이 자신이 전공한 분야로 훗날 직업을 가질 것이라 응답하였다. 이렇게 학생들의 인식변화가 높아지고 있는데 과연 그럴 것인가라는 문제를 반문하게 되었다. 그래서 설문문항에 학교가 더 중요한가, 학과가 더 중요한가 반영하여 응답을 받기로 하였다.

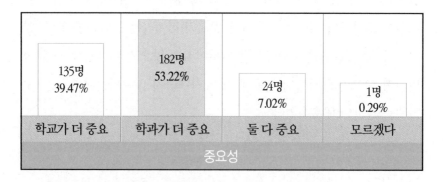

　교육대에 진학한 342명을 대상으로 설문응답을 받은 결과 학교가 더 중요하다고 응답한 학생이 135명으로 39.47%에 해당하였다. 학과가

더 중요하다고 응답한 학생이 182명으로 53.22%에 해당하여 학생들과의 토론내용과 일치하였다. 즉, 학생들이 인식하는 내용이 학부과정을 마치고 사회에 나갈 때 곧바로 자신이 전공한 분야로 직업을 갖겠다는 내용과 일치하였다.

이렇게 학생들의 인식이 변화되고 있는데도 불구하고 학부모의 입장에서는 자녀가 성적이 좋으면 학과보다는 명문대에 진학을 시키고 보자는 생각과는 많은 차이가 있었다.

이것이 바로 삶의 교육현장이고 흥미적성과 성격심리를 통하여 자신이 나아갈 방향을 자신들이 결정하고 있다는 것을 학부모나 담임, 그리고 상담교사들이 풀어가야 할 과제이다.

올바른 상담이 이루어지려면 먼저 학생 자신이 무엇을 좋아하고 흥미를 갖는가에서부터 출발하여 상담이 진행되어야 하고, 마지막에는 성적을 기준하여 성적에 맞는 대학에 진학하도록 상담기법이 변해야 한다는 것을 알게 되었다.

6

전공과 직업의 연관성

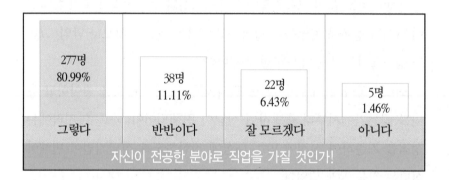

자신이 전공한 분야로 직업을 가질 것인가!

위 표에서 나타나듯 자신이 전공한 분야로 직업을 가질 것이라는 응답이 277명으로 80.99%에 해당하였다. 그만큼 많은 학생들의 주관이 뚜렷하였다. 이렇게 주관이 뚜렷하게 되면 자신이 학부과정에서 해당 분야로 더 많은 정보와 지식을 습득하려고 할 것이며 전문성을 갖추기 위하여 발돋움할 것이라 판단하였다.

교육대생은 자신이 전공한 분야로 직업을 가질 것이라는 미래예측을 해보았지만 아직도 20%에 해당하는 학생은 자신의 미래에 대해 확신이 서지 않는 경우에 해당하였다.

고학력시대에서 비경제활동 인구가 날로 증가하고 있다. 자신이 전공한 분야로 직업을 갖지 못하는 경우가 30%에 이른다고 하였다. 이런 문제에 대해서 중·고등학교의 진로상담 교사나 학부모 그리고 본인이 서로 문제점을 찾고 올바른 진로 지도가 이루어져야 한다고 판단한다.

명리학에서도 많은 학자들이 연구, 분석한 자료들이 배출되어 많은 학생들에게 꿈과 희망을 심어주는 계기가 지속되어야 할 것이다.

7

미래예측(직업 관계)

교육대생들이 향후 직업을 갖는 경우는 임용고시를 통과하여 교사의 길로 가기 위함이다. 학생들이 설문응답을 어떻게 했는지 다음과 같이 분석하였다.

교육공무원	교사	교수	직장
25명 7.31%	294명 85.96%	14명 4.09%	9명 2.63%

향후 직업

교사로 직업을 갖겠다는 응답이 전체 응답자 342명 중 294명으로 85.96%에 해당하였다.

공무원을 계획하는 경우는 25명으로 7.31%였고, 전문성을 더 갖추고 교수가 되겠다고 응답한 경우는 14명으로 4.09%를 나타냈다.

상대적으로 직장생활을 하겠다는 경우는 2.63%에 해당하였다.

교대생들은 자신의 계획과 신념이 뚜렷하게 나타나는 것을 알 수 있었다.

PART 13

격국별 사례 해설

맹구 진화경보론 II

전체 342명 중 격국별 진학률이 높은 학과를 기준하여 20명의 사례를 나열하였다.

1 비견격과 사회교육과

〈乾命 : 남〉

時	日	月	年	대운	세운
！	庚	壬	甲	甲 편재	壬 식신
！	寅	申	戌	戌	辰

❖ 庚 일간이 申월에 태어났다.

❖ 자신의 생일로부터 과거절기까지는 여기·중기·정기 중 정기생에 해당하여 자신의 본기는 庚에 해당하였다.

❖ 격국으로는 비견격에 해당하였다.

❖ 득령을 하였지만 실지를 하여 신약구조이다.

❖입학사정관제로 대학을 진학하였다.

❖이 학생은 적성에 맞아 대학을 진학하였으며, 처음 희망한 학과가 사회교육학과였고 당초 희망대로 사회교육학에 진학하였다.

❖학과 결정을 하는데 멘토자는 '본인'이라고 응답하였다.

❖학교와 학과 중 어느 것이 자신의 미래를 위해서 더 중요한가에 대한 응답에서 '학과'가 더 중요하다고 하였다.

❖본인이 전공한 학과를 기준하여 훗날 직업을 가질 것인가라는 질문에 '그렇다'라고 하였다.

❖졸업 후 진출하고 싶은 분야에 대해서는 '교사'라고 응답하였다.

❖대운과의 관계에서는 편재에 해당하였고, 세운과는 식신에 해당하였다. 대운과 세운의 관계에서는 세운이 대운을 生하는 관계였다.

② 비견격과 체육교육과

〈乾命 : 남〉

時	日	月	年	대운	세운
!	己	戊	戊	庚 상관	己 비견
!	亥	午	辰	申	丑

❖ 己 일간이 午월에 태어났다.

❖ 자신의 생일로부터 과거절기까지는 여기·중기·정기 중 중기생에 해당하여 자신의 본기는 己에 해당하였다.

❖ 격국으로는 비견격에 해당하였다.

❖ 득령을 하였고 실지를 하였지만 득세하여 신강구조이다.

❖ 정시로 대학을 진학하였다.

❖ 이 학생은 부모님 권유에 의하여 대학을 진학하였으며, 처음 희망한 학과가 체육교육학과였고 당초 희망대로 체육교육학에 진학하였다.

❖ 학과 결정을 하는데 멘토자는 '부모님'이라고 응답하였다.

❖ 학교와 학과 중 어느 것이 자신의 미래를 위해서 더 중요한가에 대한 응답에서 '학교'가 더 중요하다고 하였다.

❖ 본인이 전공한 학과를 기준하여 훗날 직업을 가질 것인가라는 질문에 '그렇다'라고 하였다.

❖ 졸업 후 진출하고 싶은 분야에 대해서는 '공무원'이라고 응답하였다.

❖ 대운과의 관계에서는 상관에 해당하였고, 세운과는 비견에 해당하였다. 대운과 세운의 관계에서는 세운이 대운을 生하는 관계였다.

③ 겁재격과 체육교육과

〈乾命 : 남〉

時	日	月	年		대운	세운
丙	己	丙	辛		甲 정관	己 비견
寅	未	申	未		午	丑

❖ 己 일간이 申월에 태어났다.

❖ 자신의 생일로부터 과거절기까지는 여기·중기·정기 중 초기생에 해당하여 자신의 본기는 戊에 해당하였다.

❖ 격국으로는 겁재격에 해당하였다.

❖ 실령을 하였지만 득지를 하고 득세를 한 구조이다.

❖ 정시로 대학을 진학하였다.

❖ 이 학생은 부모님 권유에 의하여 대학을 진학하였으며, 처음 희망한 학과가 체육교육학과였고 당초 희망대로 체육교육학에 진학하였다.

❖ 학과 결정을 하는데 멘토자는 '부모님'이라고 응답하였다.

❖ 학교와 학과 중 어느 것이 자신의 미래를 위해서 더 중요한가에 대한 응답에서 '학과'가 더 중요하다고 하였다.

❖ 본인이 전공한 학과를 기준하여 훗날 직업을 가질 것인가라는 질문에 '그렇다'라고 하였다.

❖ 졸업 후 진출하고 싶은 분야에 대해서는 '교사'라고 응답하였다.

❖ 대운과의 관계에서는 정관에 해당하였고, 세운과는 비견에 해당하였다. 대운과 세운의 관계에서는 甲己합이 되었다.

4 겁재격과 초등교육과

〈坤命 : 여〉

時	日	月	年	대운	세운
庚	辛	甲	庚	壬 상관	己 편인
寅	未	申	午	午	丑

❖ 辛 일간이 申월에 태어났다.

❖ 자신의 생일로부터 과거절기까지는 여기·중기·정기 중 정기생에
　해당하여 자신의 본기는 庚에 해당하였다.

❖ 격국으로는 겁재격에 해당하였다.

❖ 득령과 득지를 하여 강한 구조에 해당한다.

❖ 이 학생은 적성에 맞아 대학을 진학하였으며, 처음 희망한 학과가
　초등교육학과였고 당초 희망대로 초등교육학에 진학하였다.

❖ 학과 결정을 하는데 멘토자는 '본인'이라고 응답하였다.

❖ 학교와 학과 중 어느 것이 자신의 미래를 위해서 더 중요한가에 대
　한 응답에서 '학과'가 더 중요하다고 하였다.

❖ 본인이 전공한 학과를 기준하여 훗날 직업을 가질 것인가라는 질문
　에 '그렇다'라고 하였다.

❖ 졸업 후 진출하고 싶은 분야에 대해서는 '교사'라고 응답하였다.

❖ 대운과의 관계에서는 상관에 해당하였고, 세운과는 편인에 해당하
　였다. 대운과 세운의 관계에서는 尅관계로 구성되어 있다.

❖ 세운과 월간의 관계는 甲己合 戊土가 되어 정인에 해당하였다.

5 식신격과 영어교육과

〈乾命 : 남〉

時	日	月	年		대운	세운
!	癸	辛	辛		己 편관	己 편관
!	未	卯	未		丑	丑

❖ 癸 일간이 卯월에 태어났다.

❖ 자신의 생일로부터 과거절기까지는 여기·중기·정기 중 정기생에
  해당하여 자신의 본기는 乙에 해당하였다.

❖ 격국으로는 식신격에 해당하였다.

❖ 실령과 실지를 하여 약한 구조에 해당한다.

❖ 이 학생은 적성에 맞추어 대학을 진학하였으며, 처음 희망한 학과가
  영어교육학과였고 당초 희망대로 영어교육학에 진학하였다.

❖ 학과 결정을 하는데 멘토자는 '담임'이라고 응답하였다.

❖ 학교와 학과 중 어느 것이 자신의 미래를 위해서 더 중요한가에 대
  한 응답에서 '학교'가 더 중요하다고 하였다.

❖ 본인이 전공한 학과를 기준하여 훗날 직업을 가질 것인가라는 질문
  에 '그렇다'라고 하였다.

❖ 졸업 후 진출하고 싶은 분야에 대해서는 '교사'라고 응답하였다.

❖ 대운과의 관계에서는 편관에 해당하였고, 세운과는 편관에 해당하
  였다. 대운과 세운의 관계에서는 같은 오행인 비견에 해당하였다.

6 식신격과 유아교육과

〈坤命 : 여〉

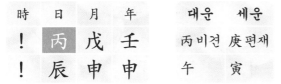

時	日	月	年	대운	세운
!	丙	戊	壬	丙비견	庚편재
!	辰	申	申	午	寅

❖ 丙 일간이 申월에 태어났다.

❖ 자신의 생일로부터 과거절기까지는 초기·중기·정기 중 초기생에
   해당하여 자신의 본기는 戊에 해당하였다.

❖ 격국으로는 식신격에 해당하였다.

❖ 실령과 실지를 하여 약한 구조에 해당한다.

❖ 정시로 대학을 진학하였다.

❖ 이 학생은 적성에 맞아 대학을 진학하였으며, 처음 희망한 학과가
   유아교육학과였고 당초 희망대로 유아교육학과에 진학하였다.

❖ 학과 결정을 하는데 멘토자는 '본인'이라고 응답하였다.

❖ 학교와 학과 중 어느 것이 자신의 미래를 위해서 더 중요한가에 대
   한 응답에서 '학과'가 더 중요하다고 하였다.

❖ 본인이 전공한 학과를 기준하여 훗날 직업을 가질 것인가라는 질문
   에 '그렇다'라고 하였다.

❖ 졸업 후 진출하고 싶은 분야에 대해서는 '교사'라고 응답하였다.

❖ 대운과의 관계에서는 비견에 해당하였고, 세운과는 편재에 해당하
   였다. 대운과 세운의 관계에서는 대운이 세운을 훤하는 관계로 구성
   되어 있었다.

❖ 월간의 구성은 식신생재의 구조로 구성되어 있었다.

7 상관격과 영어교육과

〈乾命 : 남〉

時	日	月	年		대운	세운
!	己	辛	庚		癸 편재	戊 겁재
!	丑	巳	申		未	子

❖ 己 일간이 巳월에 태어났다.

❖ 자신의 생일로부터 과거절기까지는 여기 · 중기 · 정기 중 중기생에 해당하여 자신의 본기는 庚에 해당하였다.

❖ 격국으로는 상관격에 해당하였다.

❖ 득령을 하였고 득지를 한 구조에 해당한다.

❖ 정시로 대학을 진학하였다.

❖ 이 학생은 적성에 맞아 대학을 진학하였으며, 처음 희망한 학과가 영어교육학과였고 당초 희망대로 영어교육학에 진학하였다.

❖ 학과 결정을 하는데 멘토자는 '본인'이라고 응답하였다.

❖ 학교와 학과 중 어느 것이 자신의 미래를 위해서 더 중요한가에 대한 응답에서 '학교'가 더 중요하다고 하였다.

❖ 본인이 전공한 학과를 기준하여 훗날 직업을 가질 것인가라는 질문에 '그렇다'라고 하였다.

❖ 졸업 후 진출하고 싶은 분야에 대해서는 '교사'라고 응답하였다.

❖ 대운과의 관계에서는 편재에 해당하였고, 세운과는 겁재에 해당하였다. 대운과 세운의 관계에서는 剋관계로 구성되어 있었다.

8 상관격과 수학교육과

〈乾命 : 남〉

時	日	月	年	대운	세운
!	戊	己	壬	辛 상관	庚 식신
!	子	酉	申	亥	寅

❖ 戊 일간이 酉월에 태어났다.

❖ 자신의 생일로부터 과거절기까지는 여기·중기·정기 중 정기생에 해당하여 자신의 본기는 辛에 해당하였다.

❖ 격국으로는 상관격에 해당하였다.

❖ 실령과 실지를 하여 약한 구조에 해당한다.

❖ 정시로 대학을 진학하였다.

❖ 이 학생은 부모님 권유에 의하여 대학을 진학하였으며, 처음 희망한 학과가 수학교육학과였고 당초 희망대로 수학교육학에 진학하였다.

❖ 학과 결정을 하는데 멘토자는 '부모님'이라고 응답하였다.

❖ 학교와 학과 중 어느 것이 자신의 미래를 위해서 더 중요한가에 대한 응답에서 '학과'가 더 중요하다고 하였다.

❖ 본인이 전공한 학과를 기준하여 훗날 직업을 가질 것인가라는 질문에 '그렇다'라고 하였다.

❖ 졸업 후 진출하고 싶은 분야에 대해서는 '교수'라고 응답하였다.

❖ 대운과의 관계에서는 상관에 해당하였고, 세운과는 식신에 해당하였다. 대운과 세운의 관계에서는 대운은 같은 오행으로 구성되어 있었다.

⑨ 편재격과 수학교육과

〈坤命 : 여〉

時	日	月	年	대운	세운
!	戊	戊	壬	丙 편인	庚 식신
!	辰	申	申	午	寅

❖ 戊 일간이 申월에 태어났다.

❖ 자신의 생일로부터 과거절기까지는 여기·중기·정기 중 중기생에
   해당하여 자신의 본기는 壬에 해당하였다.

❖ 격국으로는 편재격에 해당하였다.

❖ 실령을 하고 득지를 하였지만 金의 세력이 강한 구조에 해당한다.

❖ 정시로 대학을 진학하였다.

❖ 이 학생은 적성에 맞아 대학을 진학하였으며, 처음 희망한 학과가
   수학교육학과였고 당초 희망대로 수학교육학에 진학하였다.

❖ 학과 결정을 하는데 멘토자는 '부모님'이라고 응답하였다.

❖ 학교와 학과 중 어느 것이 자신의 미래를 위해서 더 중요한가에 대
   한 응답에서 '학과'가 더 중요하다고 하였다.

❖ 본인이 전공한 학과를 기준하여 훗날 직업을 가질 것인가라는 질문
   에 '그렇다'라고 하였다.

❖ 졸업 후 진출하고 싶은 분야에 대해서는 '교수'라고 응답하였다.

❖ 대운과의 관계에서는 편인에 해당하였고, 세운과는 식신에 해당하
   였다. 대운과 세운의 관계에서는 剋관계로 이루어졌다.

10 편재격과 수학교육과

〈乾命 : 남〉

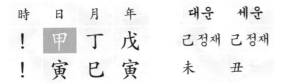

❖ 甲 일간이 巳월에 태어났다.

❖ 자신의 생일로부터 과거절기까지는 여기·중기·정기 중 초기생에 해당하여 자신의 본기는 戊에 해당하였다.

❖ 격국으로는 편재격에 해당하였다.

❖ 실령을 하고 득지를 하였지만 火의 세력이 강한 구조에 해당한다.

❖ 정시로 대학을 진학하였다.

❖ 이 학생은 적성에 맞아 대학을 진학하였으며, 처음 희망한 학과가 수학교육학과였고 당초 희망대로 수학교육학에 진학하였다.

❖ 학과 결정을 하는데 멘토자는 '부모님'이라고 응답하였다.

❖ 학교와 학과 중 어느 것이 자신의 미래를 위해서 더 중요한가에 대한 응답에서 '학과'가 더 중요하다고 하였다.

❖ 본인이 전공한 학과를 기준하여 훗날 직업을 가질 것인가라는 질문에 '반반'이라고 하였다.

❖ 졸업 후 진출하고 싶은 분야에 대해서는 '교사'라고 응답하였다.

❖ 대운과의 관계에서는 정재에 해당하였고, 세운과는 정재에 해당하였다. 대운과 세운의 관계에서는 같은 오행인 비견으로 이루어졌다.

❖ 일간과 대운 세운이 合으로 이루어져 있다.

🔟 정재격과 음악교육과

〈坤命 : 여(교육대학생)〉

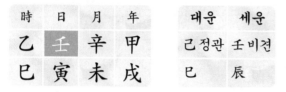

時	日	月	年		대운	세운
乙	壬	辛	甲		己 정관	壬 비견
巳	寅	未	戌		巳	辰

❖ 壬 일간이 未월에 태어났다.

❖ 자신의 생일로부터 과거절기까지는 여기 · 중기 · 정기 중 초기생에 해당하여 자신의 본기는 丁에 해당하였다.

❖ 격국으로는 정재격에 해당하였다.

❖ 실령과 실지를 하여 약한 구조에 해당한다.

❖ 정시로 대학을 진학하였다.

❖ 이 학생은 적성에 맞아 대학을 진학하였으며, 처음 희망한 학과가 음악교육학과였고 당초 희망대로 음악교육학에 진학하였다.

❖ 학과 결정을 하는데 멘토자는 '본인'이라고 응답하였다.

❖ 학교와 학과 중 어느 것이 자신의 미래를 위해서 더 중요한가에 대한 응답에서 '학교'가 더 중요하다고 하였다.

❖ 본인이 전공한 학과를 기준하여 훗날 직업을 가질 것인가라는 질문에 '그렇다'라고 하였다.

❖ 졸업 후 진출하고 싶은 분야에 대해서는 '교사'라고 응답하였다.

❖ 대운과의 관계에서는 정관에 해당하였고, 세운과는 비견에 해당하였다. 대운과 세운의 관계에서는 대운이 세운을 훼하는 관계로 구성되어 있었다.

❖ 월간의 구성도 관인상생 구조로 구성되어 있어 문과계열을 선택하였고, 자신이 신약구조로 이루어져 있어 교육분야로 진출한 것으로 예측하였다.

12 정재격과 영어교육과

〈乾命 : 남〉

時	日	月	年	대운	세운
!	丙	丁	辛	乙 정인	己 상관
!	戌	酉	未	未	丑

❖ 丙 일간이 酉월에 태어났다.

❖ 자신의 생일로부터 과거절기까지는 여기·중기·정기 중 정기생에 해당하여 자신의 본기는 후에 해당하였다.

❖ 격국으로는 정재격에 해당하였다.

❖ 실령과 실지를 하여 약한 구조에 해당한다.

❖ 정시로 대학을 진학하였다.

❖ 이 학생은 적성에 맞아 대학을 진학하였으며, 처음 희망한 학과가 영어교육학과였고 당초 희망대로 영어교육학에 진학하였다.

❖ 학과 결정을 하는데 멘토자는 '부모님'이라고 응답하였다.

❖ 학교와 학과 중 어느 것이 자신의 미래를 위해서 더 중요한가에 대한 응답에서 '학교'가 더 중요하다고 하였다.

❖ 본인이 전공한 학과를 기준하여 훗날 직업을 가질 것인가라는 질문에 '그렇다'라고 하였다.

❖ 졸업 후 진출하고 싶은 분야에 대해서는 '교사'라고 응답하였다.

❖ 대운과의 관계에서는 정인에 해당하였고, 세운과는 상관에 해당하였다. 대운과 세운의 관계에서는 대운이 세운을 훤하는 관계로 구성되어 있었다.

〈乾命 : 남〉

❖ 己 일간이 辰월에 태어났다.

❖ 자신의 생일로부터 과거절기까지는 여기·중기·정기 중 초기생에
   해당하여 자신의 본기는 乙에 해당하였다.

❖ 격국으로는 편관격에 해당하였다.

❖ 득령을 하였지만 실지를 하여 약한 구조에 해당한다.

❖ 정시로 대학을 진학하였다.

❖ 이 학생은 적성에 맞아 대학을 진학하였으며, 처음 희망한 학과가
   윤리교육학과였고 당초 희망대로 윤리교육학에 진학하였다.

❖ 학과 결정을 하는데 멘토자는 '본인' 이라고 응답하였다.

❖ 학교와 학과 중 어느 것이 자신의 미래를 위해서 더 중요한가에 대
   한 응답에서 '학교'가 더 중요하다고 하였다.

❖ 본인이 전공한 학과를 기준하여 훗날 직업을 가질 것인가라는 질문
   에 '그렇다' 라고 하였다.

❖ 졸업 후 진출하고 싶은 분야에 대해서는 '교사' 라고 응답하였다.

❖ 대운과의 관계에서는 정재에 해당하였고, 세운과는 상관에 해당하
   였다. 대운과 세운의 관계에서는 대운이 세운을 生하는 관계로 구성
   되어 있었다.

⒁ 편관격과 유아교육과

〈坤命 : 여〉

時	日	月	年	대운	세운
!	壬	丙	癸	戊 편관	壬 비견
!	午	辰	酉	午	辰

❖ 壬 일간이 辰월에 태어났다.

❖ 자신의 생일로부터 과거절기까지는 여기·중기·정기 중 정기생에 해당하여 자신의 본기는 戊에 해당하였다.

❖ 격국으로는 편관격에 해당하였다.

❖ 실령과 실지를 하여 약한 구조에 해당한다.

❖ 정시로 대학을 진학하였다.

❖ 이 학생은 성적에 맞추어 대학을 진학하였으며, 처음 희망한 학과가 유아교육학과였고 당초 희망대로 유아교육학에 진학하였다.

❖ 학과 결정을 하는데 멘토자는 '본인'이라고 응답하였다.

❖ 학교와 학과 중 어느 것이 자신의 미래를 위해서 더 중요한가에 대한 응답에서 '학과'가 더 중요하다고 하였다.

❖ 본인이 전공한 학과를 기준하여 훗날 직업을 가질 것인가라는 질문에 '그렇다'라고 하였다.

❖ 졸업 후 진출하고 싶은 분야에 대해서는 '교사'라고 응답하였다.

❖ 대운과의 관계에서는 편관에 해당하였고, 세운과는 비견에 해당하였다. 대운과 세운의 관계에서는 대운이 세운을 헌하는 관계로 구성되어 있었다. 월간의 구성도 재생관의 구조로 구성되어 있었다.

15 정관격과 초등교육과

〈坤命 : 여〉

時	日	月	年	대운	세운
!	癸	庚	壬	戊 정관	庚 정인
!	未	戌	申	申	寅

❖ 癸 일간이 戌월에 태어났다.

❖ 자신의 생일로부터 과거절기까지는 여기·중기·정기 중 정기생에 해당하여 자신의 본기는 戌에 해당하였다.

❖ 격국으로는 정관격에 해당하였다.

❖ 실령과 실지를 하여 약한 구조에 해당한다.

❖ 이 학생은 적성에 맞아 대학을 진학하였으며, 처음 희망한 학과가 초등교육학과였고 당초 희망대로 초등교육학에 진학하였다.

❖ 수시 2차로 진학을 하였다.

❖ 학과를 결정하는데 멘토자는 '본인'이라고 응답하였다.

❖ 학교와 학과 중 어느 것이 자신의 미래를 위해서 더 중요한가에 대한 응답에서 '학과'가 더 중요하다고 하였다.

❖ 본인이 전공한 학과를 기준하여 훗날 직업을 가질 것인가라는 질문에 '그렇다'라고 하였다.

❖ 졸업 후 진출하고 싶은 분야에 대해서는 '교사'라고 응답하였다.

❖ 대운과의 관계에서는 정관에 해당하였고, 세운과는 정인에 해당하였다. 대운과 세운의 관계에서는 대운이 세운을 生하는 관계로 구성되어 있어 관인상생에 해당하였다.

❖ 월간 구성도 관인상생의 구조로 구성되어 있어 문과계열을 선택하였고, 자신이 신약구조로 이루어져 있어 교육분야로 진출한 것으로 예측하였다.

16 정관격과 영어교육과

〈坤命 : 여〉

時	日	月	年	대운	세운
!	乙	壬	甲	庚 정관	壬 정인
!	酉	申	戌	午	辰

❖ 乙 일간이 申월에 태어났다.

❖ 자신의 생일로부터 과거절기까지는 여기·중기·정기 중 정기생에 해당하여 자신의 본기는 庚에 해당하였다.

❖ 격국으로는 정관격에 해당하였다.

❖ 실령과 실지를 하여 약한 구조에 해당한다.

❖ 이 학생은 성적에 맞추어 대학을 진학하였으며, 처음 희망한 학과가 영어교육학과였고 당초 희망대로 영어교육학에 진학하였다.

❖ 학과 결정을 하는데 멘토자는 '본인'이라고 응답하였다.

❖ 학교와 학과 중 어느 것이 자신의 미래를 위해서 더 중요한가에 대한 응답에서 '학과'가 더 중요하다고 하였다.

❖ 본인이 전공한 학과를 기준하여 훗날 직업을 가질 것인가라는 질문에 '그렇다'라고 하였다.

❖ 졸업 후 진출하고 싶은 분야는 '국가공무원'이라고 응답하였다.

❖ 대운과의 관계에서는 정관에 해당하였고, 세운과는 정인에 해당하였다. 대운과 세운의 관계에서는 대운이 세운을 生하는 관계로 구성되어 있어 관인상생에 해당하였다.

❖ 월간의 구성도 관인상생 구조로 되어 있어 문과계열을 선택하였고, 자신이 신약구조로 이루어져 있어 교육분야로 진출한 것으로 예측하였다.

17 편인격과 초등교육과

〈乾命 : 남〉

時	日	月	年	대운	세운
!	己	丁	壬	己비견	辛식신
!	丑	未	申	酉	卯

❖己 일간이 未월에 태어났다.

❖자신의 생일로부터 과거절기까지는 여기·중기·정기 중 초기생에 해당하여 자신의 본기는 丁에 해당하였다.

❖격국으로는 편인격에 해당하였다.

❖득령과 득지를 하여 강한 구조에 해당한다.

❖정시로 진학을 하였다.

❖이 학생은 적성에 맞아 대학을 진학하였으며, 처음 희망한 학과가 사회교육학과였는데 초등교육학에 진학하였다.

❖학과 결정을 하는데 멘토자는 '본인' 이라고 응답하였다.

❖학교와 학과 중 어느 것이 자신의 미래를 위해서 더 중요한가에 대한 응답에서 '학과' 가 더 중요하다고 하였다.

❖본인이 전공한 학과를 기준하여 훗날 직업을 가질 것인가라는 질문에 '그렇다' 라고 하였다.

❖졸업 후 진출하고 싶은 분야에 대해서는 '교사' 라고 응답하였다.

❖대운과의 관계에서는 비견에 해당하였고, 세운과는 식신에 해당하였다. 대운과 세운의 관계에서는 대운이 세운을 生하는 관계로 구성되어 있다.

18 편인격과 영어교육과

〈乾命 : 남〉

時	日	月	年	대운	세운
!	癸	丙	庚	戊 정관	戊 정관
!	未	戌	午	子	子

❖ 癸 일간이 戌월에 태어났다.

❖ 자신의 생일로부터 과거절기까지는 여기·중기·정기 중 초기생에 해당하여 자신의 본기는 戌에 해당하였다.

❖ 격국으로는 편인격에 해당하였다.

❖ 실령과 실지를 하여 약한 구조에 해당한다.

❖ 수시 2차로 진학을 하였다.

❖ 이 학생은 적성에 맞아 대학을 진학하였으며, 처음 희망한 학과가 영어교육학과였고 당초 희망한 대로 영어교육학에 진학하였다.

❖ 학과 결정을 하는데 멘토자는 '부모님'이라고 응답하였다.

❖ 학교와 학과 중 어느 것이 자신의 미래를 위해서 더 중요한가에 대한 응답에서 '잘 모르겠다'고 응답하였다.

❖ 본인이 전공한 학과를 기준하여 훗날 직업을 가질 것인가라는 질문에 '그렇다'라고 하였다.

❖ 졸업 후 진출하고 싶은 분야에 대해서는 '교사'라고 응답하였다.

❖ 대운과의 관계에서는 정관에 해당하였고, 세운과는 정관에 해당하였다. 대운과 세운의 관계에서는 같은 오행인 비견으로 이루어졌다.

19 정인격과 사회교육과

〈坤命 : 여〉

時	日	月	年	대운	세운
!	壬	丁	辛	己 정관	己 정관
!	辰	酉	未	亥	丑

❖ 壬 일간이 酉월에 태어났다.

❖ 자신의 생일로부터 과거절기까지는 여기·중기·정기 중 정기생에 해당하여 자신의 본기는 후에 해당하였다.

❖ 격국으로는 정인격에 해당하였다.

❖ 득령과 일지가 辰酉合 金이 되고 金의 세력이 강하다.

❖ 이 학생은 적성에 맞아 진학하였으며, 처음 희망한 초등교육과가 있었으나 사회교육과로 진학하였다.

❖ 학과 결정을 하는데 멘토자는 '본인'이라고 응답하였다.

❖ 학교와 학과 중 어느 것이 자신의 미래를 위해서 더 중요한가에 대한 응답에서 '잘모르겠다'고 응답하였다.

❖ 본인이 전공한 학과를 기준하여 훗날 직업을 가질 것인가라는 질문에 '그렇다'라고 하였다.

❖ 졸업 후 진출하고 싶은 분야에 대해서는 '교사'라고 응답하였다.

❖ 대운과의 관계에서는 정관에 해당하였고, 세운과도 정관에 해당하였다. 대운과 세운의 관계에서는 같은 오행인 비견에 해당한다.

〈坤命 : 여〉

時	日	月	年	대운	세운
!	丁	壬	壬	庚 정재	己 식신
!	卯	寅	申	子	丑

❖ 丁 일간이 寅월에 태어났다.

❖ 자신의 생일로부터 과거절기까지는 여기·중기·정기 중 정기생에 해당하여 자신의 본기는 甲에 해당하였다.

❖ 격국으로는 정인격에 해당하였다.

❖ 득령과 득지를 하여 신강구조에 해당한다.

❖ 이 학생은 부모님 권유로 진학하였으며, 처음 희망한 학과가 영어교육학과였고 당초 희망대로 영어교육학에 진학하였다.

❖ 학과 결정을 하는데 멘토자는 '부모님'이라고 응답하였다.

❖ 학교와 학과 중 어느 것이 자신의 미래를 위해서 더 중요한가에 대한 응답에서 '학과'가 더 중요하다고 하였다.

❖ 본인이 전공한 학과를 기준하여 훗날 직업을 가질 것인가라는 질문에 '그렇다'라고 하였다.

❖ 졸업후 진출하고 싶은 분야에 대해서는 '교사'라고 응답하였다.

❖ 대운과의 관계에서는 정재에 해당하였고, 세운과는 식신에 해당하였다. 대운과 세운의 관계에서는 대운이 세운을 生하는 관계로 구성되어 있어 식신생재에 해당하였다.

땅과 진화정보론 II

PART 14

결론

설문대상자를 350명으로 정하고 조사를 실시한 결과 통계분석을 실시할 수 있는 설문지는 342부였고 8부는 무응답자와 타 대학생으로 분류되에 제외시켰다.

결론에서는 일간과 전공, 격국과 전공, 그리고 진학시 멘토 역할자와 진로 선택시 우선순위에 대해 나열하였다.

앞으로 담임이나 진학상담교사들이 참고해야 할 내용에 대해서도 게재하였다.

그 외에도 명리학 분야에서 통계분석된 이론들이 필요할 것 같은 내용에 대해 연구의 과제로 올려 보았다.

일간에 따른 전공 차이 분석

전공		일 간										전 체
		갑	을	병	정	무	기	경	신	임	계	
유아	N	4	2	3	2	0	2	1	2	3	3	22
	%	9.5	5.7	11.1	4.4	0.0	6.1	2.7	7.1	12.0	9.4	6.4
국어	N	1	0	1	4	4	2	4	2	0	0	18
	%	2.4	0.0	3.7	8.9	10.5	6.1	10.8	7.1	0.0	0.0	5.3
수학	N	5	5	0	4	6	5	5	2	5	1	38
	%	11.9	14.3	0.0	8.9	15.8	15.2	13.5	7.1	20.0	3.1	11.1
영어	N	3	5	3	4	0	3	0	2	1	3	24
	%	7.1	14.3	11.1	8.9	0.0	9.1	0.0	7.1	4.0	9.4	7.0
과학	N	4	1	3	5	5	1	2	4	0	5	30
	%	9.5	2.9	11.1	11.1	13.2	3.0	5.4	14.3	0.0	15.6	8.8
컴퓨터	N	5	1	5	3	3	1	4	4	0	1	27
	%	11.9	2.9	18.5	6.7	7.9	3.0	10.8	14.3	0.0	3.1	7.9
미술	N	1	2	1	1	0	4	0	1	1	1	12
	%	2.4	5.7	3.7	2.2	0.0	12.1	0.0	3.6	4.0	3.1	3.5
음악	N	0	4	2	2	3	3	2	3	4	0	23
	%	0.0	11.4	7.4	4.4	7.9	9.1	5.4	10.7	16.0	0.0	6.7
체육	N	2	6	2	2	3	6	3	0	4	2	30
	%	4.8	17.1	7.4	4.4	7.9	18.2	8.1	0.0	16.0	6.3	8.8
초등	N	10	1	4	10	10	2	5	1	3	6	52
	%	23.8	2.9	14.8	22.2	26.3	6.1	13.5	3.6	12.0	18.8	15.2
교육	N	0	3	0	4	2	0	4	3	1	5	22
	%	0.0	8.6	0.0	8.9	5.3	0.0	10.8	10.7	4.0	15.6	6.4
윤리	N	4	2	0	2	0	4	3	2	1	2	20
	%	9.5	5.7	0.0	4.4	0.0	12.1	8.1	7.1	4.0	6.3	5.8
사회	N	3	2	2	2	0	0	4	0	2	2	17
	%	7.1	5.7	7.4	4.4	0.0	0.0	10.8	0.0	8.0	6.3	5.0
특수	N	0	0	1	0	2	0	0	0	0	0	3
	%	0.0	0.0	3.7	0.0	5.3	0.0	0.0	0.0	0.0	0.0	0.9
성악	N	0	0	0	0	0	0	0	0	0	1	1
	%	0.0	0.0	0.0	0.0	0.0	0.0	0.0	0.0	0.0	3.1	0.3
심리	N	0	1	0	0	0	0	0	2	0	0	3
	%	0.0	2.9	0.0	0.0	0.0	0.0	0.0	7.1	0.0	0.0	0.9
전체	N	42	35	27	45	38	33	37	28	25	32	342
	%	100	100	100	100	100	100	100	100	100	100	100.0
카이제곱값		175.350(p=.011)										

교대 학생들의 일간에 따라 전공의 비율에 유의한 차이가 있는지 판단하기 위해, 일간과 전공의 교차표를 산출하였다.

먼저 일간이 甲인 학생은 초등(23.8%), 수학(11.9%), 컴퓨터(11.9%)가 상대적으로 높게 나타났으며, 乙인 학생은 체육(17.1%), 수학(14.3%), 영어(14.3%)가 비교적 높게 나타났다.

丙인 학생은 컴퓨터(18.5%), 초등(14.8%), 유아(11.1%), 영어(11.1%), 과학(11.1%) 등의 순으로 나타났으며, 丁인 학생은 초등(22.2%), 과학(11.1%)이 비교적 높게 나타났다.

戊인 학생은 초등(26.3%)이 매우 높게 나타났으며, 다음으로 수학(15.8%), 과학(13.2%), 국어(10.5%) 등의 순으로 나타났다. 己인 학생은 체육(18.2%), 수학(15.2%), 미술(12.1%), 윤리(12.1%) 등의 순으로 나타났으며, 庚인 학생은 수학(13.5%), 초등(13.5%), 국어(10.8%), 컴퓨터(10.8%), 교육(10.8%), 사회(10.8%)가 비교적 높게 나타났다.

辛인 학생은 과학(14.3%), 컴퓨터(14.3%), 음악(10.7%), 교육(10.7%)이 높게 나타났으며, 壬인 학생은 수학(20.0%), 음악(16.0%), 체육(16.0%), 유아(12.0%), 초등(12.0%) 순으로 나타났다. 癸인 학생은 초등(18.8%), 과학(15.6%), 교육(15.6%)이 비교적 높게 나타났다.

이들의 비율이 일간별로 유의한 차이를 보이는지 통계적으로 검증하기 위해 카이제곱 검정을 실시하였다. 그 결과 카이제곱 값은 175.350, 유의수준은 0.011로 나타나, 일간별로 교대 학생들의 전공선택은 유의한 차이가 있는 것으로 판단되었다($x2$=175.350, p<.05).

② 격국에 따른 전공 차이 분석

구 분		격 국										전 체
		비견	겁재	식신	상관	편재	정재	편관	정관	편인	정인	
유아	N	0	0	5	2	2	4	4	1	2	2	22
	%	0.0	0.0	12.8	6.1	6.9	8.9	12.9	3.6	5.4	4.7	6.4
국어	N	1	2	5	2	2	0	1	0	3	2	18
	%	3.8	6.5	12.8	6.1	6.9	0.0	3.2	0.0	8.1	4.7	5.3
수학	N	3	3	5	5	6	6	3	1	3	3	38
	%	11.5	9.7	12.8	15.2	20.7	13.3	9.7	3.6	8.1	7.0	11.1
영어	N	1	2	1	1	3	3	1	3	5	4	24
	%	3.8	6.5	2.6	3.0	10.3	6.7	3.2	10.7	13.5	9.3	7.0
과학	N	2	5	1	3	2	2	3	1	2	9	30
	%	7.7	16.1	2.6	9.1	6.9	4.4	9.7	3.6	5.4	20.9	8.8
컴퓨터	N	1	2	3	2	2	6	3	3	3	2	27
	%	3.8	6.5	7.7	6.1	6.9	13.3	9.7	10.7	8.1	4.7	7.9
미술	N	1	2	0	2	1	1	1	2	2	0	12
	%	3.8	6.5	0.0	6.1	3.4	2.2	3.2	7.1	5.4	0.0	3.5
음악	N	1	4	2	0	3	5	2	1	2	3	23
	%	3.8	12.9	5.1	0.0	10.3	11.1	6.5	3.6	5.4	7.0	6.7
체육	N	3	2	4	2	2	4	4	3	2	4	30
	%	11.5	6.5	10.3	6.1	6.9	8.9	12.9	10.7	5.4	9.3	8.8
초등	N	5	3	7	4	3	4	4	9	7	6	52
	%	19.2	9.7	17.9	12.1	10.3	8.9	12.9	32.1	18.9	14.0	15.2
교육	N	3	4	2	3	2	3	0	1	1	3	22
	%	11.5	12.9	5.1	9.1	6.9	6.7	0.0	3.6	2.7	7.0	6.4
윤리	N	1	1	2	3	0	3	4	1	3	2	20
	%	3.8	3.2	5.1	9.1	0.0	6.7	12.9	3.6	8.1	4.7	5.8
사회	N	4	0	1	2	1	3	1	1	2	2	17
	%	15.4	0.0	2.6	6.1	3.4	6.7	3.2	3.6	5.4	4.7	5.0
특수	N	0	0	0	1	0	0	0	1	0	1	3
	%	0.0	0.0	0.0	3.0	0.0	0.0	0.0	3.6	0.0	2.3	0.9
성악	N	0	0	0	0	0	1	0	0	0	0	1
	%	0.0	0.0	0.0	0.0	0.0	2.2	0.0	0.0	0.0	0.0	0.3
심리	N	0	1	1	1	0	0	0	0	0	0	3
	%	0.0	3.2	2.6	3.0	0.0	0.0	0.0	0.0	0.0	0.0	0.9
전체	N	26	31	39	33	29	45	31	28	37	43	342
	%	100	100	100	100	100	100	100	100	100	100	100.0
카이제곱값		113.274(p=.913)										

교대 학생들의 격국에 따라 전공의 비율에 유의한 차이가 있는지 판단하기 위해, 격국와 전공의 교차표를 산출하였다.

비견격에서는 초등(19.2%), 사회(15.4%), 수학(11.5%), 체육(11.5%), 교육(11.5%) 등의 순으로 나타났다.

겁재격에서는 과학(16.1%), 음악(12.9%), 교육(12.9%), 수학(9.7%), 초등(9.7%) 등의 순으로 나타났다.

식신격에서는 초등(17.9%), 유아(12.8%), 국어(12.8%), 수학(12.8%), 체육(10.3%) 등의 순으로 나타났다.

상관격에서는 수학(15.2%), 초등(12.1%), 과학(9.1%), 윤리(9.1%) 등의 순으로 나타났다.

편재격에서는 수학(20.7%), 영어(10.3%), 음악(10.3%), 초등(10.3%) 등의 순으로 나타났다.

정재격에서는 수학(13.3%), 컴퓨터(13.3%), 음악(11.1%) 등의 순으로 나타났다.

편관격에서는 유아(12.9%), 체육(12.9%), 초등(12.9%), 윤리(12.9%)가 비교적 높게 나타났다.

정관격에서는 초등(32.1%)이 매우 높은 비중을 보였으며, 다음으로 영어(10.7%), 컴퓨터(10.7%), 체육(10.7%)이 높게 나타났다.

편인격에서는 초등(18.9%), 영어(13.5%)가 비교적 높게 나타났다.

정인격에서는 과학(20.9%), 초등(14.0%)의 비중이 상대적으로 높게 나타났다.

3

진학시 멘토 역할

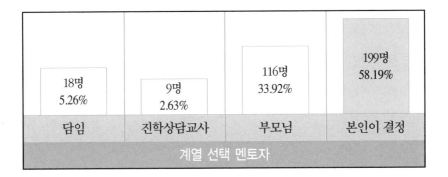

18명 5.26%	9명 2.63%	116명 33.92%	199명 58.19%
담임	진학상담교사	부모님	본인이 결정
계열 선택 멘토자			

계열과 학과를 선택하는데 일반적으로 담임이나 진학상담교사가 그 역할을 해줄 것이라 생각하게 된다. 그러나 실제 담임이나 진학상담교사는 제시형일 수밖에 없다.

시대가 날로 변하여 입학원서를 쓸 경우 과거에는 담임이 작성해 주었고 대학을 진학하였지만 지금은 각 대학마다 제시하는 방법이 다양하여 담임이나 진학상담교사가 정보를 다 알지 못하게 되고 정보가 있더라도 학생들이 다른 계열을 선택하는 경우가 더 많다고 한다(진학상담교사, 담임들과 토론한 결과 자료이다!).

여기서도 재학생을 대상으로 설문응답을 받은 결과 담임의 조언에 동의하여 진학한 경우가 18명으로 5.26%에 해당하였다.

중·고등학교에 배치되어 있는 진학상담교사의 조언을 듣고 진학한 경우는 담임의 조언보다 훨씬 못 미치는 9명으로 2.63%에 해당하였다. 과연 현실의 교육현장에서 진학상담교사들이 어떠한 방법으로 학생들의 진로상담에 도움이 되는지 많은 연구가 필요하다.

진로에 대해 의견을 그나마 나누고 결정한 경우가 부모님이라고 응답한 비율이 116명으로 33.92%에 해당하였고, 본인이 결정한 경우는 199명으로 58.19%에 해당하였다.

명문대학인 서울대학교나 이화여자대학교를 보면 자신이 진로를 결정한 경우가 서울대는 70.92%로 나타났고, 이화여대는 56.27%에 해당하였다.

이처럼 계열을 선택하는데 자신이 결정하는 이유는 첫째가 자신이 가장 높은 성적을 기준할 수밖에 없고, 둘째는 메스컴이나 많은 정보를 자신이 분석하여 내리는 경우가 훨씬 효과적이라는 응답을 하였다. 담임이나 상담교사와는 대화가 잘 이루어지지 않으면 마음의 문을 닫아버리게 되어 진로를 결정하는데 크게 기대하지 않는다는 것이 대다수 학생들의 발언내용이었다.

교육현장에서 진로상담이 이루어지는 내용을 종합해 보면 성적을 기준한 제시형 상담으로 이루어지고 있다고 결론을 낼 수 있었다.

이제 명리학에서도 일간이나 격국 또는 월지나 월간을 기준하여 계열, 학과에 대해 검증된 자료가 계속 출간되어야 할 것이다.

필자는 성격심리 분석을 통한 지능구조를 90개로 정하고 계열과 학과에 대해 정보를 제공하고 있다.

앞으로는 교육학이나 심리학과 마찬가지로 명리학에서도 성격심리를 활용한 진로지도가 결정될 것이다.

4
학과의 중요성

   본 설문응답을 받으려는 취지는 대다수의 학생들이 자신이 전공한 분야로 훗날 직업을 가질 것이라 응답하였다. 이렇게 학생들의 인식변화가 높아지고 있는데 과연 그럴 것인가라는 문제를 반문하게 되었다. 그래서 설문문항에 학교가 더 중요한가, 학과가 더 중요한가 반영하여 응답을 받기로 하였다.

135명 39.47%	182명 53.22%	24명 7.02%	1명 0.29%
학교가 더 중요	학과가 더 중요	둘 다 중요	모르겠다

중요성

   교육대에 진학한 342명을 대상으로 설문응답을 받은 결과 학교가 더 중요하다고 응답한 학생이 135명으로 39.47%에 해당하였다. 학과가 더 중요하다고 응답한 학생이 182명으로 53.22%에 해당하여 학생들과의 토론내용과 일치하였다. 즉, 학생들이 인식하는 내용이 학부과정을 마치고 사회에 나갈 때 곧바로 자신이 전공한 분야로 직업을 갖겠다는 내용과 일치하였다.

이렇게 학생들의 인식이 변화되고 있는데도 불구하고 학부모의 입장에서는 자녀가 성적이 좋으면 학과보다는 명문대에 진학을 시키고 보자는 생각과는 많은 차이가 있었다.

이것이 바로 삶의 교육현장이고 흥미적성과 성격심리를 통하여 자신이 나아갈 방향을 자신들이 결정하고 있다는 것을 학부모나 담임, 그리고 상담교사들이 풀어가야 할 과제이다.

올바른 상담이 이루어지려면 먼저 학생 자신이 무엇을 좋아하고 흥미를 갖는가에서부터 출발하여 상담이 진행되어야 하고, 마지막에는 성적을 기준하여 성적에 맞는 대학에 진학하도록 상담기법이 변해야 한다는 것을 알게 되었다.

서울대 306명을 대상으로 응답을 받은 결과 '학교'가 중요하다고 응답한 학생은 113명으로 36.93%에 해당하였고, '학과'가 더 중요하다고 응답한 학생은 157명으로 51.31%에 해당하였다.

이처럼 명문대를 진학한 학생들의 인식변화가 되고 있다는 것을 진학을 준비하는 학생들이 꼭 참고해야 한다〔『진학정보론』, 2014, p273, 상원문화사〕.

5
진학상담교사의 역할

학생들이 대학이나 학과를 선택할 때 담임이나 진학상담교사의 조언을 통하여 진학하는 비율이 너무나 약하다. 그런데도 교육부에서는 진학상담교사를 중·고등학교에 배치하고 있다. 과연 교육정책과 학생의 인식변화에서는 갈수록 대화의 문이 좁아지고 있는 반면에 학원이나 멘토 역할을 하는 전문입시학원들이 오히려 학생 진로에 더욱 연구하고 있다.

명리학에서는 격국을 기준하여 계열이나 학과에 대해 상담을 해주고 있으며, 나아가 월간을 가지고도 진로를 상담할 수 있었다.
한 단계 나아가 진로에 대해서는 외국의 이론과 마찬가지로 생년, 월, 일, 시가 없어도 진로나 직업을 상담할 수 있는 시기에 돌입하였다.

필자가 서울에 속한 대학생 1,200명을 대상으로 설문조사를 실시하였고 90개의 구조와 계열 그리고 학과에 대해 분석하였다.

명리학의 세계가 포괄적이고 광범위하지만 많은 학자들이 각 분야에서 연구하고 분석된 자료가 지속적으로 나온다면 명리학에 더 많은 사랑과 관심을 갖게 될 것이라 확신한다.

앞으로 명리학에서는 다음과 같은 분야들이 연구되어야 할 것이다.

- 애정, 궁합에 있어 가장 적중률이 높은 전문가가 배출되어야 할 것이다.
- 질병과 관련된 분야에 전문가가 많이 배출되어야 할 것이다.
- 직업종사자에 대해 분야별 전문가가 배출되어야 할 것이다.
- 매매, 사업, 금전문제, 승진문제 등등 한 사람이 한 분야만 집중적으로 연구하고 분석하여 서로 공유할 때 명리학은 한 단계 성숙된 길로 나아가며 많은 사람들로부터 관심과 존경을 받지 않을까 판단해 본다.

이 책은 교대생들을 토대로 학과에 대해 분석한 것이다. 현재 철학원을 운영하시는 선생님이나 입문자, 진로에 관심이 많은 분들에게 도움이 되었으면 하는 마음에서 책을 출간하게 되었다.

땅과 진화정보론 II

PART 15

부록

1

정규대학 학과 분류

계열	중계열	학 과
계열	인문계열	문화학과, 미디어창작학, 문헌정보학, 독일언어문화학, 독일어학, 고고학, 고고미술사학, 동양사학, 동양종교학, 동양철학, 러시아어학, 국민윤리학, 윤리문화학, 국사학, 기독교학, 대순종학, 목회학, 문예창작학, 문화인류학, 미국학, 미학, 민속학, 불교학, 사학, 선교학, 순결학, 신학, 아랍학, 영미지역학, 외식사업학, 유럽학, 일본어학, 종교철학, 중국어학, 철학, 프랑스학, 히브리학. 관광영어통역학과, 관광일어통역학, 관광통역학, 국어국문학, 네덜란드어학, 노어노문학, 독어독문학, 루마니어학, 말레이시어학, 인도네시어학, 몽골어학, 마얀마어학, 베트남어학, 불어불문학, 서반어학, 서서서문학, 선교언어학, 선교영어학, 스칸디나비어학, 스페인어학, 아랍어학, 아프리카어학, 언어학과, 영어영문학, 유고어학, 이란어학, 이태리어학, 인도어학, 일어일본어학, 중앙아시아어학, 중어중문학, 체코어학, 태국어학, 터키어학, 통번역학, 포루투칼어학, 폴란드어학, 프랑스어학, 한문학, 헝가리어학

계열	중계열	학 과
계 열	사회 계열	경영학 〉 경영학, 국제경제학, 마케팅학과, 경영정보학과, 응용경영학과, 경제학과 관광학 〉 관광경영학과, 호텔경영학과, 항공서비스과 광고홍보학과, 광고학과, 관광개발학, 관광학, 관광정보학, 호텔경영학, 호텔식당경영학, 호텔관광경영학, 금융, 회계, 세무 〉 금융보험학, 세무회계학, 세무학, 세무회계정보학, 회계정보학, 회계학, 재무학, 보험금융학, 무역, 유통 〉 무역학, 유통관리학, 유통정보학, 법학 〉 법학과, 공법학, 국제법무학, 법률학, 법학, 사법학, 지적재산권 가족, 사회, 복지 〉 노인복지학, 보육학, 사회복지학, 산업복지학 아동, 청소년학, 국제학 〉 국제관계학, 국제회의산업학, 국제경영학, 국제관광학, 국제무역학, 국제통상학, 외교학, 정치외교학 도시, 지역학 〉 도시 및 지역계획학, 지역사회개발학, 지적학, 언론, 방송, 매체학 〉 매스컴학, 방송산업학, 방송통신학, 정보방송학, 신문방송학, 언론학, 행정학 〉 행정학과, 경찰행정학, 도시행정학, 보건의료행정학, 세무행정학, 비서행정학, 비서정보학, 비서학, 자치행정, 사회학 〉 교정학, 문헌정보학, 문화재관리학, 문화재학, 부동산학, 북한학, 산업심리학, 사회산업학, 사회학, 심리학, 이벤트학, 산업정보학, 인류학, 정보관리학, 지리학, 지질학, 풍수지리학, 디지털경제학, 병원경영학, 문화재보존학, 사이버해킹보안과

계열	중계열	학 과
		기업경영학, 병원경영관리학, 농업경제학, 러시아지역통상학, 디지털경제학, 산업경영학, 산업경제학, 생명자원경제학, 소비자경제학, 수산경영학, 중국통상학, 중소기업학, 지식경영학, 축산경영학, 정책학, 정치학,
인문계열	교육계열	교육학 〉 교육학과, 교육공학과, 교육심리학과 유아교육과 〉 유아교육학과, 보육학과, 유아특수교육학 초등교육 〉 초등교육학, 특수교육 〉 초등특수교육학, 중등특수교육학, 치료특수교육학, 특수교육학, 언어교육 〉 국어교육학, 독어교육학, 불어교육학, 영어교육학, 일어교육학, 한국어교육학, 한문교육학, 농업교육학, 농산업교육학, 보건교육학, 컴퓨터교육학, 환경교육학, 교리교육학, 국민윤리교육학, 기독교교육학, 문헌정보교육학, 사회교육학, 상업교육학, 역사교육학, 윤리교육학, 종교교육학, 사회교육 〉 사회교육학, 일반사회교육학, 지리교육학, 공학교육 〉 기술교육학, 건축공학교육학, 금속공학교육학, 기계공학교육학, 전기공학학교육학, 전자공학교육학, 토목공학교육학, 화학공학교육학, 기관공학교육학, 냉동공학교육학, 식품공학교육학, 양식공학교육학, 어업공학교육학, 상업정보교육학 자연교육 〉 가정교육학, 과학교육학, 물리교육학, 생물교육학, 수학교육학, 지구과학교육학, 화학교육학, 예체능교육 〉 미술교육학, 음악교육학, 응용미술교육학, 특수체육교육학, 체육교육학, 선교체육교육학,

계열	중계열	학 과
계 열	자연 (이학) 계열	수학 > 수학과 통계학 > 통계학 물리, 과학 > 과학과, 물리학 천문, 기상 > 대기과학, 우주학 지구학 > 지구환경학, 지질학 생명과학 > 유전공학, 환경과학, 국제출산개발학, 생명과학 생물학 > 농생물학, 미생물학, 생물과학 동물, 수의학 > 동물과학, 축산가공학, 축산학 자원학 > 식량자원학, 식물자원학, 영양자원학, 한약자원학 동물영양자원학, 동물자원학, 자원식천연섬유학 화학 > 공업화학, 화학, 농화학, 생화학 환경공학 > 임산공학, 제지공학, 신소재학 농업학 > 낙농학, 농공학, 농업기계공학, 농업토목공학, 농학 수산학 > 수산가공학과, 기관공학, 냉동공학, 선박공학, 선박기 계공학, 수산가공학, 수산생명의학, 양식학, 조선공학, 조선해 양공학, 해양공학, 해양생물공학, 해양생산학, 해양자원학, 해양토목공학, 해양환경공학 산림, 원예 > 문화재보존학, 관상원예학, 동산림과학, 산림자원 학, 원예학, 원예육종학, 화훼원예학, 환경원예학, 임학과 가정관리 > 아동가족학과, 소비자거주학과, 가정관리학, 가정 복지학, 가정학, 가족복지학, 주거환경학, 불교아동학, 생활과 학, 소비자아동학, 아동가족학, 아동복지학, 아동학 식품 > 식품영양학, 식품공학, 식품과학, 식품생물공학, 연초

계열	중계열	학 과
계 열		학, 식품조리, 제과제빵, 차학과, 영양학, 조리과학 의류, 의상 〉의류직물학, 의류학, 의상학, 의생활학, 주얼리디자인학과, 컴퓨터 〉게임학, 웹정보학, 정보및전산화학, 컴퓨터디자인학, 디지털매체출판학
	공학 계열	건축 〉건축공학, 건축디자인학, 건축설계학, 건축설비학 조경 〉조경학과 토목 〉지리정보공학, 측지공학, 토목공학, 토목환경공학 도시, 교통 〉교통공학, 도시계획공학, 도시공학 기계 〉기계공학, 기계설계학, 메카트로닉스공학, 동력기계공학, 정밀기계공학, 제어계측공학 전기, 전자 〉전기전자공학, 전기공학, 전기제어공학, 전자공학 광학, 에너지 〉광학공학, 에너지공학, 열공학, 원자력공학, 원자핵공학, 사진공학, 사진정보공학 소재, 재료 〉고분자공학, 구조시스템공학, 금속공학, 금속재료학, 금형설계학, 기계재료학, 냉동공조, 재료금속공학, 재료공학, 전자재료공학, 무기재료공학 컴퓨터, 정보통신 〉멀티미디어공학, 정보공학, 정보시스템공학, 정보전산학, 정보전자학, 정보처리학, 정보통신학,컴퓨터공학, 컴퓨터네트워크학, 컴퓨터시스템학, 컴퓨터응용학, 통신학, 전파공학, 인터넷정보학 산업 〉산업공학, 매체공학, 물류시스템공학, 미생물공학, 반도체공학, 보석공학, 산업공학, 산업안전공학, 생물공학, 섬유공

계열	중계열	학 과
계 열		학, 세라믹공학, 실내건축학, 안전공학, 인공지능학, 인쇄공학, 자동화공학, 자연환경공학, 환경공학, 식품가공, 재활공학 화학 〉물질화학공학, 화학공학, 염색공학. 항공, 우주, 해양 〉항공교통학, 항공기계공학, 항공우주공학, 항공운항학, 항공재료공학, 항공운항학, 항공재료공학
	의학 계열	의학 〉의학과, 의예과, 보건학과, 수의학 치의학 〉치의학, 치의예과 한의학 〉한의학, 한의예과 간호학 〉간호학과 약학 〉약학과, 제약학과, 한약학과 보건학 〉보건학과, 환경보건학 재활 〉재활학과, 물리치료학과, 작업치료학과, 언어치료학 공학, 장비 〉의료공학과, 치기공과, 의공학 치위생 〉치위생과 임상병리 〉임상병리학과 방사선 〉방사선학과 응급구조학 〉응급구조과, 의료경영학
		디자인 〉산업디자인학, 시각디자인학, 시각디자인정보학, 공업디자인학, 패션디자인학, 환경디자인학, 공업디자인학, 가구디자인학, 공예디자인학, 광고디자인학, 멀티미디어디자인학, 섬유디자인학, 실내디자인학, 영상디자인학, 요업디자인학, 장신구디자인학, 의상디자인학, 정보디자인학, 컴퓨터디자인학, 컴퓨터디자인그래픽학

계열	중계열	학 과
계 열	미술 계열	공예 〉 공예학, 도자기공예학, 도예학, 사진학, 산업공예학, 섬유공예학 사진, 만화 〉 만화영화학, 만화예술학, 만화학, 애니메이션학, 사진영상학 연극, 영상, 영화 〉 영상미술학, 미술 〉 회화학, 동양학, 미술학, 산업미술학, 응용회화학, 기타 〉 환경조경학, 서양화학, 서예학, 섬유예술학, 예술학, 전통의상학, 조소학, 조형학, 커뮤니케이션디자인학, 컴퓨터그래픽학, 판화학, 환경조각학
	연극 음악 계열	무대디자인학, 방송연예학, 연극영화학, 연극학, 영상예술학, 영상정보처리학, 영화학, 관연악학, 교회음악학, 국악학, 기아학, 성악, 실용음악학, 영상음악학, 음악학, 작곡학, 피아노학, 한국음악학. 모던음악학, 공연영상학
	체육 계열	체육학, 태권도학, 유도학, 사회체육학, 생활체육학, 특수체육학, 바둑학, 무도학, 스포츠경영학, 레저스포츠학, 관광레저스포츠학, 골프학, 경호학, 경기지도학, 건강관리학, 동양무예학, 모터스포츠학, 스포츠건강관리학

전문대학 학과 분류

계열	중계열	학 과
인문	사회계열	경제학, 관광정보학, 생명자원경제학, 세무학, 세무회계정보학, 세무회계학, 소비자경제학, 수산경영학, 유통관리학, 유통정보학, 재무학, 중국통상학, 중소기업학, 지식경영학, 축산경영학, 호텔경영학, 호텔식당경영학, 호텔관광경영학, 회계정보학, 회계학, 경찰행정학, 공법학, 국제법무학, 도시행정학, 법률학, 법학, 보건의료행정학, 비서행정학, 사법학, 세무행정학, 외교학, 자치행정, 정책학, 정치외교학, 정치학, 행정학, 지적재산권법학, 교정학
	교육계열	기술교육학, 건축공학교육학, 금속공학교육학, 기계공학교육학, 전자공학교육학, 토목공학교육학, 화학공학교육학, 교육심리학, 교육공학, 교육학과, 유아교육학, 유아특수교육학, 중등특수교육학, 초등교육학, 치료특수교육학, 특수교육학, 기관공학교육학, 냉동공학교육학, 식품공학교육학, 양식공학교육학, 어업공학교육학, 국어교육학, 독어교육학, 불어교육학, 영어교육학, 일어교육학, 한국어교육학, 한문교육학, 과학교육학, 농업교육학, 농산업교육학, 물리교육학, 보건교육학, 생물교육학,

계열	중계열	학 과
		수학교육학, 지구과학교육학, 컴퓨터교육학, 화학교육학, 환경교육학, 가정교육학, 교리교육학, 국민윤리교육학, 기독교교육학, 문헌정보교육학, 사회교육학, 상업교육학, 상업정보교육학, 역사교육학, 윤리교육학, 일반사회교육학, 종교교육학, 지리교육학, 미술교육학, 선교체육교육학, 음악교육학, 응용미술교육학, 특수체육교육학, 체육교육학
자 연	(자연) 계열	관광농업과, 녹지조경과, 농업경영과, 동물지원과, 생물배양과, 애완동물과, 원예과, 조경과, 축산전공과, 해양산업과, 해양생물자원개발과, 해양식품산업과, 해양자원환경전공, 화훼원예과, 약용자원원예개발과, 동력시스템과, 관광생명자원과, 뷰티디자인과, 다이어트건강관리과, 국제호텔쿠킹과, 건강미용학과, 가정과, 가족복지과, 관광외식조리과, 관광호텔조리과, 김치식품과학과, 바이오생명정보과, 바이오식품과, 생활과학과, 식생활학과, 식음료조리과, 식품영양학과, 아동영어보육과, 아동예술교육가, 아동컴퓨터교육과, 여성교양과, 외식산업과, 의상과, 전통복디자인과, 제과데코레이션학과, 조리전공, 패션디자인과, 패션액세서리디자인과, 푸드스타일리스트과, 호텔외식산업과, 호텔조리제빵과, 다이어트정보과, 보건복지행정과, 보건식품가공과, 보건행정과, 뷰티디자인과, 생활보육과, 안경광학과, 의무행정과, 자연요법과, 장례지도과, 피부미용과, 헬스매니지먼트과, 환경관리과, 의료코디과, 화장품과학과, 건강관리과

계열	중계열	학 과
자 연	공학 계열	컴퓨터응용과, 컴퓨터응용설계과, 컴퓨터정보과, 인터넷보안과, 인터넷상거래과, 전산정보처리과, 전자계산과, 전자통신과, 제어계측과, 이동통신과, 인터넷방송과, IT기술정보과, 웹디자인과, 웹마스터과, 웹컨텐츠개발과, 웹프로그래밍과, 행정전산과, 뉴미디어과, 마이콤응용전공, 마이크로로봇전공, 반도체전공, 방송이벤트설비전공, 방송제작기술과, 사무자동화과, 산업경영과, 산업공학과, 산업디자인과, 산업안전과, 생명과학과, 선박해양시스템과, 선박해양정보과, 설비디자인과, 디지털모터과
		화장품과학과, 화학공업과, 환경공업과, 팬시디자인과, 포장시스템과, 표면처리과, 플랜트설계과, 한약자원개발과, 화상인쇄과, 음향과, 의료정보시스템과, 항공경영과, 항공기계과, 항공서비스과, 항만경영과, 영상정보과, 완구디자인전공, 도자기디자인과, 섬유과, 소방안전관리과, 시각정보디자인과, 시계정보기계설계전공, 식품가공과, 식품공업과, 식품과학과, 신소재계열공정학과, 실내건축과, 제철산업과, 신재생에너지과
		건물관리과, 건축과, 건축디자인과, 건축설계과, 건축설비과, 공업디자인과, 공업화학과, 국방특수기술과, 귀금속디자인가공과, 금속과, 금속재료과, 금형설계과, 기계과, 기계설계과, 기계자동차과, 냉난방공조제어과
		건축공학, 건축디자인학, 건축설계학, 건축설비학, 고분자공학, 광학공학, 교통공학, 구조시스템공학, 금속공학, 금속재료학, 금형설계학, 기계공학, 기술설계학, 기계재료학, 냉동공조공학,

계열	중계열	학 과
자		도시공학, 동력기계공학, 매체공학, 멀티미디어공학, 메카트로닉스공학, 무기재료공학
	(의학) 간호 보건 계열	간호학 > 간호과 보건학 > 노인보건복지과 재활 > 작업치료과 공학, 장비 >의료공학과 치위생 > 보건위생과, 치기공과, 치위생과, 환경위생과 방사선 > 방사선과 응급구조학 > 응급구조과 물리치료과 > 물리치료과 임상병리과 > 임상병리과
연	미술 계열	디자인 > 제품디자인학과, 출판디자인과, 컴퓨터그래픽디자인과, 크래프트디자인과, 헤어디자인과, 화훼디자인과, 생활용품디자인과, 신소재디자인과, 시각디자인과, 실내디자인과, 생활장식디자인과, 보석디자인과, 세라믹디자인과, 공예디자인과, 금속공예디자인과, 가구디자인과, 프로랄디자인과, 디자인마케팅학과 공예 > 산업공예과, 실용미술과, 응용미술과, 아동미술과, 도자기공예과 사진, 만화 > 만화예술과, 애니메이션과, 사진과, 사진영상과 관광문화재전공 > 미술 > 조형미술학과, 플라워아트과

계열	중계열	학 과
계 열	미술 계열	창작 〉 문예창작과, 일러스트레이션학과, 코디메이크업과, 응용회화과, 이벤트연출과, 모델과, 미용예술과, 모델이벤트과, 뷰티코디네이션과, 광고기획과, 디지털아트과, 매직엔터테이먼트과, 마사과, 동물조련이벤트과, 인형캐릭터창작전공, 레이싱모델전공
	음악 예능	연극, 영상, 영화 〉 미디어편집전공, 방송극작가, 방송연예과, 방송영상과, 실용음악과, 연극과, 연극영상과, 연극영화과, 연예연기과, 연출전공, 영상디자인과, 영상음악과, 영화과, 극작과, 디지털영상미디어과, 요가과, 국악과, 문화전통규수과, 전통공연예술학
	체육 계열	체육과, 사회체육과, 생활스포츠과, 스포츠외교과, 경찰경호행정과, 골프지도과, 레저스포츠학과, 레크레이션과, 스포츠게임과

명문대 학생들을 모델로 한

명리 진학정보론 II

1판 1쇄 인쇄 | 2014년 6월 10일
1판 1쇄 발행 | 2014년 6월 17일

지은이 | 안성재
펴낸이 | 문해성
펴낸곳 | 상원문화사
주소 | 서울시 은평구 신사1동 32-9호 대일빌딩 2층(122-882)
전화 | 02)354-8646 · **팩시밀리** | 02)384-8644
이메일 | mjs1044@naver.com
출판등록 | 1996년 7월 2일 제8-190호

책임편집 | 김영철
표지 및 본문디자인 | 개미집

ISBN 979-11-85179-05-6 (03180)

이 도서의 국립중앙도서관 출판시도서목록(CIP)은 서지정보유통지원시스템 홈페이지
(http://seoji.nl.go.kr)와 국가자료공동목록시스템(http://www.nl.go.kr/kolisnet)에서
이용하실 수 있습니다.(CIP제어번호: CIP2014016900)